표트르 일리치 차이콥스키
"차이콥스키야말로 가장 러시아적인 사람이었다"라는 스트라빈스키의 말처럼 차이콥스키는 자신의 민족적 정체성을 간직하면서도 그때까지 주변부에 머물렀던 러시아 음악을 세계 무대로 나아가게 한 위대한 '변방의 별'이었다.

러시아 음악의 산실인 모스크바음악원

차이콥스키는 상트페테르부르크음악원을 졸업한 뒤 니콜라이 루빈시테인이 세운 모스크바
음악원의 초대 교수로 부임하여 화성학을 가르쳤다. 폰 메크 부인으로부터 정기 후원을 받기
시작한 1877년까지 10여 년간 이곳에서 생활인과 예술가로 몸담았다. 그는 모스크바에서 보
낸 시절이 없었다면 아무것도 하지 못했을 것이라고 했다. 그의 명성에 따라 1940년부터 '차
이콥스키음악원'으로 불리기도 하는 이곳은 세계적인 음악인들을 많이 배출했다.

러시아의 젖줄 볼가강
모스크바 북서쪽에서 발원하여 흑해로 흘러드는 볼가강은 '러시아의 축'으로 불리며 러시아인의 정체성 형성에 지대한 영향을 끼쳤다. 차이콥스키 작품의 저류에도 볼가강이 면면히 흐르고 있다.

❶ 차이콥스키의 생가 러시아 봇킨스크
유년의 추억이 깃든 곳

차이콥스키는 1840년 우랄산맥 입구의 광공업 도시 봇킨스크에서 태어나 이곳에서 유년을 보냈다. 박물관으로 운영되고 있는 생가는 그의 유복했던 유년의 추억을 잘 간직하고 있다. 인근 알라파옙스크와 페름도 차이콥스키와 깊은 인연이 있는 곳이다.

❷ 모스크바음악원 러시아 모스크바
초대 교수를 역임한 곳

차이콥스키는 1866년에 모스크바음악원의 초대 교수로 부임해 1878년까지 가르쳤다. 현재 이곳의 공식 명칭은 국립모스크바차이콥스키음악원이며, 교문 앞에는 그의 동상이 서 있다. 밴 클라이번을 비롯하여 아슈케나지, 손열음, 최현수 등을 배출한 차이콥스키콩쿠르의 무대이기도 하다.

❸ 마린스키극장 러시아 상트페테르부르크
무대 음악의 산실

오페라 〈대장장이 바쿨라〉, 〈오를레앙의 처녀〉, 〈차로데이카〉, 〈스페이드의 여왕〉, 〈이올란타〉와 발레 〈잠자는 숲속의 미녀〉, 〈호두까기 인형〉을 초연한 극장. 모스크바에 있는 볼쇼이극장과 더불어 러시아를 대표하는 오페라, 발레 공연 극장으로 꼽힌다. 황금빛의 인테리어와 화려한 커튼이 관객을 압도한다.

❹ 카미안카 우크라이나
창작의 옥토가 된 '작은 러시아'

여동생 알렉산드라의 시댁 영지인 카미안카는 혼자 사는 차이콥스키에게 친가와 같았다. 그는 수시로 이곳을 방문해 작곡과 휴식을 병행했다. 키예프, 하리코프, 오데사 같은 대도시보다 친구가 사는 니지나 폰 메크 부인의 영지인 브라일로프를 더 소중히 여겼다.

❺ 파리 프랑스
가장 자주 찾았던 유럽 도시

차이콥스키는 '빛의 도시' 파리를 20년간 수없이 방문했다. 니스, 아비뇽, 디종, 르아브르, 리옹, 마르세유보다 파리가 압도적이다. 프랑스어는 그에게 모국어나 다름없었고, 30대 중반에 관람한 비제의 〈카르멘〉은 평생 넘어야 할 산이 되었다. 오늘날 그의 음악은 발레의 본산을 장악했다.

❻ 함부르크 독일
젊은 말러와 만난 곳

유럽 중앙의 독일과 오스트리아는 차이콥스키에게 사랑방이나 다름없었다. 베를린, 빈, 함부르크, 쾰른, 라이프치히, 뤼베크, 뮌헨에 더해 역사적인 바이로이트축제 개막을 참관했고, 같은 슬라브권의 프라하에서 자작곡을 초연하는 등 많은 발자취를 남겼다.

❼ 피렌체 이탈리아
차이콥스키가 좋아한 벨칸토의 나라

차이콥스키는 러시아 5인조와 달리 이탈리아를 매우 사랑했다. 어릴 때 좋아하던 벨칸토는 그것을 넘어선 뒤로도 망중한의 기쁨을 그에게 선사했다. 로마, 나폴리, 베네치아를 비롯하여 숱한 도시를 다녔고, '꽃의 도시' 피렌체와 맺은 인연은 만년의 걸작 실내악인 〈피렌체의 추억〉으로 남았다.

❽ 차이콥스키박물관 러시아 클린
지상의 마지막 집

차이콥스키는 1885년 모스크바 북쪽 클린에 자리 잡고 근처로 두 차례 이사하며 만년을 보냈다. 만년의 걸작 교향곡과 무대 음악이 여기에서 나왔다. 사후 동생 모데스트와 하인 알렉세이 소프로노프가 그가 마지막 살던 집을 박물관으로 만들었다. 장서와 수많은 편지, 살림살이를 보존하고 있다.

일러두기

— 단행본, 잡지 등 책으로 간주할 수 있는 것은 겹낫표(『 』)로, 책의 일부나 단편소설, 신문 등
  은 홑낫표(「 」)로, 미술, 음악, 연극 등의 작품명은 홑화살괄호(〈 〉)로 표기했다.
— 외래어 표기는 국립국어원 외래어표기법을 따랐으나, 관습적으로 굳은 표기는 그대로 허
  용했다.

차이콥스키

×

정준호

세계인의 마음을 움직인 볼가강의 영혼

arte

클린에 있는 차이콥스키박물관

모스크바 근교에 위치한 이곳은 차이콥스키가 죽기 1년 반 전에 마련한 집으로, 지상에서 머물렀던 마지막 거처다. 그가 사망한 뒤 모데스트가 박물관으로 꾸미며 현재 모습이 되었다. 이곳에서 가장 인상적인 것은 셰익스피어, 푸시킨, 톨스토이, 도스토옙스키 등의 책으로 빼곡한 서가다. 그가 평생 존경했던 모차르트의 전집도 눈에 띈다. 그의 음악적 자양분이 어디에서 왔는지를 짐작하게 한다.

CONTENTS

PROLOGUE

러시아의 모차르트

하늘나라의 작곡가들이 모였다. 모처럼 염색과 면도를 한 차이콥스키가 억울한 목소리로 말했다.

"〈교향곡 제6번 '비창'〉 3악장 끝나고 손뼉 좀 치지 말았으면 좋겠어요. 4악장이 얼마나 슬픈데 미리 산통 깨고……."

빈 시립공원의 황금상처럼 눈부시게 등장한 요한 슈트라우스 2세가 맞받았다.

"음악가는 박수로 먹고사는 법이야, 우리 아버지가 쓴 〈라데츠키 행진곡〉은 아예 박수 치며 듣잖아."

장난감 블록으로 극장 모형을 짓던 바그너가 답했다.

"난 아예 박수가 안 나오게 끊지 않고 작곡했지. 한참 자다 깨면 무안해서 더 열광하거든."

라식 수술을 받은 슈베르트는 거의 울 것 같다.

"난 〈겨울 나그네〉 한번 연주하는데 박수를 스물네 번 받은 적 있어."

스마트폰 음성 인식 앱을 켜둔 베토벤이 외친다.

"이 사람아, 난 박수를 받아도 들리지 않아."

모차르트가 당구를 치다 깔깔댄다.

"누가 음악을 들어? 난 발레에서 음악은 빼라는 명령도 받았다니까."

하이든이 가발을 벗으며 답한다.

"그래서 난 귀족 나부랭이 깜짝 놀래켰잖아, 〈교향곡 제94번 '놀람'〉으로."

바흐가 파이프오르간 앞에서 일어섰다.

"손뼉을 치다니, 신성모독이군!"

내가 만든 농담이다. 그런데 너무 수준이 높아 유행하기는 어렵겠다. 음악 감상 예절에 대한 만담 같지만 내가 하려는 이야기는 그것이 아니다. 표트르 일리치 차이콥스키를 제외한 나머지 선배 작곡가는 모두 독일인이다. 음악사를 이끈 거장으로 꼽아 손색이 없다. 다른 나라 작곡가를 더해야 한다고 주장할지언정 이들이 자격 미달이라고 할 사람은 없으리라. 독일은 서양음악사의 절정기인 18세기부터 19세기를 지나는 동안 주요 작곡가들을 쏟아 냈다. 그 틈바구니에 차이콥스키를 넣었다. 역시 전혀 어색하지 않다. 러시아 변방에서 태어난 차이콥스키가 어떻게 음악사의 중심에 우뚝 서게 되었는지가 내 관심사다.

박수 논쟁을 벌인 작곡가 가운데 좋아하는 세 사람을 꼽으라면 요한 제바스티안 바흐, 볼프강 아마데우스 모차르트, 루트비히 판

베토벤을 듣겠다. 바흐는 나머지 전체를 합친 것보다 위대하다. 모차르트는 세상에 다른 차원을 끌어들인 듯하다. 베토벤은 선택받지 않고 스스로 쟁취한 영웅이 가능하다는 믿음을 준다.

다섯으로 늘리라면 두 자리를 놓고 더욱 치열하지만 리하르트 바그너와 차이콥스키를 꼽고 싶다. 이 둘은 무엇보다 창조 과정을 보여 주었다. 바그너는 오페라 후발 주자 독일에서 모든 것을 이루었다. 차이콥스키는 더 나아가 이탈리아 오페라와 독일 교향악이 양립하며 상호 보완할 수 있음을 증명했다. 바흐, 모차르트, 베토벤, 바그너 네 사람에 대해서는 이미 나온 책이 많고 여전히 레드오션이다.

차이콥스키를 좋아하는 사람도 많다. 그러나 그에 대해 아는 것은 적고, 꼭 알아야 할 것이 이미 아는 것보다 중요하다. 국내에 나온 차이콥스키 관련 책은 몇 종 되지 않을 뿐만 아니라 번역서가 대부분이다. 왜 차이콥스키의 음악이 모차르트나 베토벤 못지않게 사랑받는데 읽을거리는 그에 미치지 못하는 것일까?

가만히 생각해 보면 그의 음악이 그만큼 덜 알려졌기 때문이다. 세 개의 피아노 협주곡 가운데 사람들이 주로 듣는 것은 제1번뿐이다. 교향곡도 후기 세 곡인 제4번, 제5번, 제6번만 줄곧 연주되며, 사이에 낀 교향곡 〈만프레드〉는 비교적 최근에야 연주되기 시작했다. 발레의 대명사라 할 세 곡 〈백조의 호수〉, 〈호두까기 인형〉, 〈잠자는 숲속의 미녀〉도 유명한 멜로디만 반복적으로 들을 뿐 전곡을 파악하는 사람은 드물다. 언어가 장벽이라고 생각하는 사람에게 오페라는 첩첩산중이다. 사람들이 차이콥스키의 〈안단테 칸타빌레〉나 〈바이올린 협주곡〉의 첫 악장만 좋아하면 할수록 나머지 음악을 들을

차이콥스키콩쿠르

차이콥스키는 변방에 머물러 있던 러시아 음악을 서유럽의 앞선 음악과 동등한 반열에 올려놓았다. 그는 민족적인 잣대로는 잴 수 없는 국제적인 음악 언어로 고유의 선율을 만들어 냈다. 그를 기리며 1958년에 처음 개최한 차이콥스키콩쿠르는 쇼팽콩쿠르, 퀸엘리자베스콩쿠르와 함께 세계 3대 콩쿠르로 꼽힌다. 이 콩쿠르에서 수상한 한국 음악가로는 정명훈, 최현수, 손열음, 조성진, 박종민, 서선영, 김기훈 등이 있다.

기회는 줄어들고 만다.

이런 편식을 청중의 게으름이나 무관심 탓이라고만 할 수는 없다. 익숙한 멜로디에 비해 많은 작품이 어렵기에 멀리하는 것이다. 그러나 누구나 그 깊이를 단박에 파악한다면 클래식이라 할 수도 없다. 시간과 노력이 필요하다. 요하네스 브람스나 구스타프 말러를 듣는 노력만큼이면 차이콥스키의 보물 창고도 훨씬 가깝게 다가올 것이다.

차이콥스키를 알아 가면서 가장 흥미로운 것은 그가 "내가 쓴 최고다"라는 말을 입에 달고 살았다는 사실이다. 어느 작곡가나 한두 번쯤은 그런 자화자찬을 한다. 모차르트는 좀 더 많다. 그러나 차이콥스키는 거의 죽을 때까지 모든 교향곡과 오페라, 발레를 "지금까지 쓴 것 중 가장 좋다"라고 했다. 그가 괜한 허세를 부린 것이 아니라면 우리 현실은 그가 쓴 것 중 가장 좋은 것을 대부분 뒤로 미루어 두고 있는 셈이다.

나 또한 오랫동안 그런 이들 가운데 하나였다. 후기 교향곡만 반복해 듣고 〈예브게니 오네긴〉이나 〈스페이드의 여왕〉을 몇 번 들어 유명한 부분만 알았지 〈체레비츠키〉나 〈마제파〉 같은 오페라가 언제쯤 쓴 것인지, 과연 들을 만한지 확신하지 못했다. 대략 10년 전 교향곡 〈만프레드〉와 오페라 〈이올란타〉를 알면서부터 차이콥스키를 다시 보게 되었다. 작곡가가 매번 최고로 꼽은 곡들임은 말할 것도 없다.

차이콥스키보다 더 알고 싶은 작곡가가 여럿 있었지만 그를 택한 것은 결과적으로 행운이었다. 한 인물의 생애와 작품 세계와 기행을 엮는 서술은 쉽지 않았다. 음악은 미술이나 문학과는 전혀 다르다. 미술은 그림을 보여 주며 이야기할 수 있고, 문학도 자전적이거나 남의 이야기이거나 쓸거리가 많다. 미술관과 작가의 생가, 대자연이 고스란히 취재 대상이다. 그러나 음악은 실체가 없다. 여행을 가서 연주회장에 간다고 내가 듣고 싶은 음악을 언제나 들을 수 있는 것은 아니다. 박물관에 가서 살림살이를 구경하는 것은 성에 차지 않는다. 작곡가가 좋아하던 곳에 가 보고 공감했다는 식의 감상은 차고 넘친다. 어떤 이상을 담은 교향곡이라고, 누구에게 헌정한 피아노 협주곡이라고, 누구의 원작을 가지고 쓴 오페라라고 말로 한들 음악을 듣지 못하면 공허하다.

반대로 음악이 가진 장점도 있다. 미켈란젤로 부오나로티나 빈센트 반 고흐의 작품을 아무나 소유할 수는 없다. 잘해야 그 앞에 잠깐 서서 아우라를 느낄 수 있을 뿐이다. 그러나 요즘 시대에 음악은 마음만 먹으면 누구나 반복해서 들을 수 있고, 심지어 좀 더 애를 쓰면 볼 수도 있다.

차이콥스키와 관련해서는 특히 이 점이 중요하다. 그를 두고도 모차르트나 바그너처럼 사망한 원인이나 연애담에 관한 말이 많다. 나데즈다 폰 메크 부인이라는 후원자와 만나지 않고 편지로만 왕래했다는 사실이나, 콜레라로 세상을 떠난 이면에 동성애로 명예 재판을 받았다는 등의 이야기는 꽤 널리 알려져 있다. 그러나 그의 삶에 대해 더 파고들어도 알려진 것이 거의 전부다. 그의 관심은 오직 자기가 만들고 있는 음악뿐이었다.

차이콥스키는 여러 형제자매, 이성이나 동성 친구 400여 명에게

차이콥스키의 우상 모차르트

차이콥스키는 법률학교 시절에 모차르트의 〈돈 조반니〉 공연을 처음 보고 "그것은 완벽한 계시"였다고 했다. 만년에 쓴 일기에서는 모차르트를 "음악의 그리스도"라 일컫기도 했다. 모차르트가 100년 앞서 그랬듯이 차이콥스키 역시 오페라와 교향곡에서 최고봉에 올랐다. 차이콥스키 만년의 걸작 오페라 〈스페이드의 여왕〉도 그가 평생 가장 존경했던 모차르트에게 헌정한 것으로, 망령에 사로잡힌 광기의 주인공 게르만은 〈돈 조반니〉에서 석상과 결투하는 주인공의 모습을 떠올리게 한다.

5300통이 넘는 편지를 썼다(받은 것은 제외하고, 현재 남은 수만 그렇다). 이렇게 편지가 많은 이유는 그가 계속해서 여행했기 때문이다. 그는 쉼 없이 작곡하는 와중에도 유럽과 미국의 150곳 넘는 도시를 드나들었다. 편지 내용은 상대의 안부를 묻는 것과, 도착과 출발, 작곡 진척과 주위 반응을 알리는 것이 대부분이었다. 그는 다른 누구보다도 일만 하는 작곡가였다. 그에게 작곡만큼 신나는 일은 없었다.

왜 안 그랬겠는가! 그에게는 국경과 장벽이 없었다. 여러 나라말에 능통했던 그는 세계인인 동시에 토착민이었다. 그의 우상인 모차르트처럼 된 것이다. 좋아하는 사람이 있으면 따르기 마련이고, 그래서 차이콥스키는 모차르트 이후 처음으로 오페라와 교향곡에서 모두 최고봉에 오른 작곡가가 되었다.

이렇게 작곡밖에 모르는 삶이었기에 그의 파란만장한 듯한 삶에서 실제로 작품 말고는 별로 할 이야기가 없다. 그러니 〈성 요하네스 크리소스토무스 전례〉나 〈피아노 협주곡 제2번〉, 오페라 〈차로데이카〉와 같은 걸작의 배경을 내가 아무리 신나게 이야기해도 전혀 관심 없는 독자라면 공감을 얻기 힘든 것이다. 나는 그것이 차이콥스키에 관한 책이 많이 나오지 않는 이유라고 생각한다. 제한된 몇 작품에 얽힌 일화만 반복하니 물리고, 그것이 전부인 양 나머지는 다시 묻히는 악순환이 반복되었던 것이다. 뒷전으로 미루어 둔 차이콥스키의 음악을 더 많이 들을 때 그가 방문한 곳과 읽은 책과 만난 사람들 이야기가 훨씬 빛날 것이다.

다행히 내게 힘을 주는 소식이 이어졌다. 코로나로 인해 전 세계 공연장과 연주 단체가 활동 재개를 기다리며 그동안의 자료를 무료로 개방했던 것이다. 말로만 들었지 구경할 방법이 없던 진귀한 것이 가득했다. 100주년을 맞은 잘츠부르크축제에 초대받은 소프라노 안나 네트렙코는 차이콥스키의 주요 오페라 장면을 노래했다. 발레리 게르기예프가 이끄는 마린스키극장 유튜브 채널은 거의 매일 새로운 또는 지나간 공연을 방송했다. 무관중 공연을 통해 그동안 러시아 밖에서 간과했던 차이콥스키의 작품을 꾸준히 소개했다.

차이콥스키의 숨은 걸작이 빛을 볼 날이 오리라는 내 바람이 틀리지 않았음을 보여 주는 가장 결정적인 소식이 있다. 베를린필하모닉은 사이먼 래틀에 이어 새로 맞이한 러시아 음악감독 키릴 페트렌코와 2019~2020 시즌을 시작했다. 페트렌코는 원래 바이에른국립오페라에서 만개한 오페라 지휘자이기에 베를린필하모닉과 어떤 곡을 공연할지 세간의 관심이 컸다. 베를린필하모닉은 앞서 2021년 4월에 차이콥스키의 〈마제파〉를 예고했다. 차이콥스키의 '푸시킨 3부작' 가운데 잘 알려진 〈예브게니 오네긴〉이나 〈스페이드의 여왕〉이 아닌 〈마제파〉를 고른 선택에 박수를 보낼 일이었다. 그러나 코로나 사태로 공연은 그해 11월에야 열릴 수 있었다. 기다린 보람은 차고 넘쳤다. 금상첨화로 두 달 뒤인 2022년 1월에 또 하나의 걸작이 뒤따랐으니, 〈이올란타〉가 베를린 청중과 만났다.

쉽지 않은 여정에 동반하는 독자에게 자신 있게 이야기한다. 차이콥스키는 뜻밖에도 사람들이 아직 잘 모르는 노천 광산이다. 구해 들을 수 있는 곡 대부분이 그가 쓴 것 가운데 최고다. 19세기에 겨우 기지개를 편 러시아 음악이 단박에 이탈리아, 독일, 프랑스와 어깨를 나란히 하는 장관을 목격하자.

01

봇킨스크에서 만난
차이콥스키

작은 푸시킨, 페트야

모스크바 셰레메티예보국제공항을 출발한 비행기가 우랄산맥 입구에 있는 이젭스크공항에 도착했다. 비행하는 데는 두 시간이 걸렸지만 시차 때문에 도착과 함께 한 시간을 잃었다. 기차였다면 열다섯 시간을 꼬박 달려야 하는 먼 여정이다. 아침 첫 비행기를 타고 10시 반에 이젭스크공항에 내린 나는 "차이콥스키박물관"이라고 영어로 쓴 표지판을 든 마리야 스베틀라코바를 만났다. 마음씨 좋아 보이는 운전기사가 모는 낡은 자동차는 기름 냄새가 코를 찔렀고, 달리다가 금방 서 버리지는 않을까 싶었다. 그렇게 공항에서 다시 한 시간을 달려 봇킨스크에 도착했다. 1840년 5월 7일, 표트르 일리치 차이콥스키가 여기에서 태어났다.

사진으로 먼저 보았던 봇킨스크의 파란 호수는 내가 갔을 때 꽁꽁 얼어붙어 있었다. 호수인지 모르고 보았다면 들이라고 생각했을 넓은 빙판 멀리 이따금 얼음낚시꾼만 눈에 띄었다. 그 호숫가에 자리한 노란 저택이 차이콥스키의 생가다.

표트르의 아버지 일리야 페트로비치 차이콥스키는 봇킨스크 인근 광산을 책임지는 공무원이었다. 많은 직원을 둔 광산을 경영한 만큼 살림살이는 제정러시아에서 상류층에 속했다. 현재 박물관이 된 사택 규모를 보면 짐작할 수 있다. 가운데에 있는 살림집 주위로 마구간, 마부 처소, 하인 집, 온실, 두 채의 여름 별관 따위가 넓은 관내를 채운다. 호수를 등지고 박물관을 바라보는 차이콥스키 동상은 소련의 대표 조각가인 올레그 코모프가 1990년에 세운 것이다.

관람 시작 전에 알면 좋은 것이 있다. 러시아를 이해하는 데 가장 중요한 하나가 가운데 이름이다. 가운데 이름이 없거나 세례명 또는 대부모 이름을 쓰기도 하는 서유럽에 비해 러시아의 가운데 이름은 아버지 이름의 형용사형이다. 차이콥스키의 이름은 '일야Ilya의 아들 표트르'라는 식이다. 당연히 그의 형제자매 부칭도 모두 '일리치'다. 또 하나 중요한 것은 안면은 있지만 예는 차려야 한다면 정중하게 서로를 성이 아닌 이름과 부칭으로 부른다는 점이다. 내가 차이콥스키와 아는 사이라면 "표트르 일리치, 안녕하세요"라고 말할 것이다. 더 가까운 친구나 가족이라면 애칭으로 부른다. "페트야" 이렇게 말이다. 그만큼 러시아에서는 부칭이 대인 관계의 열쇠다.

학예사 마리야가 곧바로 안내를 시작했다. 이젭스크대학교에서 영문학을 전공한 그녀는 유창한 영어로 멀리서 찾아온 이방인을 도와주었다. 눈 덮인 정원은 쓸쓸했지만 곳곳에 보이는 크리스마스 장식은 정교회 크리스마스가 지난 지 얼마 되지 않았음을 상기시켰다.

차이콥스키의 생가

광산 책임자인 아버지 덕에 차이콥스키의 집안은 상당히 부유하고 사교적인 분위기로 가득
했지만 특별히 음악적인 것이 지배하는 환경은 아니었다. 차이콥스키는 이 집에서 여덟 살 때
까지 행복한 시간을 보냈다. 그와 4년을 함께했던 프랑스인 가정교사 뒤르바흐는 훗날 어린
차이콥스키를 감수성이 지나치게 예민하여 아주 사소한 일로도 마음이 깨지기 쉬운 유리 같
은 아이로 기억했다. 현재 그의 생가는 차이콥스키박물관으로 운영되고 있다.

마부의 처소에는 러시아풍의 난로인 페치카가 있고, 그 위에 어린이 인형이 손짓한다. 마리야는 따뜻한 페치카 위는 자연스레 어린이 방이었다고 설명한다. "당신이 자랄 때도 그랬느냐"는 질문에 자신도 "들어서만 안다"라고 수줍게 답했다.

공항에서 오는 한 시간 동안 부지런히 이야기를 나누었지만 아직 서로에 대해 아는 것이 거의 없다. 러시아말도 하지 못하는 동양인이 차이콥스키에 관한 책을 쓴다며 봇킨스크까지 왔다는 사실이 마리야에게는 신기할 법하다. 나는 퍼뜩 떠오른 알렉세이 킵셴코의 그림을 휴대폰으로 찾아서 보여 주었다. 나폴레옹전쟁 때 러시아를 총지휘했던 미하일 쿠투조프 원수가 필리의 한 농가에서 나폴레옹에게 모스크바를 열어 주자는 결정을 내리는 참모 회의 장면이다. 이 역사적인 순간을 왼쪽 위 귀퉁이에서 한 소녀가 염탐한다. 적의 첩자일까? 페치카 위를 보금자리로 삼은 이 집 딸이다. 킵셴코는 러시아의 운명을 결정하던 긴박한 순간, 소녀의 눈을 통해 한 줄기 숨을 불어넣었다.

이 그림 하나로 우리 사이는 급격히 가까워졌다. 그들은 내가 러시아 문화가 이룬 많은 것에 얼마나 목마른지 바로 알아차렸다.

어느덧 점심시간이다. 박물관 측에서는 일정이 빠듯한 손님을 위해 직접 점심까지 대접했다. 정성껏 마련한 러시아 가정식을 들고 난 뒤 본관으로 향했다. 입구에 걸린 세계 지도에는 전 세계에서 온 사람들이 사는 도시가 표시되어 있었다. 서울에서 온 사람은 내가 처음이 아니었다. 서울과 대구, 평양에도 작은 표식이 꽂혀 있었다.

현관에는 1848년 4월 25일 차이콥스키 일가가 봇킨스크를 떠나 상트페테르부르크에 도착했을 때 찍은 사진이 확대되어 걸려 있었다. 맨 왼쪽이 여덟 살의 표트르다. 전실 옷걸이와 옷장 모두 180년 전 가족이 쓰던 것이다. 1846년 말에 이복누이 지나이다 일리치 차이콥스키가 오던 날 표트르의 기억이 벽에 걸려 있었다.

크리스마스 전 겨울이었다. 그는 가족 모두 흥분했던 순간을 기억했다. 마차 벨 소리가 들릴 때 모두 전실로 뛰어갔다. 문이 열리고 서릿바람이 방 안을 파고들면서 작고 아주 예쁜 사람이 집 안으로 뛰쳐 들어왔다. 손님은 소년에게 요정처럼 보였다. 천국의 보물과 기적이 가득한 세상에서 온 것만 같았다.

이 회상은 이 집에서 태어나지 않은 동생 모데스트 일리치 차이콥스키가 뒷날 형에게 들은 이야기다. 아버지 일리야 차이콥스키는 상트페테르부르크광산학교를 나와 예카테린부르크와 페름에서 철광, 소금 광산 일을 하다가 1827년에 마리야 카를로브나 케이제르와 결혼했다. 마리야는 딸 지나이다를 낳고 결혼 4년 만에 세상을 떠났다. 2년 뒤 알렉산드라 안드레예브나 아시에르를 새 아내로 맞은 일리야는 슬하에 일곱 아이를 두었다. 첫째 딸 예카테리나는 아이 때 죽었고, 1837년 봇킨스크에 온 뒤 니콜라이, 표트르, 알렉산드라, 이폴리트를 차례로 낳았다. 뒤에 알라파옙스크에서는 쌍둥이 아나톨리와 모데스트를 낳았다. 일리야는 은퇴 뒤 세 번째 아내 엘리자베타와 결혼했다. 그녀는 전처가 낳은 자식들과 매우 사이 좋게 지냈다.

방을 하나하나 지날 때마다 차이콥스키의 어릴 적을 추억하게 하는 유물이 반겼다. 차이콥스키가 네 살이 넘었을 때 그의 가족은 프랑스인 파니 뒤르바흐를 가정교사로 맞이했다. 여느 러시아 상류 가정처럼 파니는 아이들에게 프랑스어를 가르쳤다. 표트르는 그녀에게 배운 프랑스어로 시를 썼고, 파니는 제자를 '작은 푸시킨'이라 불렀다. 그래도 어린 표트르가 훗날 알렉산드르 세르게예비치 푸시킨의 『예브게니 오네긴』, 『폴타바』, 『스페이드의 여왕』을 오페라로 쓰리라 짐작도 하지 못했을 것이다. 가족이 봇킨스크를 떠나면서 파니와 헤어진 표트르는 그녀에게 프랑스어로 편지를 썼다.

여기에는 전에 보지 못한 게 많아요. 아빠는 우리 아파트를 구하러 상트페테르부르크로 가셨어요. 우리는 하느님 덕분에 잘 지내요. 파니, 저를 사랑하시죠? 알려 주세요.
감사하며 제자 표트르 차이콥스키.
— 1848년 11월 11일, 표트르 일리치 차이콥스키가 파니 뒤르바흐에게 보낸 편지 중

거실에는 파니가 아이들을 돌보았던 많은 흔적이 있다. 일종의 자동피아노 오케스트리온은 아버지가 아이들을 위해 상트페테르부르크에서 사 온 선물이다. 모차르트, 가에타노 도니체티, 빈첸초 벨리니, 조아키노 안토니오 로시니의 곡이 기록된 이 기계는 어린 차이콥스키에게 가장 강렬한 인상을 주었다. 그는 온종일 들어도 싫증 내지 않았다.
박물관의 가장 중요한 소장품은 비르트 회사의 그랜드피아노다.

훗날 상트페테르부르크에 있을 때 어머니가 표트르의 열두 살 생일 선물로 사 준 것이지만 현재 생가에서 소장하고 있다. 파니는 "페트야는 마주르카를 연주하고 젊은 폴란드 장교이자 뛰어난 피아니스트인 마셰프스키에게 입맞춤을 받았을 때 뿌듯해하고 기뻐했다"라고 추억했다.

한 살 어린 여동생 알렉산드라는 표트르의 가장 친한 동무였다. 그녀가 가지고 놀던 인형과 부활절 달걀 따위가 바닥에서 주인을 기다리고 있다. 벽난로의 뜨거움을 막아 주는 가리개는 어머니가 표트르를 낳던 해에 직접 수놓아 남편에게 준 선물이다. 나는 성년이 된 차이콥스키가 어릴 때 살던 집을 다시 찾은 기분이 들었다. 그는 1878년에 〈슈만풍의 스물네 개 소품, 어린이 앨범〉을 작곡했다. 알렉산드라의 일곱 살짜리 아들 블라디미르 다비도프에게 써 준 스물네 개의 소품 제목은 다음과 같다.

아침 기도─겨울 아침─놀이 목마─엄마─나무 병정의 행진─아픈 인형─인형의 장례식─왈츠─새 인형─마주르카─러시아 노래─아코디언 연주자─카마린스카야─폴카─이탈리아 노래─옛 프랑스 노래─독일 노래─나폴리 노래─유모의 이야기─마법사─달콤한 꿈─종달새의 노래─손풍금 연주자의 노래─교회에서.

이곳의 집 안팎에 보는 것이 모두 망라되어 있다. 이 가운데 '옛 프랑스 노래'는 오페라 〈오를레앙의 처녀〉에서, '나폴리 노래'는 〈백조의 호수〉에서 다시 만나게 될 것이다.

러시아의 겨울 낮은 짧다. 수장고를 담당하는 스베틀라나 모로조바가 박물관 자료실로 안내했다. 박물관에 다 전시하지 못한 가

재도구며 기념품을 방마다 보관 중이었다. 아버지 일리야가 경영하던 광산의 두툼한 장부가 인상적이었다. 여기에는 당시 직원의 임금과 매출, 생산량 등은 물론이고 관사의 인부와 가구, 살림살이 목록까지 다 적혀 있다고 한다. 볼쇼이발레단의 전설적 프리마발레리나 마야 플리세츠카야가 기증한 발레복부터 지휘자 게르기예프가 사서 서명한 뒤 다시 기증한 기념 주화까지 차이콥스키를 사랑했던 소비에트 시절 예술가의 자취도 빼곡하다.

수태고지교회 종탑을 바라보며

마리야와 타티아나 네가노바 관장은 해가 지기 전에 나를 호수 반대편에 있는 정교회에 데려가려고 서둘렀다. 가는 길에 중요한 기념물이 보였다. 1840년에 흑해 함대를 위해 주조한 75킬로그램의 닻이 그것이다. 봇킨스크제철소는 철도와 군수물자를 생산했다. 이 닻을 주조할 때 훗날 차르가 될 알렉산드르 니콜라예비치 대공이 봇킨스크를 찾았다. 닻 기념비에는 대공과 광산소장 차이콥스키 대령, 공장장 로마노프 소령의 이름이 적혀 있다.

기념비 뒤로 허름한 공장이 있다. 냉전 시절 대륙간 탄도미사일을 생산하던 곳이 바로 봇킨스크다. 우랄산맥의 철광석과 카마강의 풍부한 수원이 중공업의 밑거름이었다. 차이콥스키가 누린 행복한 성장기의 바탕은 이렇게 철에서 비롯되었다. 훗날 그의 전성기를 후원했던 폰 메크 부인도 철도 사업으로 부를 일군 집안 사람이었다.

잠시 느낀 어두운 기운을 저기 보이는 황금색 지붕의 수태고지 교회가 몰아냈다. 박물관 측이 차이콥스키 생가에 이어 이 교회를 내게 보여 준 것은 당연하다. 봇킨스크 시절의 차이콥스키에게 가장 중요한 장소가 이 두 곳이기 때문이다.

1811년, 바실리 예고로비치 블리노프 신부가 이젭스크에서 봇킨스크로 왔다. 그는 여섯 살 차이콥스키의 멘토였다. 그의 아버지는 차이콥스키의 할아버지 표트르 표도로비치와 친구 사이였고, 표트르 표도로비치는 바실리 신부의 대부였다. 훗날 바실리 신부는 일리야 차이콥스키의 누이동생 결혼식 예배를 집전하기도 했다.

수태고지교회는 1828년에 완공되었다. 내부는 15세기 화가 안드레이 루블료프의 〈성삼위일체〉*와 레오나르도 다빈치의 〈최후의 만찬〉 같은 그림의 모사본으로 채워져 있다. 내가 모스크바, 상트페테르부르크, 밀라노에서 보았던 그림이다. 바실리 신부와 가족이나 다름없는 일리야가 봇킨스크 광산 책임자로 오면서 수태고지교회는 종탑을 얻었다. 바로 표트르가 태어난 해였다. 러시아 음악의 아이콘이 될 소년이 태어나기 전부터 신부가 이곳을 터전으로 삼았고, 소년의 아버지가 교회 종탑을 세웠으며, 그곳에서 소년이 세례를 받고 배움을 시작했다는 사실은 지어낸 이야기처럼 운명적이다. 심지어 그 교회 이름이 수태고지다. 교회 서류에는 차이콥스키의 생년월일과 세례받은 날이 모두 적혀 있다.

---

* 모스크바 트레티야코프미술관이 소장한 대표적 고미술이다. 소련의 거장 안드레이 타르콥스키 감독은 이 그림을 그린 사건을 영화로 만들었다.

바실리 신부는 광업 부설 학교 교장으로 학생들에게 직접 산수와 라틴어를 가르쳤다. 무엇보다 표트르는 부모님을 따라 일요일과 축일마다 교회에 가서 듣는 예배 음악에서 깊은 인상을 받았다.

1917년에 러시아혁명이 일어난 뒤 교회는 구악의 근원으로 지목받았다. 그러면서 성화는 벽째 뜯겨 팔렸다. 1841년에 그린 〈블라디미르 성모〉의 모작도 약탈되었다. 소비에트 붕괴 뒤 복원을 추진했지만 예전 모습을 되찾기란 힘들어 보인다. 그러나 닫힌 문을 열어 주고 내부로 안내한 관리인 할아버지는 가끔 시멘트 벽에 성화가 어른거린다는 믿기 힘든 이야기를 해 주며 교회 내부 촬영을 금했다. 소비에트 시절에는 차이콥스키의 음악마저 이념의 잣대로 검열하거나 금기시했기에 그의 오페라나 종교음악이 오늘날 겨우 복권되는 상황을 떠올리면 관리인의 말에 공감이 갔다.

어느새 날이 저물었다. 마리야와 타티아나는 모스크바로 돌아갈 나를 위해 저녁을 대접하고 이젭스크공항까지 다시 데려다주었다. 이번에는 정말 운전기사의 차가 고장 난다면 비행기를 놓칠 판이지만 다행히 나는 공항에 잘 내렸다.

차이콥스키는 1848년에 봇킨스크를 떠난 뒤로 다시 고향을 방문하지 않았다. 그곳을 별로 좋아하지 않아서가 아니라 아무도 없었기 때문이다. 당시 봇킨스크는 다시 찾기에 너무 오지였다. 차이콥스키는 평생 여행했고 더 외딴곳도 많이 갔지만 그것은 친구와 가족을 방문하기 위해서였다. 나는 신혼 생활을 박차고 무작정 떠난 차이콥스키가 제네바 호수에 이르렀을 때의 기분을 알 것 같았다. 그곳은 봇킨스크 호수를 연상하게 한다.

차이콥스키가 세례를 받은 수태고지성당

차이콥스키가 태어나기 전부터 이 성당은 그의 집안과 인연이 깊었다. 차이콥스키의 할아버지는 1811년에 이곳으로 부임한 바실리 신부의 대부였고, 차이콥스키의 아버지는 이 성당의 종탑을 세웠으며, 바실리 신부는 어린 차이콥스키의 멘토였다. 차이콥스키는 이곳에서 세례를 받고 배움의 첫발을 내디뎠다.

차이콥스키는 세상을 떠나기 전해인 1892년 12월에 프랑스 알프스 깊은 시골 몽벨리아르로 일흔 살 노인이 된 파니를 찾아갔다. 44년 만의 만남이었다. 그 무렵부터 파니가 차이콥스키에게 보낸 열두 통의 편지가 클린에 있는 차이콥스키박물관에 남아 있다. 역시 프랑스어로 쓴 마지막 편지 일부를 옮겨 본다.

친애하는 피에르.

네 편지를 막 받고 얼마나 실망했는지 모를 거야. (…) 신문에서 러시아 해군 리셉션에 대해 읽었어. 갈라 콘서트에서 세 러시아 작곡가인 글린카와 루빈시테인과 네 음악을 다른 프랑스 작곡가 세 사람의 곡과 연주했다고. 너도 들었겠지. 다른 기사에는 네 얘기만 실렸는데, 네가 작곡한 오페라 가운데 좋아하는 것 하나를 골라야 했다지. 네 편지에는 그런 말이 없었는데 거절한 거니? 나보다 우리나라에 더 안 된 일이야. 딱한 프랑스는 합당한 사람을 사랑할 줄 모르고, 엉뚱한 것에 열광하지. 하지만 오랫동안 우리 실수를 보고 견뎌 왔으니, 화내지 않겠지?

— 1893년 10월 13일, 뒤르바흐가 차이콥스키에게 보낸 편지 중

차이콥스키는 한 달도 지나지 않은 11월 6일에 사망했다. 그가 파니의 편지를 받기는 했을까? 차이콥스키의 오페라가 사랑받기 위해서는 훨씬 더 오랜 세월이 필요했다. 어쩌면 아직도.

알라파옙스크로 가다

처음부터 봇킨스크를 갈 계획은 없었다. 겨울 러시아 여행에서 가장 중요한 것은 교통과 안전이었는데, 봇킨스크에 대한 정보가 너무 없었다. 내게 봇킨스크행을 강권한 사람은 데니스 폰 메크다. 차이콥스키를 좀 아는 사람이라면 폰 메크 부인을 모르지 않는다. 부인은 차이콥스키에게 거액의 연금을 후원했다. 둘은 한 번도 만나지 않고 편지로만 소통했다. 하지만 그들의 인연은 후원을 주고받는 것으로 끝나지 않고 가족의 연으로도 이어졌다.

차이콥스키의 여동생인 알렉산드라의 딸 안나 다비도바와 폰 메크 부인의 아들 니콜라이 카를로비치가 결혼했다는 사실은 잘 알려지지 않았다. 데니스는 이 부부의 후손이다. 그러니까 폰 메크 부인과 차이콥스키의 누이 알렉산드라가 데니스의 오대조 할머니인 것이다. 안나와 니콜라이는 다섯 자녀를 두었는데, 그 가운데 가장 유명한 사람이 갈리나 폰 메크다. 소련 시절 당국의 눈밖에 나 옥고를 치르기도 한 갈리나는 영국으로 이주해 자서전 『내가 기억하는 그들』을 썼다. 데니스는 갈리나 이후 두 집안의 놀라운 인연을 소개하는 데 가장 열심인 사람이다. 50대인 그는 나도 접은 소통망을 쓴다.

러시아 여행 준비는 다른 유럽 국가에 비할 바가 아니었다. 러시아어에 어두웠고, 제약도 많았다. 나는 이전에 만난 러시아인 가이드에게 도움을 청하기로 했다. 김요한(러시아어로는 '이반 킴'이다)은 고려인 3세다. 부산에서 유학해 우리말에 능통하고, 현재 상트페테르부르크에서 여행업에 종사 중이다. 겨울은 러시아 여행 비수기라

차이콥스키의 부모와 형제들

1848년, 차이콥스키의 아버지는 더 나은 일자리를 찾아 가족을 데리고 봇킨스크를 떠났다. 처음에는 모스크바로 향했지만 원하는 일자리를 얻지 못했을 뿐만 아니라 콜레라까지 창궐하여 서둘러 상트페테르부르크로 옮겨 갔다. 이 사진은 바로 상트페테르부르크에 도착했을 때 찍은 것이다. 맨 왼쪽에 있는 아이가 여덟 살의 차이콥스키다. 연이은 두 번의 이사는 어린 차이콥스키에게 견디기 어려운 정신적 위기를 가져다주었다.

그는 나를 기꺼이 도와주기로 했다. 무엇보다 요한의 동생 마리야가 큰 도움을 주었다. 음악도인 마리야는 현재 러시아에서 가장 활발히 활동하는 온라인 차이콥스키 카페의 운영자다. 당연히 데니스가 카페에 가입했고, 그런 인연으로 나도 데니스를 소개받았다. 그가 아니었다면 봇킨스크에 갈 생각은 하지 못했을 것이다.

1848년, 차이콥스키의 아버지 일리야는 아내와 다섯 아이를 데리고 안정된 삶을 일구었던 봇킨스크를 떠났다. 상트페테르부르크에서 새 일자리를 찾기 위해 모험에 나선 것이었다. 그러나 구직이 생각처럼 원만하게 풀리지 않자 그는 다시 가족과 함께 우랄산맥으로 돌아와야 했다. 봇킨스크에서도 동쪽으로 640킬로미터나 더 가야 하는 알라파옙스크의 제철소가 새로운 일터였다.

일리야는 1849년부터 1852년까지 이곳의 책임자로 재임했다. 1850년 5월 1일, 7년 만에 아이가 태어났다. 아나톨리와 모데스트 쌍둥이 형제였다. 가족들은 쌍둥이를 '톨리야'와 '모디야'라 불렀다. 특히 막내 모데스트는 형제 가운데 표트르와 가장 가까웠고, 훗날 오페라 〈스페이드의 여왕〉과 〈이올란타〉의 대본을 썼을 뿐만 아니라, 형이 죽은 뒤 클린에 박물관을 세웠으며, 첫 번째 차이콥스키 전기를 세 권으로 펴냈다.

알라파옙스크는 훗날 러시아혁명 때 로마노프 황실 가족이 끌려와 몰살당한 도시다. 봇킨스크와 알라파옙스크 사이에는 페름이라는 좀 더 큰 도시가 있다. 차이콥스키가 다녀갔다는 기록은 없지만 그의 가족이 봇킨스크에서 상트페테르부르크까지 갔다가 더 먼 알라파옙스크로, 또 얼마 뒤 어린 표트르가 가족과 떨어져 홀로 상트페테르부르크로 유학 갈 때 페름에 들렀을 가능성이 충분하다.

페름은 차이콥스키와 무관하지 않은 위대한 두 러시아인을 기억하게 한다. 러시아발레단을 창단한 세르게이 파블로비치 댜길레프와 『닥터 지바고』로 노벨문학상을 받은 보리스 레오니도비치 파스테르나크가 바로 그들이다. 20세기 초 서유럽에 차이콥스키에서 이고리 페도로비치 스트라빈스키에 이르는 러시아 문화를 운석처럼 쏟아부은 댜길레프야 우리 이야기에서 빠질 수 없으리라.

파스테르나크는 러시아 후기인상주의와 이동파의 주요 화가인 레오니트 파스테르나크와 피아니스트인 어머니 사이에서 태어나 자연스럽게 예술과 가까이하며 자랐다. 그는 특히 알렉산드르 니콜라예비치 스크랴빈의 영향으로 모스크바음악원에 진학했다가 철학으로 전공을 바꾸었고 결국 시인의 길을 갔다. 낙마로 인한 부상으로 다리를 절었던 그는 제1차 세계대전 때 징집을 면제받는 대신 페름의 화학 공장에서 일했다. 이때의 경험이 『닥터 지바고』 속 가상의 우랄 도시 유리아틴('유리의 도시'라는 뜻이다)을 낳았다. 유리아틴이 바로 페름이다. 나는 가 보지 못한 페름과 알라파옙스크를 영화를 통해 상상한다.

각기 다른 시기 페름에 살았던 댜길레프와 파스테르나크를 겹치면 차이콥스키가 나온다. 10여 년 동안 유럽의 주목을 받던 댜길레프의 러시아발레단은 1921년 런던에서 차이콥스키의 〈잠자는 숲 속의 미녀〉를 공연한 뒤 내리막을 걸었다. 청중의 반응은 좋았지만 댜길레프 자신이 "잠자는 공주만 있지, 미녀는 없다"라고 한탄했다. 제작비를 감당하지 못한 발레단은 점점 쪼들렸다.

파스테르나크는 만년에 미완성 희곡『눈먼 미녀』를 남겼다. 그는 스스로 희곡을 완성하지 못하리라 예감하고는 아들 예브게니에게 머릿속 구상을 이야기해 주었다. 미시건대학교 슬라브 문학 교수 카렌 에반스로메인에 따르면 '눈먼 미녀'는, 곧 "자신의 아름다움과 운명을 오랫동안 인식하지 못한 러시아"를 상징한다. 이쯤 되면 이 희곡이 스크랴빈과 더불어 파스테르나크에게 가장 큰 영향을 미친 차이콥스키의 두 작품 〈잠자는 숲속의 미녀〉와 〈이올란타〉를 합친 이야기임을 짐작할 수 있다.

페름오페라극장은 1870년 미하일 이바노비치 글린카의 〈차르에게 바친 목숨〉으로 문을 열었다. 제2차 세계대전 당시 레닌그라드의 키로프오페라발레극장(마린스키극장)은 모든 자원을 페름으로 옮겼다. 혹시 입을지 모를 전화에 대비한 이 피신 기간을 잘 운영한 덕에 페름오페라극장은 '페름차이콥스키오페라발레극장'이 되었다. 페름은 2011년부터 2019년까지 극장 감독을 역임한 테오도르 쿠렌치스 덕분에 다시 한 번 이름을 높였다. 이들이 아니었다면 그저 고생대를 마무리하는 '페름기'라는 명칭으로나 기억되었을 도시다.

글린카의 두 오페라

알라파옙스크에 온 표트르는 불과 1년 뒤에 혼자 상트페테르부르크로 돌아갔다. 부모가 그를 법률학교에 입학시키기로 했기 때문이다. 어린 아들과 함께 수도로 온 어머니는 1850년 8월 22일 표트르를 처음으로 오페라에 데려갔다. 모자가 본 작품은 글린카의 〈차르에게 바친 목숨〉*이었다. 이 관람은 소년에게뿐만 아니라 러시아 음악 전체로 볼 때 매우 의미심장하다.

글린카는 〈차르에게 바친 목숨〉과 직후에 쓴 〈루슬란과 류드밀라〉 단 두 개의 오페라로 러시아 음악의 시조가 되었다. 글린카 뒤에 오는 작곡가 중에서는 알렉산드르 세르게예비치 다르고미시스키와 알렉산드르 니콜라예비치 세로프를 기억해야 한다. 다르고미시스키는 〈루살카〉와 〈석상의 손님〉을, 세로프는 〈유디트〉와 〈로그네다〉를 썼다. 다르고미시스키와 세로프 다음으로 〈데몬〉을 작곡한 안톤 그리고리예비치 루빈시테인과 이른바 '러시아 5인조'**와 차이콥스키가 뒤를 따른다. 이름도 어려운 시시콜콜한 계보를 늘어놓았으니 이제 줄을 세울 차례다.

글린카의 후예는 〈차르에게 바친 목숨〉과 〈루슬란과 류드밀라〉 가운데 어느 쪽이 훌륭한지를 놓고 의견이 갈렸다. 〈차르에게 바친 목숨〉은 1613년부터 1917년까지 러시아를 지배한 로마노프왕조의 태동을 그린다. 차르가 될 미하일 로마노프를 구하려고 적국 폴

---

* 원래 제목은 주인공 농부 이름을 딴 〈이반 수사닌〉이었는데, 초연을 앞두고 연습할 때 차르가 참관하고 감동하자 글린카가 〈차르에게 바친 목숨〉으로 바꾸었다. 소련 시절 다시 〈망치와 낫〉으로 고쳤다가 글린카의 원뜻대로 〈이반 수사닌〉이 되었다.

** 세로프와 함께 상트페테르부르크 법률학교를 나온 비평가 블라디미르 바실리예비치 스타소프가 러시아 음악의 미래로 지목한 다섯 동지로서, 밀리 알렉세예비치 발라키레프, 체자르 큐이, 알렉산드르 보로딘, 모데스트 페트로비치 무소륵스키, 니콜라이 안드레예비치 림스키코르사코프가 그들이다. 원래 명칭은 '강력한 한 줌'이다.

란드군을 엉뚱한 길로 이끌고 죽은 이반 수사닌을 찬양하는 내용
이다. 푸시킨 원작의 〈루슬란과 류드밀라〉는 여러 구혼자와 겨루어
부마가 된 루슬란이 하늘을 나는 난쟁이 마법사와 싸워 신부 류드
밀라를 구출한다는 동화다.

두 오페라를 두고 벌이는 논쟁은 마치 같은 고양잇과의 사자와
호랑이가 싸우면 누가 이길지를 놓고 논박하는 것과도 같다. 사자
와 호랑이는 다른 기후대에 살기에 다툴 일이 없는 것처럼, 또는 설
령 싸운다 해도 체급과 성질에 따라 결과가 다를 것이므로 애초 어
이없는 대결처럼 보인다.

같은 시기를 산 베토벤과 프란츠 슈베르트 중 누가 더 위대한지
를 물으면 베토벤이 우위일지 몰라도, 호불호를 따지면 슈베르트를
택할 사람도 많을 것이다. 바그너와 브람스는 어떠한가? 모르긴 해
도 팽팽할 것이다. 나는 차이콥스키에 대한 책을 쓰고 있고 그가 러
시아 작곡가 가운데 가장 중요하다고 생각하지만, 그렇다고 그의 맞
수였던 니콜라이 안드레예비치 림스키코르사코프를 결코 가볍게
보지 않는다. 모스크바음악원을 차이콥스키의 이름으로 부른다면,
상트페테르부르크음악원은 림스키코르사코프의 이름을 따서 부른
다. 결국 뒤에 가면 스트라빈스키가 두 사람을 화해시킬 것이다.

오늘날 〈차르에게 바친 목숨〉과 〈루슬란과 류드밀라〉의 인기를
따지자면 후자가 월등하게 앞선다. 들을 기회로 보나 유명한 곡조
로 보나 전자가 따를 수 없다. 단골로 연주되는 서곡이나, 주요 아리
아, 발레 모두 〈루슬란과 류드밀라〉 쪽으로 무게가 기운다. 마린스
키극장에서 실연으로 〈루슬란과 류드밀라〉를 보았을 때 나는 깜짝

러시아 음악의 시조 글린카

글린카는 〈차르에게 바친 목숨〉과 〈루슬란과 류드밀라〉의 두 개의 오페라로 러시아 음악의 아
버지가 되었다. 그의 뒤를 다르고미시스키와 세로프에 이어 안톤 루빈시테인, 러시아 5인조,
차이콥스키가 잇는다. 상트페테르부르크의 법률학교에 입학한 차이콥스키가 어머니와 함께
관람한 〈차르에게 바친 목숨〉은 그에게 깊은 인상을 남겼다.

놀랐다. 화려한 무대와 의상, 연주는 기대했던 대로였다. 나를 놀라게 한 것은 막간에 방금 들은 아리아와 합창을 흥얼거리는 청중이었다. 어릴 때부터 수없이 보고 들은 이들에 비하면 난 정말 신참이었다.

그러나 나는 첼리스트 므스티슬라프 로스트로포비치가 1992년 케네디센터 공로상을 받을 때 후배들이 불러 주던 〈차르에게 바친 목숨〉의 마지막 합창을 잊을 수 없다. 로스트로포비치의 애칭이기도 한 슬라바('영광'이라는 뜻이다)를 열창할 때 내가 당사자보다 더 감격에 젖었다. 하물며 러시아인이라면 어떻겠는가? 아마도 〈루슬란과 류드밀라〉의 아기자기한 음악을 따라 부르던 마린스키극장의 청중도 이 곡을 들을 때면 목소리가 훨씬 커질 것이며, 눈시울이 뜨거워질 것이다.

세로프는 1852년에 바그너의 『미래의 예술 작품』과 『오페라와 드라마』를 읽었다. 그는 1858년에 드레스덴으로 달려가 〈탄호이저〉를 보고 프란츠 리스트와 바그너를 만난 뒤 '러시아의 바그너 사도'를 자처했다. 그는 〈차르에게 바친 목숨〉는 애국에 호소하는 오라토리오 정도이며, 〈루슬란과 류드밀라〉가 월등하다는 친구 블라디미르 바실리예비치 스타소프를 들이받았다. 세로프는 1858년에 쓴 한 에세이에서 "〈차르에게 바친 목숨〉은 영감의 승리이고, 장엄한 창조물이며, 전체적인 구상을 유기적인 완전체로 만든 모범"이라 치켜세웠다. 한마디로 바그너 이론에 충실한 작품이라는 말이다. 반면 〈루슬란과 류드밀라〉는 "번득이는 걸작이기는 하지만 세상에서 가장 형편없는 대본에 매달린 덩어리"라고 깎아내렸다. 가만히 있을 스타소프가 아니었다. 그에게 〈차르에게 바친 목숨〉은 "수동적인 자기희생을 찬양한 것"인 반면 〈루슬란과 류드밀라〉는 최고의 "서사 오페라"였다.

법률학교 선배들끼리 음악을 놓고 자존심 싸움을 벌인 이 사태에서 젊은 차이콥스키는 누구 편이었을까? 그는 세로프 편에 섰다. 이것은 이성적이라기보다는 감성적인 판단에 의한 것이었다. 차이콥스키가 먼저 본 글린카의 오페라가 〈차르에게 바친 목숨〉이었다는 사실이 중요하다. 그가 〈루슬란과 류드밀라〉를 본 것은 그로부터 14년이나 지난 1864년의 일이었다. 어머니와 떨어지기 싫어했던 소년이 가혹한 삶의 도피처로 삼았던 오페라의 인상은 결코 쉽게 잊히지 않았으리라.

사실 차이콥스키는 바그너 이론에 열광하지 않았다. 세로프의 말처럼 〈차르에게 바친 목숨〉이 그렇게 바그너 스타일인지도 모르겠다. 그도 그럴 것이 세로프는 바그너가 1863년 상트페테르부르크에서 베토벤의 교향곡과 자신의 작품을 발췌하여 연주했을 때 쌍수를 들어 환영하며 막 작곡한 〈유디트〉를 선보였다. 그러나 바그너의 반응은 시큰둥했다. 그는 이 작품이 자신이 좋아하지 않는 자코모 마이어베어 스타일이라고 생각했다. 역설적으로 바로 그 점이 차이콥스키의 마음에 들었다. 아직 음악원 학생이던 차이콥스키는 바그너보다는 벨칸토와 장황한 그랜드오페라를 좋아하는 수준이었기 때문이다.

다만 차이콥스키는 세로프에게 연민을 느꼈다. 세로프도 원하지 않은 진학을 했지만 차이콥스키와는 좀 달랐다. 차이콥스키는 법률

상트페테르부르크에 있는 법률학교

아들의 예술적 재능을 특별하게 여기지 않았던 차이콥스키의 아버지는 1850년에 아들을 제정러시아의 공직 사회로 진출하기 위한 등용문과도 같았던 법률학교에 입학시켰다. 이때부터 약 10년 동안 차이콥스키는 부모의 뜻대로 예술과는 거리가 먼 길을 따라갔다. 엄격한 군사 훈련과 스파르타식 생활 속에서 오직 음악만이 그에게 위안이었지만 동급생들 중 그가 전문 음악인이 되리라고 예견한 이는 아무도 없었다.

학교를 졸업한 뒤 음악가가 되기로 했을 때 아버지가 크게 반대하지 않았다. 그러나 세로프는 가혹한 아버지를 거역하지 못해 공무원이 되었다가 나중에야 자기 뜻대로 할 수 있었다. 차이콥스키는 1878년에 폰 메크 부인에게 쓴 편지에서 작고한 선배 세로프를 무척 동정했다. 그는 선배가 쓴 오페라 〈유디트〉와 〈로그네다〉를 매우 좋아했다. 두 작품 모두 오늘날 음반으로조차 만나기 힘든 레퍼토리다. 그러나 역시 홀대받는 차이콥스키의 오페라에 비추어 보면 들어 보고 싶은 작품이다.

세로프는 1871년에 쉰 살이라는 이른 나이에 심장마비로 죽었는데, 그가 대본만 받아 들고 아예 시작도 하지 못한 작품이 있었다. 바로 니콜라이 바실리예비치 고골 원작의 〈대장장이 바쿨라〉였다. 차이콥스키는 1874년에 이 대본을 오페라로 썼고, 1885년에 제목을 〈체레비츠키〉로 바꾸었다. 차이콥스키가 쓴 열한 개의 오페라 가운데 해피엔딩은 이것과 〈이올란타〉뿐이다. 그래서 나는 〈체레비츠키〉를 매우 좋아한다.

오늘날 러시아 문화사에서 이름난 쪽은 세로프보다는 그의 아들인 화가 발렌틴이다. 댜길레프의 러시아발레단을 위해 일한 발렌틴의 가장 유명한 그림은 〈복숭아를 든 소녀〉다. 트레티야코프미술관에 있는 이 그림 앞에는 늘 많은 사람이 모여든다. 나도 그 틈바구니에서 〈예브게니 오네긴〉에서 만날 타티아나의 모습을 그려 보았다.

세로프에 얽힌 이야기는 차이콥스키의 법률학교 시절이 불행했다는 결론으로 요약된다. 차이콥스키는 부모 뜻을 따랐지만 결국에는 음악가의 길을 택할 것이다. 법률학교는 사자와 호랑이의 싸움과 같은, 〈차르에게 바친 목숨〉과 〈루슬란과 류드밀라〉 중 어느 쪽이 좋으냐에 관심 있는 분위기가 아니었다. 법률학교 전후 청년 시절까지 차이콥스키의 모습은 1889년에 직접 쓴 자전적 원고에 잘 정리되어 있다. 이 원고는 이듬해 독일어로 출판되었다. 서유럽의 앞선 음악에 대한 이해와 함께 음악가로서의 자아가 형성되어 가는 모습을 잘 엿볼 수 있다.

차이콥스키는 우랄 지역을 떠나기 전 소년 시절에 이미 대부분의 유행 곡을 피아노로 연주할 수 있었고, 부모가 붙여 주는 선생의 실력을 금방 넘어섰다. 그러나 부모는 그런 재능을 특별하게 생각하지 않았기에 그를 수도의 등용문인 법률학교에 보냈다.

빽빽한 수업과 기숙 생활 속에서 음악을 접할 기회는 많지 않았지만 열일곱 살에 만난 이탈리아 성악 교사 루이지 피치올리로부터 받은 영향은 매우 컸다. 그 영향이란 독일 음악에 대한 뿌리 깊은 반감과 이탈리아 음악에 대한 무한 애정이었다. 이는 사실상 서양음악사에서 가장 중요한 세력 간의 갈등이기도 하다. 러시아 법률학교 학생 차이콥스키는 그 틈바구니 사이에서 음악적인 자아를 형성하기 시작했다.

피치올리 덕분에 차이콥스키는 벨칸토 오페라 숭배자가 되었다. '아름다운 목소리'라는 뜻의 벨칸토는 그것을 소화할 수 있는 절창 가수와 떼려야 뗄 수 없고, 프레데리크 프랑수아 쇼팽이나 니콜로 파가니니와 같은 기악의 명인들도 그들과 공생 관계에 있었다. 그 반대편에 있는 것이 형식미와 관념적인 이상을 추구하는 독일 음악, 곧 교향악이었다.

이탈리아 음악에 대한 일방적인 편향은 열일곱 살 때 만난 독일 피아노 선생 루돌프 퀸딩거로 인해 균형을 찾았다. 퀸딩거가 데려간 공연에서 차이콥스키는 모차르트의 〈돈 조반니〉를 처음 들었다. 훗날 차이콥스키는 이렇게 기억했다.

> 그것은 완벽한 계시였다. 나는 말로 표현할 수 없이 열광했고 황홀경에 중독되다시피 했다. 몇 주 동안 나는 성악 피아노 반주 편곡으로 그 곡을 연주했다. 잠잘 때마저도 나는 이 신성한 음악과 떨어지지 않았다. 그것이 나를 달콤한 꿈으로 이끌고는 했다. 앞서 말했듯이 나는 아직도 이탈리아 음악을 좋아하지만 그 정도는 많이 줄었다. 나는 그런 애정을 소중한 유년기 추억으로 생각한다. 반면 모차르트의 경우는 크게 다르다. 위대한 대가 가운데 나는 모차르트를 가장 좋아한다. 그날 이후 죽 그래 왔으며 앞으로도 계속 그럴 것이다.
>
> — 차이콥스키, 자전적 원고 중

법률학교에서 그의 내면적인 갈망을 이해해 주는 동급생은 드물었다.

어머니를 잃다

1988년 겨울, 소련 영화 〈차이콥스키〉가 국내에서 개봉되었다.

1970년에 만든 영화가 우리나라에 오기까지 18년이 걸렸다. 그러나 영화를 본 사람은 대개 깊은 잠의 수렁에 빠졌다가 나왔다고 기억한다. 나 또한 지루함을 참기 힘들었지만 첫 장면은 또렷하게 기억한다. 긴 잠옷을 입은 소년이 한밤에 피아노 앞에 앉았다가 음악이 들린다며 비명을 지르고 어머니에게 달려간다. 그때 계단에서 내려온 어머니는 소복에 검은 머리까지 길게 풀어헤친 터라 꼭 귀신 같았다. 어머니의 달램에 안정을 찾은 아이의 모습을 우스워한 것이 내 수준이었다.

차이콥스키에 대해 어느 정도 알고 영화를 다시 보자 놀라웠다. 영화는 그의 삶과 음악을 환상적으로 엮었다. 유명한 몇 곡을 아는 정도로는 거의 이해하기 어려운 수준이라 차이콥스키 입문용으로 권할 만한 영화는 아니었다. 마지막에 차이콥스키가 죽고 〈교향곡 제6번 '비창'〉이 흐를 때 제일 처음 장면이 다시 겹친다. 자다 말고 피아노 앞에 앉았다가 울며불며 어머니에게 달려가 안겼던 소년은 다음 장면에서 어머니와 헤어진다. 어머니가 탄 마차가 떠나자 강제로 떼어진 아들이 마차를 쫓아 황야를 뛰어간다. 이 이별이 얼마나 상징적인 비유인지는 그의 유년기를 모르고는 이해할 수 없다.

원하지 않은 법률학교를 다니던 10대의 표트르 차이콥스키에게 더 큰 시련이 왔다. 바로 어머니 알렉산드라 안드레예브나 차이콥스카야가 1854년 6월 25일 콜레라로 세상을 떠난 것이었다. 영화 속에서 어머니가 탄 마차는 저승행이었다. 어머니를 잃은 상실감은 차이콥스키 평생에 걸쳐 커다란 두려움으로 자리했고, 결국 그 자신도 콜레라로 세상을 떠났다(차이콥스키의 사인과 관련한 논란은 뒤에 다시 살펴보기로 하자).

　19세기 유럽에서는 몇 차례의 콜레라 대유행이 휩쓸고 갔는데, 이해에 중요한 전기가 마련되었다. 영국 의사 존 스노는 콜레라가 공기를 통해 전염된다는 통설을 깨고 물에 있는 세균에 의해 전염되는 병임을 밝혔다. 어머니가 물을 끓여 먹었더라면 열세 살밖에 안 된 표트르의 여동생 알렉산드라가 집안일과 육아를 떠맡았을 리 없고, 네 살짜리 쌍둥이 톨리야와 모디야가 표트르를 삼촌처럼 따르는 일도 없었을지 모른다. 차이콥스키 역시 다른 성격으로 자랐을 것이다. 고난의 연속이었지만 다행히 불행은 아버지와 형제자매를 더욱 살갑게 만들었다.

　이 시기 차이콥스키의 가장 친한 친구는 알렉세이 니콜라예비치 아푸흐틴이었다. 푸시킨의 시를 달달 외우던 아푸흐틴에 대해 선생님들은 그가 장래에 작가가 되리라 확신했다. 차이콥스키가 음악가가 될 줄 예상한 사람은 거의 없었지만, 아푸흐틴만이 친구의 마음속 불타는 예술혼을 알아보았다. 표도르 미하일로비치 도스토옙스키나 톨스토이와 한 세대였던 이반 세르게예비치 투르게네프는 아푸흐틴의 재능을 높이 사 그를 문단에 추천했다.

　아푸흐틴은 작가로서 탄탄대로를 갈 듯했지만 1859년에 법률학교를 졸업한 뒤 법무부 공무원의 길을 택했다. 차이콥스키도 그와 같이 근무했지만 1863년에 직장을 그만두고 예술가의 길을 택했다. 이때 아푸흐틴은 「운명: 베토벤의 교향곡 제5번에 대해」라는 시를 써 주었다. 훗날 세르게이 바실리예비치 라흐마니노프가 이 시와 베토벤의 모티프를 결합한 가곡을 썼고, 친구였던 베이스 가수 표도

법률학교 시절의 친구인 아푸흐틴

법률학교 시절, 차이콥스키는 지적이고 문학적 조예가 남달랐던 아푸흐틴(왼쪽에서 두 번째)
과 가장 친하게 지냈다. 훗날 뛰어난 시인이 되는 아푸흐틴은 차이콥스키 안에 있는 예술적 열
망을 알아보았다. 차이콥스키가 법무부 공무원 일을 그만두고 예술가의 길을 택했을 때도 「운
명: 베토벤의 〈교향곡 제5번〉에 대하여」라는 써 주는 등 삶의 중요한 순간마다 많은 힘이 되
어 주었다.

르 샬랴핀과 함께 톨스토이를 찾아갔을 때 연주했다. 그러나 톨스토이가 베토벤을 싫어한다며 고개를 젓자 낙담한 라흐마니노프가 한 동안 침체에서 벗어나지 못했다는 일화가 유명하다. 어디를 가나 따라붙는 운명의 그림자를 우울한 어조로 그린 아푸흐틴의 시는 앞으로 예술가가 될 친구에게 그만큼 외로우리라 예고하는 듯하다.

차이콥스키가 삶의 고비에 처할 때마다 아푸흐틴은 많은 힘이 되어 주었다. 결혼에 실패한 차이콥스키가 세간의 소문에 괴로워할 때도 아푸흐틴의 다독임 덕분에 빨리 일상으로 돌아왔다. 푸시킨의 『예브게니 오네긴』을 오페라로 만들 때도 격려했던 아푸흐틴은 〈스페이드의 여왕〉은 신랄하게 비판했다. 동갑내기 친구는 차이콥스키와 같은 해에 세상을 떠났다. 두 사람의 마지막 '운명'은 차이콥스키의 만년에 다시 만나기로 하자.

차이콥스키가 아푸흐틴의 영향으로 예술가로서의 정체성을 형성했다면 그보다 네 살 어린 세르게이 알렉산드로비치 키레예프는 성 정체성에 영향을 미쳤다. 차이콥스키는 법률학교 후배 키레예프를 말 그대로 사랑했다. 모데스트는 두 사람의 관계를 절대적으로 숭배하는 중세 기사와 그것을 냉정하게 즐기는 숙녀로 묘사했다. 형을 존경한 모데스트가 보기에 키레예프는 잔인했다. 형은 마치 나이나에게 구애하다가 조롱받는 핀과 같은 처지였다.* 훗날 차이콥스키가 명사가 되자 관계는 역전되었다. 법률학교를 졸업하고 공

---

* 글린카의 오페라 〈루슬란과 류드밀라〉에 나오는 두 조역을 가리킨다. 악당 파를라프는 나이나의 흑마법으로 류드밀라를 가로채지만 루슬란은 핀의 도움으로 류드밀라를 잠에서 깨운다. 핀은 나이나를 용서한다.

무원이 된 차이콥스키는 사교계를 드나들며 방종한 삶에 빠졌다.

1861년, 차이콥스키는 황실 근위대에 속한 음악 애호가 장교의 소개로 니콜라이 자렘바가 애호가를 위해 마련한 음악 이론 연구회에 참석했다. 그는 피아노 즉흥 연주로 좌중을 적잖이 놀라게 했다. 그 일을 계기로 그는 진지하게 음악 공부를 시작하기로 마음먹었다. 자렘바는 차이콥스키를 학생으로 받아 주었다.

1862년, 안톤 루빈시테인이 상트페테르부르크음악원을 열었다. 자렘바는 음악 이론을 가르치는 교수가 되었고, 차이콥스키에게 입학을 권했다. 피아노를 꽤 잘 쳤고, 모차르트의 음악 중에서도 〈돈조반니〉를 열렬히 좋아했으며, 이탈리아 음악을 숭배하던 스물두 살 법무부 공무원 차이콥스키는 이렇게 음악가의 길로 들어섰다. 그의 아버지는 둘째 아들을 좋은 공무원으로 만들려고 많이 희생했지만 음악에 전념하기로 한 아들의 결정을 응원했다.

음악원에서 만난 게르만 라로슈는 차이콥스키의 평생에 걸친 친구였다. 두 사람은 1866년에 나란히 모스크바음악원의 교수로 부임했다. 라로슈는 특히 평론에 매진하면서 차이콥스키의 음악이 정당한 평가를 받도록 도왔다.

네 살 때 어머니를 여읜 쌍둥이 동생들도 어느덧 사춘기가 되었다. 아나톨리와 모데스트에게 다정다감한 작은형 차이콥스키의 존재는 절대적이었다. 그러나 형의 사랑을 놓고 경쟁할 수밖에 없는 쌍둥이에게 나타난 결과는 상반되었다. 차이콥스키는 자신을 무조건 따르는 모데스트보다 아나톨리를 더 예뻐했고, 모데스트는 실망했다. 삼각관계는 동생들이 형의 친구들로부터 그의 동성애 성향을

차이콥스키가 음악 수업을 받았던 상트페테르부르크음악원

법무부 공무원이 되어 사교계를 드나들며 되는 대로 살던 차이콥스키는 음악 이론 연구회에
참석하면서 음악 공부를 진지하게 해 보기로 마음먹었다. 이에 1862년에 상트페테르부르크
음악원에 들어갔다. 음악원을 설립한 루빈시테인은 처음에는 차이콥스키를 주목하지 않았지
만 그의 음악은 꾸준히 발전해 갔다. 이곳에서 만난 라로슈와는 평생에 걸친 우정을 나누었
다. 라로슈는 훗날 러시아의 지도적인 비평가 중 한 명이 되어 차이콥스키의 음악을 지지했다.

들은 뒤 역전되었다. 아나톨리는 형을 걱정했고 불명예스럽게 생각했지만 모데스트는 스스로 형과 같은 성향임을 자각하고 도리어 기뻐했다. 아나톨리는 모데스트의 이야기를 듣고 그가 형을 맹목적으로 따른 탓이라 여겼다. 동기간 이런 내밀한 이야기는 아직 출판되지 못한 모데스트의 미완성 자서전에 적혀 있다.

그리움을 아는 이만이

차이콥스키는 동생들에게 미칠 부정적인 영향과 사회적 비난을 피하려고 뜻하지 않은 사랑을 택했다. 그는 모스크바음악원에 몸담고 있던 1868년 모스크바에 연주를 하러 온 벨기에 메조소프라노 데지레 아르토를 소개받았다. 아르토는 전설적인 소프라노 마리아 말리브란의 동생이자, 당대 제일의 성악가였던 폴린 비아르도 가르시아에게 배웠다. 차이콥스키는 피아노 곡을 헌정하며 아르토에게 구혼했고 그녀도 받아들였다.

다 된 결혼을 훼방한 사람은 차이콥스키의 친구이자 안톤 루빈시테인의 동생인 니콜라이 루빈시테인이었다. 그는 늘 연주 여행을 다니는 성악가와 결혼하는 것은 차이콥스키의 작곡가 이력에 치명적이라 생각하고 어깃장을 놓았다. 아르토는 이듬해인 1869년에 스페인 성악가 마리아노 페디야와 갑자기 결혼함으로써 차이콥스키와 완전히 멀어졌다.

그해 11월 차이콥스키는 가장 자전적인 노래로 스스로 위로했다.

〈여섯 개의 로망스〉의 마지막 곡 '그리움을 아는 이만이'는 요한 볼프강 폰 괴테의 『빌헬름 마이스터의 수업 시대』에 나오는 미뇽의 노래에 붙인 곡조다. 차이콥스키를 대표한다고 보아도 좋은 노래다.

1949년에 나온 영화 〈작은 아씨들〉에도 이 노래가 나온다. 원작자인 루이자 메이 올컷을 둘러싼 매사추세츠의 현인들을 선험철학자라 부른다. '선험先驗'이란 경험에 앞서 인식한다는 뜻으로서, '초월超越'이라는 말이 대신하기도 한다. 어느 쪽이든 천재의 자질이다. 선험철학자들이 모델로 삼은 나라는 독일이었다. 영국이나 프랑스보다 근대화에 뒤처진 독일이 19세기 다시 유럽의 주인공으로 부상한 비결로 그들은 이마누엘 칸트, 괴테, 베토벤과 같은 천재를 꼽았다. 혜성과 같은 천재가 등장하지 않고는 이런 도약이 불가능하다고 본 것이다. 미국 선험철학자 모임의 좌장격인 랠프 월도 에머슨은 친구 에이머스 브론슨 올컷의 딸 루이자에게 괴테의 자전적인 성장소설 『빌헬름 마이스터의 수업 시대』를 선물했다.

유럽에서 가장 늦게 기지개를 켠 러시아도 미국의 문제를 그대로 마주하고 있었다. 클라우디오 몬테베르디나 바흐와 같은 초석이 없이 그들이 당대의 바그너나 조르주 비제와 어깨를 나란히 할 방법은 시대를 초월한 천재를 낳는 것뿐이었다. 그 천재는 보통 사람은 모르는 '그리움과 외로움'을 평생 짊어질 '운명'이리라. 바로 표트르 일리치였다.

영화 〈차이콥스키〉는 아르토와 차이콥스키의 인연을 매우 인상적으로 그렸다. 두 사람이 헤어지고 한참 뒤 그녀가 볼쇼이극장을 다시 찾아 노래할 때 객석에서 차이콥스키와 폰 메크 부인이 각각 지켜

본다. 차이콥스키가 부인의 첫 편지를 받기 직전이다. 이 무렵 아르토는 실제로 모스크바에서 공연했다. 그녀가 옛 추억을 떠올리며 차이콥스키의 로망스를 부르고, 장면은 베네치아 카니발로 바뀐다.

멀리서 알아본 두 사람이 친구들과 트로이카를 타고 눈밭을 달릴 때 차이콥스키의 여러 음악이 뒤섞이고 여기에 아르토가 벨칸토의 목소리를 뽐낸다. 마치 차이콥스키가 아르토를 만난 1868년에 초연한 〈교향곡 제1번 '겨울날의 백일몽'〉을 눈으로 보는 듯하다.

'겨울날의 백일몽'에서 깬 니콜라이 루빈시테인은 친구의 파혼이 자기 덕이라고 자랑하고, 그런 무용담의 제물이 된 차이콥스키는 그를 뿌리치고 홀로 호숫가를 거닌다. 호수 위로 백조를 추는 발레리나가 등장한다. 앞서 볼쇼이극장에서 차이콥스키의 로망스를 노래한 소프라노가 바로 전설의 발레리나 마야 플리세츠카야*였음을 이제야 눈치챈다. 볼쇼이발레단의 주역이던 플리세츠카야가 입은 발레복이 바로 내가 봇킨스크 자료실에서 본 그 날개옷이다. 호암아트홀에서 본 영화 〈차이콥스키〉는 그 시절 나에게 '돼지 목의 진주 목걸이'였다.

---

* 작곡가 로디온 셰드린의 아내이기도 한 그녀는 냉전 시절 소련을 대표하는 예술가이자, 볼쇼이발레단 레퍼토리의 중심이었다. 그녀와 남편의 대표적 합작이 〈카르멘 모음곡〉이었다는 사실이 흥미롭다. 차이콥스키가 가장 큰 영향을 받은 작품이 조르주 비제의 〈카르멘〉이기 때문이다.

02

PYOTR ILYICH TCHAIKOVSKY

창작의 옥토
우크라이나

볼가강을 따라 아래로

영화 〈차이콥스키〉의 음악을 만든 드미트리 티옴킨의 고향인 우크라이나의 폴타바는 중요한 지방이다. 고골은 폴타바의 소로친치라는 작은 마을 태생이다. 그는 『디칸카 근교 농가의 저녁』과 『타라스 불바』 같은 작품에서 고향을 그렸다. 푸시킨도 이 지역을 다녀간 뒤 『폴타바』를 썼다. 주인공 이반 마제파는 이 지방 카자크족의 족장이다.

차이콥스키는 폴타바와 인접한 드네프르강 건너 카미안카, 우크라이나의 수도 키예프, 하리코프 등을 매우 자주 드나들었다. 사랑하는 여동생 알렉산드라가 카미안카에 영지를 가진 레프 바실리예비치 다비도프와 1860년에 결혼해 그곳에 살았기 때문이다. 또한 훗날 폰 메크 부인으로부터 브라일로프의 영지를 편하게 이용하도록 배려받아 몇 차례 방문하기도 했다. 우크라이나는 추운 겨울 모스크바나 상트페테르부르크를 떠나 작곡할 여유를 주는 곳이었다.

이곳의 비옥한 흑토와 온화한 자연 환경은 차이콥스키의 작품과 떼려야 뗄 수 없다. 그래서 작곡가의 뜻은 아니지만 〈교향곡 제2번〉을 '작은 러시아'라 부르는 것은 타당하다. 첫 악장과 끝 악장에 우크라이나 민요를 사용했을 뿐만 아니라, 실제로 차이콥스키는 우크라이나에서 곡을 구상하고 스케치했다. 러시아의 모태가 키예프공국임을 떠올리면 우크라이나의 별칭인 작은 러시아가 꼭 부정적인 느낌은 아니다. 20세기 들어 우크라이나가 러시아연방으로부터 독립한 까닭도 그런 자존심 때문이다.

차이콥스키는 1872년 여름, 여느 해처럼 여동생 부부가 사는 카미안카로 갔다. 5월 31일부터 7월 2일까지 그곳에 머물다가 니지에 잠깐 들른 뒤 우소보로 이동하여 8월 중순까지 지냈다. 현재 우소보는 우크라이나 국경에서 멀리 떨어진 러시아 내륙에 속하지만 차이콥스키 시대에는 더 먼 북캅카스와 볼가강 유역까지 우크라이나로 보았다. 우소보에서 〈교향곡 제2번〉의 초고를 완성한 차이콥스키는 모스크바로 돌아와 9월부터 12월까지 마무리 작업을 했다.

폴타바 바로 위에 있는 니지는 차이콥스키의 친구 니콜라이 드미트리예비치 콘드라티예프의 영지였다. 변호사인 콘드라티예프는 낙천적인 성격으로 차이콥스키와 친했다. 차이콥스키의 동생 모데스트는 그를 톨스토이의 『안나 카레니나』에 나오는 속 넓은 관리 스티바 오블론스키에 비유했다. 그러나 차이콥스키 전문가인 러시아계 미국인 학자 알렉산더 포즈난스키는 그보다는 두 사람 관계가 훨씬 복잡했다고 말하며 모데스트가 짐짓 언급을 피한 동성애가 둘 사이에 작용했음을 지적한다.

카미안카에 있는 다비도프의 여름 별장

차이콥스키는 한 살 어린 여동생 알렉산드라 부부의 영지가 있던 우크라이나 카미안카를 제2의 집처럼 자주 드나들었다. 이곳의 비옥하고 온화한 환경은 작곡에 전념하기에 더없이 좋았다. 카미안카뿐만 아니라 인근의 키예프, 브라일로프, 니지, 우소보 등도 그가 자주 찾았던 곳이다.

차이콥스키는 콘드라티예프의 아내 마리야, 딸 나데즈다와도 매우 친했다. 1881년 겨울에는 콘드라티예프 가족과 차이콥스키 형제가 함께 이탈리아 여행을 했을 정도다. 그러나 이후 콘드라티예프가 딸의 교육 문제로 콘니지에 머물지 않고 상트페테르부르크로 완전히 옮겨 가자 차이콥스키도 더는 니지를 찾지 않고 상트페테르부르크에 갈 때마다 친구의 집을 방문했다.

1886년, 콘드라티예프가 차이콥스키 집 근처 마이다노보에 별장을 사면서 둘의 왕래는 더욱 잦아졌다. 차이콥스키는 그의 집에서 톨스토이의 책을 즐겨 빌려 보았다. 콘드라티예프가 1887년 수종 치료차 독일 아헨(도시 이름이 온천을 암시한다)에서 요양할 때도 차이콥스키는 석 달이나 곁에 머물렀고, 그가 곧 사망한 뒤에도 유족을 종종 찾았다.

이렇게 친한 콘드라티예프가 〈교향곡 제2번〉을 천재적이라고 칭찬했다. 차이콥스키도 그때까지 쓴 작품 가운데 최고라 자신하면서 매번 그랬듯이 전에 도달하지 못한 경지에 이르렀다고 자평했다. 1873년 1월 23일로 예정된 상트페테르부르크 초연은 러시아 음악협회 회장 엘레나 파블로브나 대공비의 사망으로 연기되어 2월 7일 니콜라이 루빈시테인의 지휘로 모스크바에서 열렸다. 곧바로 차이콥스키는 동생과 아버지, 비평가 스타소프 등에게 편지했는데, 모두 '대성공'이라는 내용이었다.

위대한 작곡가의 첫 교향곡은 언제나 감동적이다. 그것은 무에서 창조되었기 때문이다. 베토벤과 루이 엑토르 베를리오즈, 브람스와 말러 모두 첫 교향곡에서 훗날 이루고자 하는 모든 것을 제시했다. 차이콥스키는 어떠한가? 나는 차이콥스키의 〈교향곡 제1번〉이 그보다 대단한 〈교향곡 제2번〉을 보여 주는 척도라고 생각한다. 〈교향곡 제2번〉 1악장 도입부에 인용한 우크라이나 민요 〈어머니 볼가강을 따라 아래로〉가 전체 밑그림이다. 볼가강은 명실상부 러시아의 젖줄이다. 모스크바강도 오카강과 합류해 니즈니노브고로드에서 볼가강과 만난다. 우랄 지역을 굽이도는 카마강도 차이콥스키가 태어난 봇킨스크를 지나 카잔 아래에서 볼가강과 합쳐진다. 아래로 아래로 흐른 볼가강은 그 이름을 딴 볼고그라드(잠시 '스탈린그라드'라 불렸다)에서 방향을 틀어 아스트라한에 이르러서야 3700킬로미터가 넘는 여정을 마치고 카스피해로 흘러 나간다. 그래서 러시아 문학에서는 볼가강을 어머니라 부르고, 차이콥스키도 볼가강을 통해 자신의 정체성을 보여 준다. 극적인 휘몰아침은 그가 장차 무대 음악의 일인자가 될 것을 암시하는 듯하다.

2악장의 악상은 차이콥스키가 폐기한 미완성 오페라 〈운디네〉 가운데 '혼례의 행진'에서 가져왔다. 물의 요정 운디네는 여러 이름으로 불린다. 루살카, 멜루지네, 인어 공주가 모두 같은 것이다. 푸시킨의 『루슬란과 류드밀라』에도 루살카가 등장하고(글린카의 오페라에는 안 나온다), 차이콥스키의 오페라 〈대장장이 바쿨라〉에도 운디네의 멋진 발레 장면이 등장한다. 볼가강에 요정이 없을 리 없다.

요정들이 폴란드 궁정 무도회에 모두 도착하면 3악장에서는 펠릭스 멘델스존이나 베를리오즈가 그린 셰익스피어풍의 스케르초 악장이 따른다. 멘델스존의 〈한여름 밤의 꿈〉과 베를리오즈의 〈로미오와 줄리엣〉을 이어 주는 요정 마브의 행렬과 같다.

4악장은 다시 우크라이나 민요 〈두루미〉로 만들었다. 들판에 선 외로운 모습이거나 하늘을 나는 신선 같은 모습이 아니다. 껑충다리 같은 두루미가 성큼성큼 걸어가며 여울 속의 물고기를 사냥하는 듯한 악상이 익살맞다. 차이콥스키의 관심은 쉬지 않고 춤을 향해 질주하는 것이다. 그것은 이미 황실에서 열리는 화려한 무도회를 넘어 온 마을이 광장에 모여 추는 축제의 한마당이다.

우소보의 자연에 파묻혀

차이콥스키의 〈교향곡 제2번〉 부제 '작은 러시아'와 마찬가지로 〈교향곡 제3번〉의 '폴란드'라는 부제 역시 작곡가의 뜻과 무관하다. 작곡가 사후 1899년에 런던에서 어거스트 만스가 초연할 때 5악장 장엄한 폴로네즈를 가리켜 붙인 것이다.

그런데 러시아 역사를 떠올려 보면 이 또한 흥미롭다. 작은 러시아 우크라이나를 오랫동안 폴란드가 지배했기 때문이다. 폴란드왕국은 이웃 리투아니아공국과 1569년부터 1796년까지 연합국가를

'작은 러시아' 우크라이나

우크라이나의 자연과 민속음악은 차이콥스키 음악의 중요한 밑거름이 되었다. 가령 〈교향곡 제2번〉의 첫 악장과 마지막 악장에는 우크라이나 민요가 녹아들어 있다. 그래서 이 곡을 우크라이나의 별칭이기도 한 '작은 러시아'라 부르기도 한다. 민족주의 음악을 추구했던 러시아 5인조가 볼 때 차이콥스키의 음악은 서구적인 것이었지만, 차이콥스키는 민속음악을 서유럽의 전통과 연결함으로써 러시아 음악의 새로운 지평을 열었다.

이루었다. '두 국민의 공화국'이라 부르던 이 국가의 최대 판도는 오늘날 우크라이나 대부분을 포함한다. 우크라이나를 동서로 가르며 흐르는 드네프르강 동쪽을 차지하던 부족이 자포로제 카자크였다. 고골은 『타라스 불바』에서 폴란드-리투아니아 연합국과 카자크 사이의 대립을 그렸다. 카자크 족장인 불바는 지피지기 백전불태의 교훈을 가르치려 두 아들을 적국 폴란드로 유학을 보낸다. 초원을 떠난 두 아들이 도착한 폴란드의 거점은 오늘날 우크라이나 수도인 키예프다.

〈교향곡 제2번〉처럼 〈교향곡 제3번〉도 우크라이나에서 작곡했다. 1875년 6월 초, 모스크바음악원 교수로 몸담고 있던 차이콥스키는 모스크바에서 남동쪽으로 500킬로미터 이상 떨어진 오지인 우소보로 향했다. 니지가 콘드라티예프의 영지라면 우소보는 또 다른 친구인 콘스탄틴과 블라디미르 실롭스키 집안의 영지였다. 중앙 러시아 탐보프 지역에 있는 우소보는 자연에 묻혀 작곡에 전념하기에 좋은 분위기였다. 오카강과 돈강 사이 드넓은 흑토 평야에서 차이콥스키가 뿌린 창작의 씨앗은 아무런 방해를 받지 않고 무럭무럭 자랐다. 차이콥스키는 〈교향곡 제3번〉 악보에 "1875년 6월 5일, 우소보에서 시작. 1875년 8월 1일, 베르봅카에서 완성"이라 적었다. 카미안카 근처에 있는 베르봅카 또한 동생 집이 있는 곳이다. 우소보에서 스케치를 마친 차이콥스키는 베르봅카로 가기 전 니지에서 오케스트레이션을 시작했으니, 〈교향곡 제2번〉과 역순으로 장소를 옮긴 셈이다.

스테판 실롭스키 소령과 아내 마리야의 두 아들인 콘스탄틴과 블라디미르는 모두 차이콥스키와 친했다. 블라디미르는 열다섯 살에 모스크바음악원에 입학하여 차이콥스키에게 배웠다. 흥미롭게도 형제 모두 차이콥스키와 같은 해에 세상을 떠났다. 형제의 재능은 일찍부터 남달랐다. 형 콘스탄틴은 시를 썼고 그림과 조각에도 능했다. 그는 모스크바 볼쇼이극장에서 글린카의 〈루슬란과 류드밀라〉를 상연할 때 루슬란과 겨루는 머리만 있는 거대한 사람을 만들었다. 그뿐만 아니라 연금술과 마술에도 관심을 가진 엉뚱한 친구였다. 차이콥스키는 1875년에 우소보에 대한 추억을 담은 〈교향곡 제3번〉을 블라디미르에게 헌정했다.

독일 교향곡은 높고 견고하게 쌓은 고딕 건축물에 비견된다. 탄탄한 토대에 견고한 기둥과 대들보를 올려 까마득하게 세운다. 그런데 차이콥스키의 교향곡은 그렇게 수직적이지 않다. 그는 엄청난 유량을 만들어 끝없이 흘려 보낸다. 구조는 엉성해 보일지 모르지만 마치 독일이 만든 둑을 허물기라도 하려는 듯한 거대한 물줄기에 듣는 사람의 넋을 앗아 가고 만다. 이미 앞선 두 교향곡에서 잔뜩 가둔 물이 둑까지 찰랑찰랑하더니 마침내 〈교향곡 제3번〉에서 둑을 넘어 단숨에 대양까지 흘러간다.

차이콥스키의 〈교향곡 제3번〉에 대한 최고 해석자는 어느 지휘자도 아닌 제정러시아 태생의 마지막 발레 마스터 조지 발란신이다. 그는 뉴욕 반클리프앤드아펠 보석 상점에서 영감을 받아 에메랄드, 루비, 다이아몬드 3부로 된 〈보석〉을 안무했다. 가브리엘 포레의 〈펠레아스와 멜리장드〉에 붙인 '에메랄드'는 프랑스에, 스트라빈스키의 〈카프리치오〉에 붙인 '루비'는 미국에, 차이콥스키의 〈교

조지 발란신이 안무한 〈보석〉 중 '다이아몬드' 장면
차이콥스키가 우크라이나 우소보에서 작곡한 〈교향곡 제3번〉에 대한 최고의 해석은 20세기 발레의 거장 조지 발란신이 안무한 〈보석〉이라 할 수 있다. 〈보석〉은 에메랄드, 루비, 다이아

몬드 3부로 구성되어 있으며, 각각 프랑스, 미국, 러시아에 헌정한 것이다. 이 중 다이아몬드가
차이콥스키의 〈교향곡 제3번〉에 붙인 것이다.

향곡 제3번〉에 붙인 '다이아몬드'는 러시아에 헌정했다. 발란신의
생각이 탁월한 까닭은 차이콥스키가 〈교향곡 제3번〉을 마치자마자
첫 발레 〈백조의 호수〉를 쓰기 시작했기 때문이다.

곡이 시작하면 느린 도입부에 이어서 〈잠자는 숲속의 미녀〉를 예
고하는 황실 무도회가 시작된다. 발란신은 차이콥스키의 〈교향곡
제3번〉 다섯 악장 가운데 가장 긴 1악장을 발레에서 뺐다. 아쉬운
일이나 이해는 간다. 〈보석〉에서 '다이아몬드'의 길이는 '에메랄드'
와 '루비'를 합친 것에 맞먹는다. 1악장까지 더했더라면 '다이아몬
드'가 너무 무거웠을 것이다. 또 앞에 두 보석을 다루고, 3부에서 다
시 느린 도입부의 교향곡을 시작하는 것도 짜임새에 맞지 않는다.

앞서 보았듯이 발란신에게 세 보석은 프랑스, 미국, 러시아라는
세 조국에 대한 헌정이다. 만일 발란신이 직접 겪은 대로 러시아, 프
랑스, 미국 순서로 안무했더라면 전체 길이가 길어지더라도 〈교향
곡 제3번〉 1악장을 넣어 발레를 시작했을 것이다. 그러나 그는 자
신의 모국어와 같은 러시아 황실 발레 찬양을 전체 발레의 대단원
으로 삼고 싶었을 것이다. 만일 러시아, 곧 '다이아몬드'가 제일 처
음에 오는데 지금처럼 〈교향곡 제3번〉 2악장으로 시작했더라면 그
또한 뜬금없을 뻔했다.

차이콥스키의 스케르초이자 발란신의 첫 악장이 되는 〈교향곡
제3번〉 2악장 '알라 테데스카'는 〈백조의 호수〉 가운데 백조의 군
무에 해당한다. 차이콥스키가 발레와 나란히 작곡한 두 음악의 공
통점을 발란신은 정확히 집어 냈다. 〈백조의 호수〉가 독일의 전설
을 토대로 했다는 사실도 이 독일 춤곡과 자연스러운 연결 고리다.

알라 테데스카는 1891년에 극 부수음악 〈햄릿〉을 쓰면서 오필리어의 첫 등장으로 다시 사용된다.

이와 대칭을 이루는 〈교향곡 제3번〉 4악장 스케르초는 〈호두까기 인형〉 가운데 '눈송이의 춤'을 떠오르게 한다. 눈의 결정처럼 반짝이는 플루트의 속삭임과 현의 피치카토를 들으며 발레리나의 잰걸음을 떠올리지 않을 사람은 없을 것이다. 차이콥스키는 1872년 표트르대제의 탄생 200주년을 기리며 모스크바에서 열린 과학 박람회를 위해 칸타타를 작곡했다. 4악장 가운데 '트리오'는 일명 〈모스크바 칸타타〉에서 가져왔다.

영국의 발레 비평가 클레멘트 크리스프가 정확히 지적했듯이 3악장 '안단테 엘레지아코'의 느린 이인무는 알렉산드르 콘스탄티노비치 글라주노프의 발레 〈라이몬다〉 가운데 '헝가리 변주'를 떠오르게 한다. 차이콥스키 사후 스트라빈스키가 나오기까지 최고의 발레로 꼽을 작품이 마리우스 프티파가 안무한 〈라이몬다〉다. 그중에서도 3막 결혼 피로연의 '헝가리 변주'는 백미로 꼽힌다.

〈교향곡 제3번〉 5악장(발란신에게는 4악장) '알라 폴라카'는 발란신이 제외한 1악장의 〈잠자는 숲속의 미녀〉로 돌아간다. 부챗살을 폈다 접었다 할 때마다 그림이 바뀌는 것처럼 만화경을 돌릴 때마다 작은 보석이 자연이 빚은 듯한 큰 결정을 만들어 내는 것처럼 찬사를 끊이지 않게 한다. 혹자는 이 폴로네즈에서 1877년에 나올 오페라 〈예브게니 오네긴〉의 3막을 여는 무도회를 떠올릴지 모른다. 그러나 이미 차이콥스키는 교향곡을 쓰기 직전 해에 〈대장장이 바쿨라〉에 폴로네즈를 넣었다. 정식 무도회의 시작 춤이 폴로네즈다.

법률학교 선배 세로프가 스타소프와 벌인 〈차르에게 바친 목숨〉과 〈루슬란과 류드밀라〉 전쟁을 기억하는지? 〈차르에게 바친 목숨〉의 2막을 여는 음악이 바로 폴로네즈다. 실롭스키가 우소보의 시골집에서 펼쳐 보인 마술과 경쟁이라도 하듯이 차이콥스키는 그로서는 좀처럼 들을 수 없는 '푸가'까지 동원하며 '무용 교향곡'의 대단원을 마무리했다.

세 개의 오페라

대개 작곡가가 그렇듯 차이콥스키도 기후가 온화한 우크라이나에서 여름을 보내며 작곡하고, 모스크바나 상트페테르부르크로 돌아와 겨울 동안 작품을 발표했다. 상트페테르부르크 여행에서 첫손으로 꼽는 곳은 에르미타주미술관과 페테르고프의 여름 궁전이다. 여행 화보마다 빠지지 않는 근사한 경관을 자랑한다. 차이콥스키 팬에게 그에 상응하는 곳은 국립러시아미술관과 파블롭스크궁전이다. 에르미타주미술관이 서유럽 회화 중심이라면, 국립러시아미술관은 러시아 미술이 위주이며, 페테르고프의 여름 궁전이 황금빛으로 바다를 향한다면, 파블롭스크궁전은 그보다 소박하지만 울창한 숲에 감싸여 있다.

국립러시아미술관은 모스크바에 있는 트레티야코프미술관에 자극을 받아 미하일롭스키궁전에 설립한 것이다. 기업가 파벨 미하일로비치 트레티야코프가 자국 미술의 가치를 일찌감치 알아보고 독

파블롭스크궁

파블롭스크궁은 차르 파벨 1세의 막내아들인 미하일 파블로비치 대공 부부의 여름 처소였다. 대공 부부는 황실 인사 중 음악에 대한 관심이 가장 많았다. 특히 엘레나 대공비는 러시아 음악협회를 설립했고, 글린카 등의 음악인들을 후원했으며, 음악학도를 위한 강좌를 여는 등 러시아 음악 발전에 지대한 영향을 끼쳤다. 1865년, 차이콥스키의 작품이 왈츠의 왕 요한 슈트라우스 2세의 지휘로 처음 공개적으로 연주된 곳도 바로 이곳이다.

식하다시피 하자 차르 알렉산드르 3세가 맞불을 놓았다. 일리야 레핀의 많은 그림을 트레티야코프미술관이 소장하고 있지만 〈자포로제 카자크의 답장〉이나 〈자유다!〉는 국립러시아미술관에 있다. 그 밖에도 카를 파블로비치 브륩로프의 〈폼페이 최후의 날〉, 이반 아이바좁스키의 〈아홉 번째 파도〉와 같은 러시아 걸작을 보려면 이곳에 와야 한다.

국립러시아미술관이 입주한 미하일롭스키궁전의 주인 가운데 엘레나 대공비(1807~1873)가 있었다. 차르 파벨 1세의 막내아들 미하일 파블로비치 대공의 아내였다. 이들의 조카가 차르 알렉산드르 2세였다. 교외의 파블롭스크궁전도 대공 부부의 여름 처소였다. 대공 내외는 19세기 러시아 황실 인사 가운데 음악에 가장 관심이 많았다. 아침 일찍 찾은 파블롭스크 숲은 내 예상 그대로였다. 손바닥 위에 빵부스러기를 얹고 기다리자 금방 새가 겁내지 않고 날아왔다. 전성기의 요한 슈트라우스 2세가 여러 차례 이곳을 찾았다. 유럽 최고 무도회 마스터가 아니었는가! 그가 작곡한 〈파블롭스크 숲에서〉는 빈으로 돌아가 빈의 숲으로 바뀌어 〈크라펜 숲에서〉가 되었다. 2021년 빈신년음악회에서도 이 곡이 다시 연주되었다. 당대 최고의 명사 슈트라우스는 1865년 파블롭스크에서 차이콥스키의 〈성격 춤곡〉을 지휘했다. 차이콥스키의 작품이 처음 공개적으로 연주된 자리였다.

파블롭스크궁전과 미하일롭스키궁전의 주인인 엘레나 대공비는 1859년에 안톤 루빈시테인과 러시아음악협회를 설립했다. 그리하여 글린카, 다르고미시스키와 같은 러시아 음악가들을 후원했고,

고전이 된 독일 음악을 미하일롭스키궁전에서 연주했다. 음악학도를 위한 강좌도 열었다. 이 강좌를 바탕으로 1862년에 안톤 루빈시테인이 상트페테르부르크음악원을, 1866년에는 동생 니콜라이 루빈시테인이 러시아음악협회 모스크바 지부 음악원을 설립했다. 차이콥스키는 상트페테르부르크 음악원을 1회로 졸업했고, 곧바로 모스크바음악원 초대 교수가 되었으니 일련의 과정이 운명이 깔아준 붉은 양탄자가 아닌가!

앞서 보았듯이 1873년 1월에 옐레나 대공비가 세상을 떠나면서 차이콥스키의 〈교향곡 제2번〉 초연이 연기되었다. 그러나 훨씬 큰 기회가 잇따랐다. 러시아음악협회는 3월 3일 경연 개최를 발표했다. 1871년에 세로프가 죽으면서 미완으로 그친 오페라를 작곡하는 경연이었다. 고골의 「크리스마스 전야」에 곡을 붙이는 경연의 응모 기간은 1875년 8월 13일까지 2년 남짓이었다. 대공비를 추모할 당선작의 상금은 1500루블이었다.

차이콥스키는 이때까지 세 개의 오페라를 작곡했다. 1868년에 만든 〈보예보다〉는 알렉산드르 니콜라예비치 오스트롭스키의 희곡이 원작이다. 차이콥스키는 작품이 마음에 들지 않아 초연 뒤 폐기했다. 그나마 꽤 여러 악상은 훗날 쓰는 곡에 다시 사용되었다.

1869년에 만든 두 번째 오페라 〈운디네〉는 프리드리히 드 라 모트 푸케 원작에 붙인 인어 이야기다. 이번에는 극장의 거부로 초연도 하지 못하고 버렸다. 차이콥스키는 〈운디네〉의 몇 부분 역시 오스트롭스키의 『눈 아가씨』를 위한 부수음악에 다시 썼다. 기사 훌브란트의 죽음은 뒷날 〈백조의 호수〉 2막 백조의 춤 가운데 하나가 되었다.

세 번째 오페라 〈오프리치니크〉는 1872년 4월에 완성했다. 신참에게 오페라는 악보에 적었다고 완성한 것이 아니라 무대에 올린 뒤 평가까지 받아야 했다. 초연까지는 2년이나 더 기다려야 했다. 그 사이 차이콥스키는 오스트롭스키를 위한 부수음악 〈눈 아가씨〉와 윌리엄 셰익스피어 희곡에 붙인 교향적 환상곡 〈템페스트〉를 작곡했다.

글린카의 〈차르에게 바친 목숨〉과 〈루슬란과 류드밀라〉 가운데 어느 쪽이 좋으냐를 좋고 친구 세로프와 으르렁거리던 스타소프는 세로프가 죽은 뒤에 차이콥스키가 발표한 〈교향곡 제2번〉을 "러시아 악파의 창작 가운데 가장 중요한 작품"이라고 치켜세웠다. 세로프 편을 들었던 차이콥스키로서는 뜻밖의 우군을 얻은 것이다. 스타소프는 나아가 차이콥스키에게 조언까지 했다. 1873년 1월 11일 편지에서 그는 고골의 『타라스 불바』, 월터 스콧의 『아이반호』, 셰익스피어의 『템페스트』를 주제로 교향악을 써 보라고 권했다. 차이콥스키는 8월부터 10월까지 매달린 끝에 교향적 환상곡 〈템페스트〉를 작곡했고, 그해 12월 19일에 초연하며 스타소프에게 헌정했다.

아직도 〈오프리치니크〉는 무대에 올리지 못했다. 지연의 가장 큰 이유는 검열이었다. 인민주의자를 뜻하는 나로드니키 혁명 세력은 점점 세를 불려 갔다. 차르 알렉산드르 2세는 19세기 러시아 군주 가운데 가장 성군이었지만 나로드니키 세력의 성에는 차지 않았다. '오프리치니크'의 뜻을 안다면 이 작품이 검열을 넘기 힘든 이유를 단박에 알 것이다. 그것은 폭군 이반 뇌제의 친위대를 일컫는 말이다. 가장 비슷한 느낌으로 KGB를 들겠다. 차이콥스키의 오페라가 정치적으로 민감한 사안을 건드린 것이다.

〈오프리치니크〉는 완성된 지 2년 만인 1874년 4월 24일에 마린스키극장에서 초연되었다. 그러나 차이콥스키는 앞서 없애 버린 두 오페라를 넘어서지 못했다. 그는 "감동도, 개성도, 영감도 없다! 대실수를 견딜 수 없다. 하지만 오페라 작곡에서 큰 교훈을 얻었다. 연습 때 기초적인 실수를 범하는 것을 보면서 다음 오페라에서는 범하지 말아야겠다고 생각했다"라고 출판업자 바실리 베셀에게 말했다. 그러나 베셀은 "공연은 크게 성공했고, 이것으로 오페라를 향한 관심이 다시 불타올랐다"라고 회상했다. 차이콥스키로서는 2년 묵은 작품이 만족스러웠을 리 없다. 그는 늘 성장하는 작곡가였기 때문이다. 〈오프리치니크〉의 전곡 음반은 아직 많은 편이 아니지만, 리사이틀 프로그램이나 콩쿠르 주요 과제곡으로 점차 알려지고 있다.

디칸카의 달빛 아래

차이콥스키가 러시아음악협회의 옐레나 대공비 추모작 공모에 관심을 가진 것은 이때다. 그는 마치 자신의 성장을 보여 줄 기회를 찾고 있었다는 듯이 〈대장장이 바쿨라〉에 매달렸다. 1874년 10월 31일, 차이콥스키는 베셀에게 오페라를 완성했다고 편지를 썼다. 그는 마감일을 1875년 1월 13일로 잘못 알았는데, 정확한 날짜는 8월

13일이었다.

마감일까지 너무 많이 남은 나머지 차이콥스키는 당선을 기다리기보다는 응모를 취소하고 공연을 서두르고 싶어 했다. 그만큼 작품에 자신이 있었던 것이다. 그는 림스키코르사코프에게 이 곡에 대한 기대가 얼마나 크고 인정받고 싶은지 알아주기 바란다고 편지를 썼다. 그러나 뜻대로 되지 않았고, 〈대장장이 바쿨라〉는 심사를 기다려야 했다. 차이콥스키는 작품을 아예 익명으로 제출하고, "인생은 짧고 예술은 길다"라는 라틴어 경구를 곁들였다. 마침내 1875년 10월, 차이콥스키는 1500루블의 주인이 되었다. 다만 무슨 이유에서인지 초연 반응은 신통하지 않았다. 특히 러시아 5인조 중 한 명으로서 그 자신은 아무것도 남긴 것이 없으면서 늘 불평만 해대는 체자르 큐이가 〈대장장이 바쿨라〉를 혹평했다. 러시아 5인조를 가리키는 '강력한 한 줌'은 5인조가 아닌 4인조라 불러야 한다. 큐이는 재를 뿌리는 것 말고는 존재감이 없다.

〈대장장이 바쿨라〉를 살펴보자. 이것은 고골의 첫 성공작인 『디칸카 근교 농가의 저녁』이라는 단편 기담집 가운데 「크리스마스 전야」를 원작으로 한 오페라다. 그러나 기대와 달리 초연에 실패한 차이콥스키는 〈예브게니 오네긴〉, 〈오를레앙의 처녀〉, 〈마제파〉에 이르는 중기 걸작 오페라를 쓴 뒤 1885년에 〈대장장이 바쿨라〉를 개작했다. 그는 〈대장장이 바쿨라〉를 처음 작곡하고 10여 년이 지난 뒤에도 애착을 가질 만큼 이 작품에 끌렸다. 베토벤이 자신의 유일한 오페라 〈레오노레〉를 수없이 매만진 끝에 〈피델리오〉로 내놓은 것에 비견될까?

그러나 베토벤이 이 오페라의 서곡을 네 개나 쓴 것과 달리 차이콥스키는 10년 만에 개작한 것치고는 수정한 것이 많지 않았다. 1막 바쿨라와 옥사나의 이중창을 확대했고, 1막 피날레는 새로 썼다. 2막 교장의 노래와 오중창과, 3막 황제의 노래도 다시 썼다. 그 밖의 수정은 미미했다. 대신 차이콥스키는 개정판 제목을 바꾸었다. 〈여제의 신발〉, 〈크리스마스 전야〉, 〈옥사나의 변덕〉 같은 것을 떠올렸지만 결국 '신발'이라는 뜻의 〈체레비츠키〉로 정했다.

1막, 디칸카의 달밤. 대장장이 바쿨라의 어머니인 무당 솔로하에게 호색한 악마가 다가온다. 악마는 그녀에게 달을 따다 달라고 부탁한다. 바쿨라는 어머니에게 추근거리는 악마가 못마땅해 교회에 그의 얼굴을 흉측한 몰골로 그려 놓는다. 악마는 그런 바쿨라를 골려 주려 눈보라를 일으키며 솔로하와 날아간다.

바쿨라가 사랑하는 옥사나가 거울 속 자기 모습에 빠졌다가 크리스마스를 혼자 보내게 생겼다며 투덜거린다. 때마침 도착한 순박한 바쿨라에게 화풀이를 한다. 바쿨라가 옥사나의 투정을 받아 주던 차에 옥사나의 아버지 추브가 눈보라를 피해 들어온다. 그의 갑작스러운 등장에 낯선 사람으로 오해한 바쿨라가 그를 쫓아낸다. 옥사나는 아버지를 몰라본 바쿨라에게 자기는 다른 사람을 좋아한다며 내보낸다. 마을 사람들이 부르는 크리스마스 캐럴을 들으며 바쿨라에게 미안함을 느낀 옥사나는 자신도 그를 좋아한다고 되된다.

2막, 다시 솔로하의 집. 솔로하와 악마가 시시덕거릴 때 문 두드리는 소리가 난다. 악마는 석탄 자루에 숨고, 시장이 들어와 구애한다. 그때 또 문 두드리는 소리가 나자 시장이 석탄 자루에 숨고, 이번에는 교장이 들어와 솔로하에게 구애한다. 교장을 자루에 들어가게 하는 다음 방문자는 추브다. 추브도 솔로하에게 고백하다가 바쿨라가 도착하자 자루를 뒤집어쓴다. 고골은 석탄 자루가 없어질 때까지 사람을 들일 생각이었나 보다. 옥사나에게 퇴짜 맞고 우울해진 바쿨라는 집을 가득 채운 석탄 자루를 치우며 신세 한탄을 한다. 한편 옥사나는 캐럴을 듣다가 친구가 신은 '신발(체레비츠키)'를 보고 부러워한다. 어떤 신발이건 구해 주겠다는 바쿨라의 다짐에 옥사나는 여제의 신발을 신고 싶다고 답한다. 옥사나의 터무니없는 요구에 낙담한 바쿨라는 마을 사람들의 위로와 옥사나의 사과도 소용없이 스스로 목숨을 끊겠다며 악마가 든 자루를 끌고 떠난다. 사람들이 호기심에 남은 자루를 벗긴다. "당신이 왜 거기서 나와!"

3막, 달빛 비친 강둑. 바쿨라는 물의 요정 루살카에게 홀려 물로 뛰어들려 한다. 악마가 자루에서 나와 바쿨라의 영혼을 달라고 흥정하자 바쿨라가 그의 꼬리를 잡고 꼼짝하지 못하게 한다. 잘못을 비는 악마에게 바쿨라는 상트페테르부르크의 궁전으로 데려가라 명한다. 황실에서는 무도회가 한창이다. 바쿨라는 예카테리나 여제의 참모 포템킨 대공에게 약혼녀가 황실에서 신는 신발을 갖고 싶어 한다고 말한다. 카자크 춤이 이어지는 동안 바쿨라는 여제의 신발을 얻는 데 성공해 악마 등에 올라탄다.

4막, 햇빛이 쏟아지는 디칸카의 크리스마스 아침. 모두가 잔치를 벌이지만 솔로하와 옥사나는 바쿨라를 걱정하느라 밤을 지새웠다. 마을 남자들이 옥사나에게 구애할 때 그녀는 바쿨라 생각에 슬프

<대장장이 바쿨라> 공연 장면

우크라이나의 디칸카 마을과 제정러시아의 수도 상트페테르부르크를 배경으로 한 <대장장
이 바쿨라>는 동화와 민담을 오가는 판타지 오페라로서, 차이콥스키의 생전에도 초연에 그쳤
고 20세기 이후에도 그다지 빛을 보지 못했다. 런던의 로열오페라는 묻혀 있던 이 작품을 성
공적으로 연출하여 많은 찬사를 받았다.

다. 잔치가 한창일 때 바쿨라가 도착해 추브에게 크리스마스 선물을 주며 용서를 구한다. 그러나 진짜 선물인 체레비츠키는 옥사나의 것! 이제 와서 그녀는 신발이 없더라도 바쿨라를 사랑한다나! 두 사람을 축복하는 합창으로 막을 내린다.

동화와 민담을 오가는 줄거리는 다소 황당해 보일지 모르지만 모든 것이 좀 더 익숙한 다른 작품과 연관 짓게 만든다. 악마와 영혼을 거래하는 이른바 '파우스트 이야기'는 러시아에도 흔하다. 예쁜 연인을 두고 속 태우는 바쿨라는 오페라 〈사랑의 묘약〉에 나오는 네모리노와 같다. 옥사나가 뭇 남성들에게 구애를 받는 모습을 본 바쿨라는, 바로 바람난 올가 라리나를 보고 피가 끓어오르는 〈예브게니 오네긴〉의 블라디미르 렌스키다. 그러나 바쿨라는 렌스키처럼 친구에게 결투 신청을 하는 대신 물가로 간다. 그는 그곳에서 물의 요정 루살카를 만날 것이다. 차이콥스키가 쓴 여러 오페라 가운데 유일하게 무대에 올리지 못하고 폐기한 작품이 두 번째로 쓴 〈운디네〉다. 운디네와 루살카의 차이는 계단과 층계의 차이와 같다. 〈체레비츠키〉를 통해 운디네를 다시 불러모았다.

대장장이라는 직업은 바그너의 〈니벨룽겐의 반지〉에 등장하는 지크프리트와 경쟁해야 하지만 그렇게 비장하지는 않다. 바그너 주인공이 출생의 비밀을 놓고 세상과 씨름할 때 자신과 동일시할 사람은 썩 많지 않다. 그러나 바쿨라가 옥사나의 마음을 얻지 못해 죽으려고 할 때는 사랑을 아는 사람이라면 누구나 돕고 싶을 것이다.

그가 악마를 타고 상트페테르부르크로 날아가 여제의 신발을 청하는 모습은 다소 뜬금없게 보일지 모른다. 그러나 포템킨 대공의 노래는 당대 상황을 말해 준다. "러시아의 미네르바가 이끈 승리가 흑해 연안까지 뻗쳤음을 축하"하는 무도회에 나타난 젊은이가 신발을 달라고 하자 포템킨 대공은 "우크라이나 여자는 모두 이런 신발을 신을 자격이 있다"라고 칭찬한다. '러시아의 미네르바'는 러시아의 치세를 최대로 넓힌 예카테리나 여제를 뜻한다. 변방 우크라이나의 카자크를 당근과 채찍으로 다루어야 했던 러시아의 태도를 보여 준다.

마을로 돌아온 바쿨라가 곧바로 연인을 찾아가지 않고 앞서 눈보라에 쫓아냈던 추브에게 선물을 꺼내는 장면도 훈훈하다. 모자와 신발에 이어 자신을 벌해 달라고 채찍을 내밀 때 어머니 솔로하가 재빨리 추브를 제지하는 눈빛을 던진다. 그녀의 경고로 추브는 자신이 다른 구혼자보다 우위임을 눈치챈다. 차이콥스키가 굳이 지시하지 않았더라도 이심전심으로 알아야 한다. 바쿨라가 가져온 여제의 신발을 옥사나가 신어 보는 장면은 러시아판 『신데렐라』다.

나는 2009년 로열오페라 공연을 영상으로 만나기 전까지 이 곡을 제대로 알지 못했다. 지금까지 존재하는 유일한 영상물이다. 이 공연에서 크리스마스 축하 피날레를 '커튼콜'에서 한 번 더 연주한 것이야말로 차이콥스키에게 최고 선물이다.

그러나 일찍이 이 곡의 가치를 알아본 사람이 있었으니 존 크랑코가 1965년에 만든 발레 작품 〈오네긴〉을 위해 음악을 편곡한 쿠르트 하인츠 슈톨체다. 슈톨체는 〈오네긴〉에 〈예브게니 오네긴〉의 음악은 하나도 가져다 쓰지 않았지만 〈체레비츠키〉의 주요 장면을 적절히 배치했다. 타티아나가 오네긴과 처음 만나고 편지를 쓸 때, 또 훗날 재회하는 장면에서 '옥사나의 아리아'가 연주된다. 〈예브게니 오네긴〉의 그 유명한 폴로네즈는 그 못지않게 좋은 〈체레비츠키〉의 폴로네즈로 대체되었다. 촌부의 춤에는 황실의 러시아 춤과 카자크 춤이 장단을 맞춘다.

〈오네긴〉이 발레로 나올 당시 〈체레비츠키〉가 알려지지 않았다고 해서 차이콥스키가 아무나 마음대로 해도 좋다는 위임장을 써놓지는 않았다. 1928년, 스트라빈스키가 안데르센의 〈눈의 여왕〉에서 영감을 얻어 작곡한 발레곡 〈요정의 입맞춤〉에서 차이콥스키의 음악을 멋대로 가져다 쓴 적 있지만 그것은 차이콥스키가 작곡하지 않은 새로운 소재였다. 그리고 스트라빈스키가 음악을 다룬 솜씨는 차이콥스키가 살아서 돌아온다고 해도 눈감아 주었을 만큼 빼어났다.

그러나 슈톨체와 크랑코에게는 스트라빈스키 같은 개성 있는 자기 언어를 만들 능력이 없었고, 그나마 차이콥스키가 이미 오페라로 다룬 이야기를 그의 다른 음악으로 덧대어 버린 것이다. 이를테면 판소리 〈춘향가〉를 〈심청가〉에서 가져온 곡조로 부른 것이다. 섬세한 완벽주의자 차이콥스키가, 후대의 안무가가 자신의 음악을 임의로 골라 〈예브게니 오네긴〉의 대본에 입혀 공연할 것이라고 상상이나 했을까?

로열오페라의 연출가 프란체스카 잠벨로는 그동안 〈체레비츠키〉가 받지 못한 찬사를 한껏 받을 만한 공연으로 만들었다. 20세기 후반을 대표하는 연출가 장 피에르 포넬의 보조로 이력을 시작한 그녀는, 특이하게 미국 태생이면서 1970년대에 모스크바에서 대학을 다녔다. 여러 메이저 오페라단에서 특색 있는 공연을 만든 능력은 이런 이력이 뒷받침된 것이다. 의상과 무대, 연기가 완벽하게 작동하는 공연은 이 곡을 처음 보는 관객이라도 한순간도 놓치지 않게 만든다. 유튜브에는 1961년 소련에서 제작한 영화 〈크리스마스 전야〉가 있다. 잠벨로는 아마도 학창 시절에 보았을 이 영화로부터 시각적인 이미지를 빌려 온 모양이다.

옛 소련의 거장 지휘자 겐나디 로제스트벤스키는 2000년에 〈체레비츠키〉를 시칠리아 칼리아리극장에서 공연했다. 러시아 음악가가 본토에서도 보기 드물던 걸작을 시칠리아에 와서 공연한 것을 차이콥스키가 알았다면 얼마나 기뻐했을까. 이탈리아 구석구석을 다녔지만 시칠리아에는 가지 못한 차이콥스키가 기꺼이 달려갔을 것이다. 로제스트벤스키가 마지막 합창을 끝내고 열띤 박수가 나올 때 오케스트라는 아름다운 피날레를 다시 연주했다. 나는 이것이 로열오페라가 이어받을 전통의 시작이라고 생각한다. 로제스트벤스키는 러시아말로 크리스마스라는 뜻이다. 〈체레비츠키〉는 내가 아는 일급 크리스마스 선물, 곧 〈34번가의 기적〉이나 〈아더 크리스마스〉와 같은 작품과 비겨도 손색이 없다. 물론 그중에서도 최고는 〈호두까기 인형〉다.

03

PYOTR ILYICH TCHAIKOVSKY

백조의 호수에서

모스크바 시절

차이콥스키는 1866년 상트페테르부르크음악원을 졸업하자마자 새로 문을 연 모스크바음악원 교수로 부임했다. 시내 복판에 자리한 이 음악원은 1940년에 차이콥스키음악원으로 이름이 바뀌었다. 옛 수도에 있는 상트페테르부르크음악원과 더불어 지금까지 팽팽한 경쟁 관계에 있다. 2020년 1월 8일에 찾아갔을 때, 정교회 크리스마스 다음 날이라 조용했다.

어제까지 북적였던 크렘린광장도 이날은 아직 한적했다. 외곽으로 15분 정도 걸으면 환상적으로 넓어지는, 모스크바의 첫 번째 성벽이 있던 거리에 도달한다. '가든링'이라 부르는 이 둘레는 우리로 치면 서울성곽에 해당한다. 가든링 안에는 수많은 정교회 예배당이 보인다. 유력 귀족 집안마다 자신들의 전용 교회를 지은 탓이다. 양파 모양의 지붕을 얹은 작은 교회들 중에는 훗날 차이콥스키가 비운의 결혼을 올릴 성게오르기교회도 있다.

가든링 서쪽 자락에는 많은 박물관이 몰려 있다. 차이콥스키박물관 바로 옆에는 체호프박물관이 있고, 길 건너에는 샬랴핀박물관이, 아래로 더 내려가면 톨스토이박물관과 푸시킨박물관이 줄을 잇는다. 대가들이 모스크바에 머물던 시절을 추억하는 유물이 가득하다. 마침 쉬는 날인 체호프박물관을 제외한 나머지 세 곳은 모두 구경할 수 있었다. 음악은 실체가 없기에 문학과 미술의 옷을 덧입어야 좀 더 모습을 갖춘다. 차이콥스키 당대의 톨스토이, 푸시킨, 레핀 같은 예술가가 중요한 이유다.

러시아의 박물관은 가이드 없이 자유롭게 관람할 수 없는 곳이 많다. 문제는 러시아어 가이드만 있는 경우다. 그러면 나 같은 사람은 문턱까지 가서 관람을 포기해야 한다. 다행히 차이콥스키박물관은 영어 가이드가 있었다. 중앙아시아 출신으로 차이콥스키음악원을 졸업한 가이드가 친절하게 구석구석을 안내해 주었다.

2007년에 문을 연 차이콥스키박물관은 1872년부터 이듬해까지 차이콥스키가 살던 집 2층과 3층에 마련되었다. 내부가 꽤 커서 상당히 유복하게 지낸 것 같지만 사실 이 집에 살기 6년 전 모스크바에 도착했을 때 그의 형편은 말이 아니었다. 그의 아버지는 남은 재

모스크바의 가든링

가든링은 모스크바를 둘러싸고 있는 원형의 순환도로로, 17세기에 만들어진 도시 성벽에 해당하는 코스다. 'B' 링이라 불리기도 한다. 가든링 주변으로는 유력한 집안들이 세운 수많은 정교회 예배당과 차이콥스키박물관을 비롯하여 체호프박물관, 톨스토이박물관 등이 모여 있다. 상트페테르부르크음악원을 졸업한 뒤 모스크바음악원 교수로 부임한 차이콥스키는 훗날 운명이 자신을 모스크바로 이끌었다고 회상했다.

산이 얼마 없어 은퇴한 뒤로는 큰딸에게 의탁했다. 홀로 서야 했던 차이콥스키에게는 생필품을 살 돈도 없었다. 그렇지만 전시물에는 다음과 같은 차이콥스키의 말이 적혀 있었다. "운명이 나를 모스크바로 이끌어 이곳에서 12년을 살게 하지 않았더라면 나는 아무것도 이루지 못했을 것이다."

모스크바에 있는 차이콥스키박물관은 일반인이 찾아가기에는 너무 먼 봇킨스크박물관이나 모스크바 외곽에 있는 클린까지 갈 여유가 없는 여행자를 위해 만든 편집 박물관이다. 글린카음악박물관과 클린박물관의 넘치는 수장품을 이곳에 모아 차이콥스키의 일생을 요약해서 보여 준다.

모스크바음악원의 설립자인 니콜라이 루빈시테인은 차이콥스키에게 일자리뿐만 아니라 입을 것부터 살 곳까지 모두 구해 주었다. 루빈시테인이 사 준 옷과 모자, 지팡이이며, 카드가 펼쳐진 책상과 의자가 정겹다.

가장 눈길이 가는 것은 〈교향곡 제4번〉의 자필 악보와 그 아래 놓인 차이콥스키와 폰 메크 부인이 주고받은 편지들이다. 러시아어를 모르더라도 예쁘게 꽃을 그린 엽서가 부인의 편지임을 짐작하기 어렵지 않다. 마지막 힘을 다한 〈교향곡 제6번 '비창'〉의 악보는 마치 스페이드의 여왕이 부르는 것을 받아 적은 듯이 광기와 고통으로 얼룩져 있다.

차이콥스키가 서유럽에서 구해 온 첼레스타도 인상적이었다. 그는 이 청량한 소리를 내는 악기를 〈호두까기 인형〉에 넣었다. 그 뒤로 첼레스타가 울리는 곳이면 사람들은 눈송이가 떨어지는 환상적인 겨울날과 무엇이 들었을지 모를 크리스마스 선물 상자를 떠올린다.

니콜라이 루빈시테인이 차이콥스키에게 베푼 것은 의식주만이 아니었다. 그는 황실 음악협회가 주관하는 음악회에서 새내기 작곡가의 신작을 지휘하기도 했다. 악보로만 존재하는 것과 실제 관현악으로 들어 보는 것의 차이는 말하나 마나이다. 이 실연 덕분에 차이콥스키의 실력은 일취월장했다.

음악원 교수 자리가 좋은 것만은 아니었다. 작곡은 자존감을 채워 주었지만, 차이콥스키 스스로 생각하기에 그는 훌륭한 선생이 아니었다. 진을 빼는 수업을 전쟁처럼 치르더라도 성취감은 미미했다. 훗날 그는 이 시기를 무섭기까지 했다고 회고했다. 그는 점점 가르치는 일에 비참함을 느꼈다.

이 시기 차이콥스키는 곧 또 한 사람의 은인을 만났으니, 바로 모스크바 볼쇼이극장의 감독이었던 블라디미르 페트로비치 베기체프다. 1860년대부터 1870년대까지 그의 집은 많은 예술가들이 모이는 곳이었다. 작가 투르게네프와 오스트롭스키, 작곡가 다르고미시스키와 세로프와 루빈시테인과 차이콥스키가 주요 손님이었다.

이 무렵 베기체프는 두 아들이 있는 미망인 마리야 실롭스카야와 재혼했다. 실롭스카야는 성악가로서 모데스트 페트로비치 무소륵스키와 밀리 알렉세예비치 발라키레프에게 곡을 헌정받을 만한 실력의 소유자였다. 그녀의 두 아들이 차이콥스키의 제자이자 친구인 콘스탄틴과 블라디미르 실롭스키 형제였다.

베기체프는 양아들 블라디미르를 가르치는 차이콥스키 교수를 매우 좋아했다. 1868년, 베기체프는 아들과 선생을 데리고 베를린과 파리로 여행을 갔다. 차이콥스키로서는 1861년 이후 두 번째로 제국의 국경을 벗어나는 여행이었다. 1872년에는 당대 제일의 극작가이자 살롱의 단골손님이던 오스트롭스키에게 『눈 아가씨』를 쓰도록 권하는 한편, 차이콥스키가 이 작품에 음악을 붙이도록 주선했다. 훗날 같은 대본을 가지고 림스키코르사코프가 오페라를 썼다.

그러나 베기체프의 가장 중요한 기여는 차이콥스키에게 발레 〈백조의 호수〉의 음악을 위촉한 것이다. 흔히 〈백조의 호수〉 이야기는 차이콥스키가 카미안카의 누이 알렉산드라의 아이들을 위해 직접 만들었다고 알려져 있다. 마음씨 좋은 삼촌과 조카들 사이에 있을 법한 일이기는 하지만 모데스트는 차이콥스키 전기에서 베기체프와 볼쇼이발레단 무용수 바실리 겔처를 공동 대본 작가로 언급했다. 2015년에 발견된 볼쇼이극장 자료에 따르면, 두 사람에 더해 당시 프리마발레리나이던 리디야 게이텐이 이야기를 함께 만들었다. 보헤미아 출신 안무가 율리우스 라이징거의 개입설도 있다.

고요한 호수 위로 백조들이 날아가고

1875년 7월 30일, 우크라이나의 베르보프카에서 〈교향곡 제3번〉을 마친 차이콥스키는 8월 26일에 곧바로 베기체프가 위촉한 〈백조의 호수〉 작곡에 착수했다. 모스크바로 돌아와 이듬해 봄까지 작업한 끝에 차이콥스키는 악보에 이렇게 적었다. "끝! 글레보보, 1876년 4월 10일" 글레보보는 실롭스키의 별장이 있던 모스크바 외곽 마을

이다. 차이콥스키는 이듬해인 1877년 초여름 이곳에서 〈예브게니 오네긴〉 중 '편지 장면'을 시작했다.

앞서 대본 출처를 시시콜콜 따진 이유는 초연 뒤 많은 재공연 끝에 이야기가 다소 엉뚱하게 흘렀기 때문이다. 나는 현재 공연되는 〈백조의 호수〉의 대본이 차이콥스키 무대 음악 가운데 제일 엉성하다고 생각한다. 오페라는 원작이 소설이거나 희곡이기 때문에 등장인물과 장면을 덜어 내고 압축해야 한다. 〈백조의 호수〉와 같은 창작 발레는 따로 원작이 없으므로 스케치 위에 무용으로 세부를 완성해야 한다. 그런데 뒤의 사람들이 차이콥스키의 음악과 상관없이 이 작품을 괴상하게 만들었다. 초연 프로그램의 줄거리를 꼼꼼히 들여다보자. 때와 장소는 중세 독일이다.

1막. 지크프리트 왕자가 친구, 백성과 성년식을 축하한다. 지크프리트의 어머니인 왕비가 들어와 왕자의 혼사를 서두르겠다고 한다. 왕실 혈통을 굳게 하기 위해서다. 왕비는 내일 열릴 무도회에서 귀족의 딸 가운데 신붓감을 고르라고 명한다. 잔치가 끝나고 지크프리트와 친구 벤노는 한 무리 날아가는 백조를 보고 그것을 사냥하러 간다.

2막. 지크프리트와 벤노는 백조를 쫓아 호수로 왔지만 허탕을 친다. 왕관을 쓴 여인이 들어온다. 그녀는 자신의 이름이 오데트라 밝히고 왕자가 사냥하려던 백조 가운데 하나라 말한다. 그녀의 어머니는 착한 요정이었는데 한 기사와 결혼했다. 어머니가 죽자 기사는 재혼했다. 마녀인 오데트의 계모는 오데트를 죽이려 했지만 할

차이콥스키의 〈백조의 호수〉 자필 악보

차이콥스키는 모스크바 볼쇼이극장의 감독으로 있던 베기체프로부터 발레 〈백조의 호수〉의
음악을 위촉받고 1875년부터 작업하기 시작하여 1876년 봄에 완성했다. 차이콥스키는 새로
운 곡을 쓸 때마다 매번 최고라고 꼽았지만 어쩐지 이 작품에 대해서는 자신감이 없었다. 그
러나 아이러니하게도 〈백조의 호수〉는 오늘날 발레의 대명사로 통한다. 차이콥스키의 음악은
전 세계 수많은 발레단의 프리마발레리나를 '별'로 만들어 주었다.

아버지가 그녀를 구한다. 오데트의 할아버지는 딸의 죽음을 너무 슬퍼해 그가 흘린 눈물이 호수가 되었다. 오데트와 시녀들은 할아버지와 호수에 살면서 원할 때는 백조로 모습을 바꾸었다. 계모는 여전히 그녀를 죽이려고 올빼미로 변해 기회를 엿본다. 그러나 왕관이 오데트를 지켜 준다. 오데트가 결혼하면 마녀는 그녀를 죽일 수 없다. 지크프리트는 오데트를 사랑하지만 오데트는 마녀가 그들의 행복을 앗아 갈까 두려워한다.

3막. 왕자는 무도회에 온 귀족 처녀들을 마다한다. 로트바르트 남작과 그의 딸 오딜이 도착한다. 오딜이 오데트를 닮았다는 지크프리트의 말에 벤노는 동의하지 않는다. 지크프리트는 오딜과 춤추면서 점점 그녀에게 반하고 마침내 결혼을 맹세한다. 그 순간 로트바르트가 악마로 변하고 오딜이 비웃는다. 그때 왕관을 쓴 백조가 창가에 나타난다. 왕자는 성 밖으로 뛰어간다.

4막. 오데트는 울면서 시녀들에게 지크프리트가 약속을 깼다고 말한다. 지크프리트가 오는 것을 본 시녀들은 오데트에게 함께 피하자고 권하지만 오데트는 마지막으로 그를 보고 싶어 한다. 폭풍우가 인다. 지크프리트가 들어와 용서를 구한다. 오데트는 거절하고 떠나려 한다. 그러자 왕자가 왕관을 낚아채어 호수에 던지며 외친다. "원하거나 원치 않거나 영원히 함께 있겠소"라고. 올빼미가 날아와 왕관을 물어 간다. "무슨 짓이에요! 난 죽어요!" 오데트가 외치고 지크프리트의 팔에 스러진다. 폭풍에 넘친 호수가 오데트와 지크프리트를 삼킨다. 폭풍우가 가라앉자 백조들이 호수에 나타난다.

초연 프로그램을 보고 이미 알고 있던 것과 비슷하다고 생각할지 모르지만 좀 더 세심한 독자라면 뭔가 확인하고 싶은 점이 많을 것이다. 오늘날 우리에게 익숙한 줄거리는 차이콥스키가 세상을 떠난 뒤 프티파와 레프 이바노프가 재공연할 때 모데스트가 고친 것이다. 초연판과 수정판의 차이는 특히 2막과 4막에서 두드러진다.

1막. 지크프리트 왕자와 친구들이 식탁에 앉아 술을 마시며, 다가오는 성년식을 축하한다. 지크프리트의 어머니인 왕비가 도착해 내일 열릴 무도회에서 신붓감을 고르라고 말한다. 지크프리트는 마지못해 동의한다. 왕자는 이것으로 자유로운 생활도 끝이라고 말한다. 왕자의 친구 벤노가 위로한다. 공중에서 백조 한 마리가 날아오자 벤노가 사냥을 권한다. 왕자는 총을 들고 벤노와 함께 백조가 날아간 쪽으로 달려간다.

2막. 숲으로 둘러싸인 산속. 뒤편 호수 위로 달이 비친다. 오른쪽에는 무너진 예배당이 있다. 왕관을 쓴 백조가 무리를 이끌고 우아하게 수면 위로 미끄러진다. 지크프리트가 불을 피울 준비를 하자 백조가 폐허 뒤로 사라진다. 한 여인이 계단에서 내려온다. 흰옷을 입고 왕관을 손에 들고 있다. 그녀는 자신이 오데트 공주이며, 사악한 마법사 계부가 자신을 죽이려 한다고 말한다. 그녀를 보호하는 것은 할아버지가 물려준 왕관이다. 결혼 서약만이 저주를 풀 수 있다. 그녀와 시녀들은 낮에는 백조가 되었다가 밤에만 사람으로 돌아오는 저주에 걸렸다. 올빼미로 변신한 사악한 마법사가 왕자를 위협한다. 한 무리 백조가 들어와 젊은 사냥꾼을 탓한다. 오데트는 해치지 않는다며 그들을 안심시킨다. 지크프리트는 오데트에게 사랑을 고백한다. 그녀는 왕자에게 내일 열릴 무도회를 일깨우지만 지크프리트는 아랑곳하지 않고 사랑을 맹세한다. 오데트는 무도회에 참석하겠다고 약속한다. 새벽이 온다. 오데트와 시녀들이 폐허로 사라졌다가 이내 백조가 되어 호수로 날아간다.

3막. 초판과 대동소이하다.

4막. 다시 호숫가 빈터. 백조들이 어디로 간 줄 모르는 오데트를 기다린다. 오데트가 절망해서 돌아와 모두에게 자신이 배신당했고 희망은 없다고 말한다. 시녀들이 만류했지만 오데트는 숲으로 달려온 지크프리트를 마지막으로 만나려 한다. 지크프리트는 오데트에게 용서를 구하지만 무력한 그녀는 폐허로 뛰어 들어간다. 왕자가 따라가 그녀의 손을 잡고 영원히 함께 있겠다고 외친다. 그는 그녀 손에 들려 있는 왕관을 폭풍이 몰아치는 호수에 던진다. 머리 위를 날던 부엉이가 발톱으로 오데트의 왕관을 잡아챈다. 오데트는 왕자의 품에서 죽는다. 백조들의 마지막 슬픈 울음이 들린다. 연인은 넘치는 호수에 잠긴다. 물결이 잦아들자 백조들이 고요한 호수 위로 날아간다.

내가 보기에 수정한 줄거리가 훨씬 어수선하다. 처녀 총각이 이성에게 관심을 보이는 것은 당연하다. 그런데 초연 때는 별생각이 없던 왕자가 모데스트의 수정판에서는 머리가 복잡한 햄릿 같은 사내로 그려진다. 차이콥스키의 음악이 그렇게 만든 것이다. 타티아나를 울렸던 난봉꾼 오네긴을 예고한 것인가? 아니면 동성애를 암시한 것일까? 그런 왕자가 사냥터에서 만난 백조 공주에게 반한다.

초연판과 수정판의 차이는 2막에서 가장 크다. 여기서 모데스트는 이야기를 마음대로 뜯어고쳤다. 원래 공주는 요정의 딸이며, 마법사가 밤낮으로 백조와 인간의 모습을 오가게 만든 것이 아니라, 스스로 보호하고 싶을 때 백조로 변할 수 있다. 그러나 모데스트는 마법사 계부가 인간 공주에 흑마법을 건 것으로 만들었다. 초연판은 할아버지의 역할도 강조했고, 백조는 왕자가 자신을 구해 주기를 무작정 바라기보다는 어찌 될지 모를 미래를 두려워한다. 이 미묘한 차이가 상당히 중요하다. 초연판의 오데트는 백조 기사에게 매달리는 바그너의 〈로엔그린〉 속 수동적인 엘자보다 페미니스트다.

3막은 초연판과 수정판이 거의 같다. 초연 때는 마녀였던 계모를 계부로 바꾸지만, 수정판에서는 처음부터 아버지인 점이 다르다. 친구가 아니라는데 오딜이 오데트를 닮았다고 우기는 지크프리트의 모습에 눈길이 간다. 대개 두 역할은 한 사람이 추기 때문이다.

4막은 확실히 초연판이 더 설득력이 있다. 해피엔딩을 바라는 관객에게 왕자의 사랑을 거부하는 공주의 예상 외 반응은 양쪽 모두 같다. 설상가상 왕자도 왕관을 던져 버려 산통을 깨고 만다. 그러나 앞서 본 대로 초연판은 2막에서 공주가 왕자에게 먼저 구해 달라고 하지 않았고, 맹목적인 희망보다는 걱정을 내비쳤기 때문에 이제 와서 용서해 달라는 왕자의 행동은 부질없어 보인다. 수정판에서는 2막에서 왕자와 오데트가 관객의 희망을 한껏 부풀렸기 때문에 4막의 체념이 느닷없고 실망스럽다.

나의 독해가 지루할 수도 있지만 적어도 독자는 발레가 두루뭉술하게 만들어지지 않는다는 데는 동의할 것이다. 그러면 과연 안무가와 무용수가 그 미묘한 차이를 표현할 수 있을까? 당연하다. 그렇게 해야 이름을 남긴다.

발레의 대명사

그런 점을 보여 주는 인상적인 영화가 〈화이트 크로우〉다. 영국 배우 레이프 파인스가 감독하고 출연한 이 영화는 소련 발레리노 루돌프 누레예프의 프랑스 망명을 그린 것이다. 그의 인생을 바꾸어 놓은 바가노바발레학교의 스승인 알렉산드르 이바노비치 푸시킨을 파인스가 직접 러시아어 대사로 연기했다. 푸시킨은 누레예프를 최고의 무용수로 키웠을 뿐만 아니라 당국과 마찰을 빚는 제자의 방패막이 되어 주었다. 누레예프는 1961년에 파리 순회공연을 마치고 다른 단원들이 런던으로 이동할 때 혼자만 소련으로 돌아가야 한다는 지시를 받았다. 그는 공항에서 일촉즉발의 상황에 망명을 요청했고, 이후 두 번째 삶을 살았다.

영화 속으로 더 들어가 보자. 달리는 시베리아 횡단 열차에서 태어난 아버지 없이 자란 누레예프. 어느 날 징집되었던 아버지가 돌아온다. 레핀이 그린 〈아무도 기다리지 않았다〉를 아는 사람은 파인스 감독의 의도를 바로 알아차릴 것이다. 엄마와 세 누이 밑에서 여자아이처럼 자란 아들과 무뚝뚝하고 거친 아버지의 첫 만남에는 그야말로 어색함만 흐른다. 그러나 파인스 감독은 여기서 모스크바 트레티야코프미술관에 걸린 레핀의 그림을 보여 주는 대신, 누레예프가 학교를 다닌 상트페테르부르크 에르미타주미술관에 있는 렘브란트 하르먼스 판레인의 〈탕아의 귀환〉을 보여 준다.

어머니의 손을 잡고 처음 발레를 본 뒤로 춤은 누레예프의 인생이 되었다. 극장을 두리번거리는 소년의 큰 눈은 이내 망명 전날 파리 공연과 겹친다. 누레예프가 직접 안무한 〈백조의 호수〉 1막의 독무, 대개 전체 가운데 주목받는 장면은 아니다. 그러나 정확히 이 부분이야말로 왕자의 우울함 그 자체다. 왕자는 내일 신붓감을 고르고 싶지 않다. 누레예프는 소련으로 돌아가기 싫다. 바로 뒤에 올 〈예브게니 오네긴〉에서 오네긴이 느낄 우울함이기도 하다. 그러고 보면 훗날 모데스트가 수정한 줄거리를 이해하게 된다. 그는 원래 이야기를 고친 것이 아니라 형의 음악을 가지고 새로 줄거리를 쓴 것이다.

〈백조의 호수〉를 처음 보는 사람은 2막의 아기자기한 군무를 가장 좋아한다. 네 마리 어린 백조의 춤과 이어지는 어른 백조의 우아한 춤은 누구나 발레 팬으로 만들 만하다. 그런데 누레예프의 안무는 4막에서 돋보인다. 1895년 프티파와 이바노프의 수정판을 무대에 올린 게르기예프와 마린스키발레단의 영상물은 내게 익숙한 4막의 군무가 나오지 않는다. 프티파와 이바노프의 수정판에 자신의 해석을 덧붙인 누레예프의 군무는 처음 백조들이 등장하는 2막보다 훨씬 짜임새 있다. 볼쇼이발레단의 유리 그리고로비치는 마지막 비극을 지크프리트의 일장춘몽으로 그렸다.

내가 정말로 좋아해서 수없이 돌려보는 것은 3막 오딜이 등장하는 장면이다. 물론 오데트가 검은 옷으로 바꾸어 입고 춘다. 판본별로 로트바르트가 그녀를 왕자에게 인도하기도 하고, 곧바로 이인무를 추기도 한다. 오딜은 사실 큰 힘을 들이지 않고 왕자를 사로잡는다. 그저 한 바퀴 돌고 멈추어 자세 잡기를 반복할 뿐이다.

누레예프의 영원한 파트너 데임 마고 폰테인을 비롯하여 전 세계 수많은 발레단의 프리마발레리나를 '별étoile'로 만드는 것은 다름 아닌 차이콥스키의 음악이다. 무도회의 마지막 곡 '마주르카'에 이어지는 '파드되'가 시작되면 어제까지 장가가기 싫어하던 지크프리트가 당장 마음을 바꾼다. 로잘린을 사랑하던 로미오가 그의 사촌 줄리엣을 보자마자 마음을 고쳐 "지금까지 내가 한 것이 사랑이기나 하단 말이냐!"라고 말하는 것과 똑같다.

흥미로운 것은 차이콥스키가 〈백조의 호수〉에 자신감이 없었다는 점이다. 그는 〈백조의 호수〉 초연 얼마 뒤에 빈에서 프랑스 작곡가 레오 들리브의 〈실비아〉를 관람했다. 들리브는 아돌프 샤를 아당에 이은 프랑스 발레 음악의 대표 주자였다. 이미 〈코펠리아〉로 성공을 거두었고, 바그너의 영향을 듬뿍 녹여 낸 〈실비아〉도 한창 흥행했다. 존 노이마이어가 파리에서 안무한 〈실비아〉를 처음 보았을 때 나도 눈이 휘둥그레졌다. "뭐 이렇게 멋진 게 다 있나? 바그너로 춤을 추다니!" 숲과 사냥의 여신 디아나를 수행하는 님프 실비아와 그녀를 사랑하는 아민타, 연적 오리온의 얽히고설킨 관계를 큐피드가 해결해 주는 내용이다. 극 중 사냥 나팔은 바그너의 〈지크프리트〉에서 가져왔음이 분명하고, 색소폰까지 동원하는 섬세한 관현악은 과연 차이콥스키도 혹할 만했다. 〈실비아〉로 인해 좀 가려지기는 했지만 〈백조의 호수〉가 그보다 못하다고 할 사람은 많지 않다. 차이콥스키는 바그너에 대한 복잡한 생각을 〈백조의 호수〉로

1965년 〈백조의 호수〉 뉴욕 무대에 선 누레예프와 폰테인
러시아에서 태어나 서방으로 망명한 발레리노 누레예프는 마리우스와 프티파의 수정판에 자신의 해석을 덧붙임으로써 〈백조의 호수〉가 갈채를 받는 데 크게 기여했다. 그는 영국의 전설적인 발레리나 폰테인과 20년 넘게 호흡을 맞추면서 〈백조의 호수〉를 비롯하여 〈지젤〉, 〈잠자는 숲속의 미녀〉, 〈돈키호테〉 등 수많은 작품을 함께했다.

잘 정리했다. 오래전 흑백 브라운관을 본 사람이라면 찬 바람이 불때마다 "감기 조심하세요"라며 나타난 성냥팔이 소녀 뒤로 흐른 음악을 모르지 않을 것이다. 그 뒤로 우리는 백조의 라이트모티프만 나오면 '감기 조심해야겠구나' 하고 생각하니 말이다. 바그너도 라이트모티프를 이보다 잘 쓰지는 못했다!

차이콥스키의 자아비판과 달리 오늘날 〈백조의 호수〉는 발레의 대명사로 통한다. 튀튀만 보아도 백조가 생각난다. 어쨌든 발레는 춤과 하나다. 그러므로 〈백조의 호수〉가 받는 갈채는 음악가뿐만 아니라 프티파와 이바노프, 누레예프와 같은 인형극사와 그들의 조종에 충실하게 영혼을 맡겼던 무용수가 나누어 받아야 한다.

우리말 러시아 여행 책자를 보면 흔히 모스크바 노보데비치수도 원 호수가 〈백조의 호수〉의 무대라고 소개한다. 한적한 호수와 주변 공원, 산책로는 모스크바 시민의 쉼터다. 차이콥스키도 분명 이곳을 찾았을 터이고, 〈백조의 호수〉를 떠올렸을 수 있다. 그러나 몇번을 가 보아도 백조는 없다. 유네스코 문화유산으로 등재된 수도 원으로 들어가 본다. 그런데 아뿔싸! 입장권을 현금으로만 살 수 있단다. 신용카드 없이는 살 수 없게 변한 러시아인지라 지갑에는 루블화가 얼마 없었다.

할 수 없이 나는 노보데비치 묘역으로 걸음을 옮겼다. 이곳은 무료인 데다가 세르게이 세르게예비치 프로코피예프, 드미트리 쇼스타코비치, 로스트로포비치처럼 소련이 사랑한 음악가가 묻혀 있다. 문인으로는 안톤 체호프와 고골 등이 안장되어 있다. 또 하나 걸음을 멈추게 하는 무덤 주인은 바리톤 드미트리 알렉산드로비치 흐보

로스톱스키다. 그는 지난 2017년 쉰다섯이라는 이른 나이에 뇌종양으로 세상을 떠났다. 그를 향한 모스크바 시민의 애정을 엿볼 수 있는 헌화가 한겨울 노보데비치 묘역을 따뜻하게 만들었다. 그의 목소리로 청해 듣는다. '그리움을 아는 이만이Net, tol'ko tot, kto znal!'

음표 하나도 건들지 않을 것이다

차이콥스키의 삶은 들여다보면 볼수록 현기증이 난다. 1874년 6월에 〈대장장이 바쿨라〉를 쓰기 시작하여 1876년 11월에 상트페테르부르크에서 초연할 때까지 2년 반을 예로 들어 보자. 이 사이 그는 〈백조의 호수〉, 〈피아노 협주곡 제1번〉, 〈교향곡 제3번〉, 교향적 환상곡 〈프란체스카 다 리미니〉를 초연했다. 이보다는 비중이 가벼운 〈현악사중주 제3번〉, 〈우울한 세레나데〉, 〈슬라브 행진곡〉도 있다. 이는 단순히 수가 많다는 뜻이 아니다. 오페라나 발레와 같은 대작을 쓰면서 상대적으로 작은 곡도 동시에 작곡했다는 말이다.

집에 틀어박혀 일만 했을까? 평생 그랬듯이 이때도 차이콥스키는 초인적으로 먼 거리를 이동했다. 모스크바와 상트페테르부르크만 오간다 하더라도 700킬로미터다. 오늘날 고속열차 삽산으로 네 시간 거리이니 차이콥스키의 시대에는 하루가 꼬박 걸렸을 것이다. 그는 모스크바 남쪽으로도 그만한 거리를 수시로 왕복했다. 또한 1875년 12월에는 프랑스에 다녀왔고, 1876년 7월에 다시 프랑스를 갔다가 오는 길에 바이로이트에 들렀다. 모스크바에서 파리까지는

2800킬로미터. 오늘날에도 기차로 이틀이 걸린다. 2년 반 사이 지구 한 바퀴는 족히 돌 만한 거리를 이동하며 그는 당대의 거장 한스 폰 뷜로, 카미유 생상스, 리스트를 만났다. 주고받은 편지만 해도 수백 통이다. 그리고 보면 〈대장장이 바쿨라〉가 아직 총각인 차이콥스키에게 참 복덩이인 셈이었다.

늘 이런 식이었다. 다음 오페라 〈예브게니 오네긴〉을 쓰고 초연하기까지 2년 동안은 〈바이올린 협주곡〉과 〈피아노 협주곡 제2번〉, 〈성 요하네스 크리소스토무스 전례〉를 썼고, 잠시 장가도 다녀왔다. 〈오를레앙의 처녀〉를 쫓기듯 완성하자마자 〈마제파〉에 돌입했고, 그 사이 쓴 작품은 일일이 꼽을 수 없을 만큼 많다. 만년으로 갈수록 더욱 무섭게 빨라져 매년 하나씩 대작을 쏟아 내며 틈틈이 절대 작지 않은 곡을 병행했다.

여기에 까마득한 이동 거리와 수많은 만남, 주고받은 편지를 더하면 아찔하다. 1861년에 처음 갔던 파리만 해도 1876년 서른여섯 살 이후에는 17년 동안 거의 매해 방문했다. 20세기 이전에 모든 분야를 통틀어 이런 사람은 모차르트 정도밖에 없을 것이다. 100년 전 모차르트 시대에는 기차가 없었고, 그가 이동한 거리와 빈도도 이 정도는 아니었다. 더욱이 모차르트는 서른여섯 살이 되기 전에 세상을 떠났다.

모차르트가 그랬듯 차이콥스키는 러시아에 국한된 사람이 아니었다. 그에게 국경은 무의미했다. 프랑스어와 독일어를 쓰는 데 전혀 불편함이 없었고, 영어와 이탈리아어에도 능했다. 다른 슬라브권 언어는 원래 서로 통한다. 유럽에서 차이콥스키가 가지 않은 곳은 이베리아와 스칸디나비아, 그리스뿐이다.

그렇게 바쁘게 보내던 1874년으로 다시 가 보자. 〈대장장이 바쿨라〉의 응모 기간을 잘못 알고 너무 일찍 끝내 버린 차이콥스키는 11월에 〈피아노 협주곡 제1번〉에 착수했다. 이 곡에 얽힌 일화는 너무도 유명하다. 러시아 달력으로 크리스마스 직전인 1875년 1월 5일, 차이콥스키는 니콜라이 루빈시테인에게 〈피아노 협주곡 제1번〉을 연주해 보였다. 전문 피아니스트인 루빈시테인이 보기에 그것은 완전히 어설픈 곡이었다. 그러면서 베토벤의 피아노 협주곡을 모델로 들었다. 차이콥스키에게 그것은 대단한 모욕이었다. 루빈시테인과 차이콥스키의 관계를 생각해 보면 더욱 그렇다.

차이콥스키는 큰 신세를 진 친구에게 헌정하려고 〈피아노 협주곡 제1번〉을 써서 크리스마스 전야에 연주해 의견을 구했다. 그런데 70년 전에 나온 베토벤을 모델로 하라는 면박을 받았으니 얼마나 섭섭했을까. 심지어 〈대장장이 바쿨라〉라는 너무 잘된 곡을 쓴 직후였다. 차이콥스키는 친구에게 음표 하나도 건들지 않을 것이라며 물러서지 않았다.

차이콥스키가 낙담했을 때, 또 하나의 충격이 그를 덮쳤다. 1875년 3월 3일, 블라디미르 실롭스키가 파리에서 비제의 〈카르멘〉 초연을 관람하고 악보를 구해 차이콥스키에게 보냈다. 모데스트는 차이콥스키의 반응을 이렇게 적었다.

동시대 음악 중에 그렇게 형을 사로잡은 곡은 없었다. 대본과 음악의 대담함과 독창성은 아름다움을 넘어 황홀할 지경이었다. 그 순

니콜라이 루빈시테인

1875년 1월, 차이콥스키는 〈피아노 협주곡 제1번〉을 만들어 신세를 많이 진 니콜라이 앞에서 연주했다. 하지만 니콜라이는 어설프다는 평과 함께 베토벤의 피아노 협주곡을 모델로 하라며 퇴짜를 놓았다. 이에 큰 충격을 받은 차이콥스키는 음표 하나도 건들지 않고 당대 최고의 지휘자인 뷜로에게 보냈다. 뷜로는 곡을 크게 칭찬하고는 그해 10월에 미국 보스턴에서 초연했다.

간부터 표트르 일리치의 다음 오페라 주제를 예상하기란 쉬운 일이었다. 더는 왕이나 신, 박제된 영웅 대신 삶 그러니까 돈 호세의 슬픈 사랑 이야기에 가까운 소재를 고를 것이다. 〈카르멘〉이 초연되고 석 달 뒤에 비제가 죽자 표트르 일리치는 요절한 프랑스 대가와 그의 재능에 더욱 매혹되었다.

— 모데스트, 『표트르 일리치 차이콥스키의 삶』 제1권, 451쪽

비제가 1875년 6월 3일에 과로로 죽고 열흘 뒤인 6월 13일에 차이콥스키는 루빈시테인에게 욕먹은 피아노 협주곡 악보를 당대 제일의 지휘자이자 피아니스트였던 뷜로에게 보냈다. 뷜로는 곡을 매우 칭찬하며 헌정에 감사해했다. 만일 뷜로마저 퇴짜를 놓았다면 차이콥스키는 좌절했을 것이다. 뷜로는 베토벤의 피아노 소나타 전곡을 처음 연주했고, 바흐의 〈평균율 클라비어 곡집〉을 '구약'에, 베토벤의 소나타 전곡을 '신약'에 비유한 피아니스트였기 때문이다. 그런 그의 인정은 차이콥스키에게 엄청난 용기를 주었다.

이제 연주만 남았다. 차이콥스키는 7월 20일에 출판업자 표트르 유르겐손에게 편지하여 9월 13일까지 런던으로 인쇄본을 보내 줄 수 있느냐고 물었다. 뷜로는 그곳에서 미국으로 떠날 예정이었다. 한편 6월부터 8월 사이 차이콥스키는 〈교향곡 제3번〉을 쓰는 데 매진했고, 빠른 속도로 완성한 뒤에는 〈백조의 호수〉에 착수했다.

10월 25일, 드디어 뷜로가 보스턴에서 차이콥스키의 〈피아노 협주곡 제1번〉을 초연했다. 루이자 메이 올컷이 보스턴에서 『작은 아씨들』을 발표한 직후로서, 러시아 천재의 초월적인 작품이 미국에

와서 그녀에게 호응한 셈이었다. 1868년에 꿈에 그리던 유럽을 구경한 올컷이 10년만 늦게 갔더라면 미국과 같은 처지인 러시아의 작곡가가 독일과 경쟁하는 모습을 보았을 것이다.

11월에 생상스가 모스크바를 찾았다. 차이콥스키는 선배에게 프랑스 작곡가 비제의 전위적인 행보를 언급하며 "지난여름 겨우 서른여섯 살에 세상을 떠난, 탁월한 능력을 가진 작곡가"를 애도했다. 11월 13일, 상트페테르부르크에서 〈피아노 협주곡 제1번〉이 러시아 최초로 초연되었다. 이어 11월 19일에 모스크바에서 〈교향곡 제3번〉을 처음 들었다.

두 번의 충격, 비제와 바그너

아직 〈백조의 호수〉를 작곡하는 중이었지만 〈대장장이 바쿨라〉가 초연되려면 1년 가까이 남았다. 차이콥스키는 1875년 12월에 프랑스 여행을 떠났다. 이듬해 1월 20일, 파리 오페라코미크극장에서 차이콥스키는 〈카르멘〉을 보았다. 여행에 동행했던 모데스트는 이렇게 회상했다.

형이 극장에서 그렇게 흥분한 일은 본 기억이 없다. 이미 악보로 잘 알고 있는 음악이지만 여기서 그것을 아름다운 오케스트라 연주로 들었기 때문이다. 더욱이 카르멘을 맡은 마담 갈리마리의 놀라운 해석이 형의 찬사를 받았다. 그녀는 뛰어난 가수는 아니었다. 목소

비제의 〈카르멘〉 초연 포스터

1875년 3월 3일, 파리에서 비제의 오페라 〈카르멘〉이 초연되었다. 이듬해 1월, 파리오페라코 미크극장에서 직접 〈카르멘〉 공연을 보고 크게 매료된 차이콥스키는 한 편지에서 이렇게 말 했다. "〈카르멘〉은 모든 면에서 걸작입니다. 굳이 말하자면 모든 음악의 시대를 아우르는 노력 을 보여 주는 드문 작품입니다. 비제는 우리 시대 가장 중요한 작곡가일 뿐만 아니라 깊이 있 는 거장입니다."

리부터 일급은 아니었다. 그러나 연기자로서 그녀는 주문을 거는 듯한 재능을 가졌다. 그녀가 해석한 카르멘은 활력을 간직하면서도 믿기 힘든 타오르는 매력과 거침없는 열정, 신비한 운명으로 감싼 것이었다.

— 모데스트, 『표트르 일리치 차이콥스키의 삶』 제1권, 451~452쪽

비제의 〈카르멘〉으로 시작한 1876년, 차이콥스키에게 두 번째 충격이 기다리고 있었다. 7월에 프랑스의 온천 휴양도시 비시에서 요양한 그는 8월 12일부터 18일 독일 남부 바이로이트에서 바그너의 〈니벨룽겐의 반지〉 4부작 초연을 관람했다. 차이콥스키는 이미 1863년에 러시아를 찾았던 바그너의 공연을 본 적이 있지만 바이로이트극장 개관은 흥분되는 일이었다. 그는 당시 상황을 모스크바에서 발행되던 《러시아 기록부》라는 잡지에 그해 5월부터 8월까지 다섯 차례에 나누어 기고했다.

첫 번째 기고에서는 〈니벨룽겐의 반지〉 4부작 개요와 바이로이트축제극장이 들어선 내력에 대해, 두 번째와 세 번째 기고에서는 '라인의 황금'과 '발퀴레', '지크프리트'와 '신들의 황혼'의 줄거리를 요약했다. 네 번째 기고에는 직접 참관한 첫 축제에 대한 인상을 담았고, 마지막 기고에서는 바그너 악극의 총체인 〈니벨룽겐의 반지〉의 음악사적인 의의를 요약했다. 오늘날 바그너 신봉자가 보기에는 그리 인상적이지 않지만 젊은 외국인 작곡가로서 거대한 이벤트 한가운데 섰다는 들뜬 감정이 엿보인다. 네 번째 기고에서 스케치한 것 중 일부다.

이미 전 세계 문명 국가의 방문자들이 바이로이트를 뒤덮었다고 이야기했다. 정말이지 첫날에 나는 유럽과 미 대륙 음악계를 대표하는 유명한 이들을 모두 보았다. 그러나 여기에서 유보할 것이 있다. 가장 무게감 있는 음악의 권위자, 일급 명사는 완전히 빠졌음이 분명했다. 베르디, 구노, 토마, 브람스, 안톤 루빈시테인, 라프, 요아힘, 뷜로 가운데 누구도 바이로이트에 오지 않았다.

저명 연주자로 말하자면 바그너와 오랜 세월 친구로 지내며 가족의 연을 맺은 리스트를 제외하면 우리 N. G. 루빈시테인 정도만 볼 수 있었다. 그 밖의 러시아 음악가로는 큐이, 라로슈, 파민친 그리고 우리 음악원 교수 두 사람, 익히 알려진 대로 바그너의 4부작을 이루는 네 오페라를 모두 피아노로 편곡한 클린트보르트와 모스크바의 존경받는 성악 교수 발세크 여사가 보였다.

— 《러시아 기록부》 1876년 5~8월 중

마지막 기고를 마치면서 차이콥스키는 담담하게 자신의 소감을 요약했다.

연작 마지막 오페라 최후 장면을 끝내는 화음이 사라지자 청중은 바그너를 불렀다. 그가 무대 위로 걸어와 다음과 같은 말로 마무리하는 짧은 연설을 했다. "여러분은 우리가 할 수 있는 것을 보셨습니다. 여기까지가 여러분이 원하신 것입니다. 그리고 바라신다면 우리는 예술을 얻을 겁니다!"

나는 이 말뜻을 독자 개개의 해석에 맡긴다. 보아 하니 그 연설은 청중 사이에 뭔가 당황한 기색을 불러일으켰다. 얼마 동안 완전한 침묵이 따랐다. 그러고는 다시 환호가 시작되었다. 그러나 바그너가 무대 위로 불려 나올 때보다는 확실히 덜 열띤 박수였다. 나는 파리 의회 의원들이 루이 14세가 그들에게 한 유명한 말을 듣고 정확히 그런 반응이었으리라 생각한다. "짐이 곧 국가다." 처음에 그들은 그가 한 과업에 놀라 말문이 막혔고, 이내 그들은 그가 왕임을 상기하고 외쳤다. "국왕 만세!"

— 《러시아 기록부》 1876년 5~8월 중

나는 차이콥스키가 바이로이트 스케치를 하면서 〈니벨룽겐의 반지〉보다는 앞서 〈카르멘〉을 보았을 때 받은 인상이 훨씬 컸다고 생각한다. 이후 그가 한 일을 생각하면 더욱 그렇다. 그의 나이 서른여섯 살이었다. 이제부터는 모차르트나 비제보다 더 오래 살 것이다.

04

운명의 인연들

친애하는 일리치 선생님께

서른여섯 살이 되던 1876년 파리에서 비제의 〈카르멘〉을 보고 여름에는 바이로이트축제의 역사적 개막을 목격한 차이콥스키는 그해 12월 6일에 고대하던 〈대장장이 바쿨라〉를 상트페테르부르크에서 초연했다. 자신 있던 작품이지만 반응은 썩 좋지 못했다. 낙담하고 있던 그해 저물녘, 차이콥스키는 뜻밖의 편지를 받았다. 보낸 사람은 폰 메크 부인이었다. 두 사람의 관계를 대략 아는 사람이라면 부인이 아래 편지의 첫 줄을 쓰면서 얼마나 설레고 흥분했을지 짐작할 수 있으리라.

친애하는 표트르 일리치 선생님께.
진심으로 감사합니다. 제 위촉을 그리 빨리 들어주시다니요. 선생님 작품이 제게 주는 황홀감을 말씀드려 보아야 부질없고 부적절하겠죠. 선생님께서는 저 같은 음악 문외한보다 훨씬 중요한 분에게 더한 찬사와 존경을 받는 데 익숙하실 테니까요. 아마 우스우실 것입니다. 다른 사람이 어이없어할 만한 일을 하고 참을 수 없던 경험이 있습니다. 그래도 저는 만족합니다. 선생님 음악이 제 삶을 위로하고 즐겁게 해 주었다고 믿어 주십사 부탁드릴 수 있으니까요.

― 1876년 12월 30일, 나데즈다 폰 메크가 차이콥스키에게 보낸 편지 중

이렇게 극진하게 자신을 낮춘 문장은 바흐가 자신이 섬기던 군주에게 보낸, 거의 땅바닥에 엎드린 듯한 편지에서 본 적이 있다. 나이로 보나 사회적 지위나 경제력으로 보아 폰 메크 부인의 이와 같은 겸양은 예의에 차고 넘친다. 어쩌면 〈대장장이 바쿨라〉가 성공을 거두었다면 차이콥스키는 이 편지를 정말 우습다고 생각했을지도 모른다. 그러나 차이콥스키는 바로 그날 답장을 썼다. 이 또한 필연일까?

친애하는 나데즈다 필라레토브나 여사님께.
정말로 감사드립니다. 친절하고 으쓱하게 만드는 말씀을 해 주셔서요. 한 사람의 음악가로서 때로는 실망과 실수가 앞을 막기도 합니다. 그러나 여사님같이 제 예술을 진정으로 따뜻하게 아껴 주시는 소수로부터 위안을 얻습니다.

― 1876년 12월 30 또는 12월 31일, 차이콥스키가 폰 메크에게 보낸 편지 중

이것으로 후원자와 예술가 사이에 장장 14년에 걸쳐 수백 통에 달하는 편지 왕래가 시작되었다. 차이콥스키가 비제와 바그너로 열

차이콥스키를 후원한 나데즈다 폰 메크 부인

1876년이 끝날 무렵 차이콥스키는 미지의 여인으로부터 편지 한 통을 받았다. 나데즈다 폰 메크라는 이름의 그녀는 전에 편곡을 하나 의뢰한 적이 있었다. 이때부터 차이콥스키와 폰 메크 부인은 장장 14년에 걸친 편지 왕래가 시작되었다. 부유한 철도 사업가의 아내이자 음악 애호가였던 폰 메크는 남편과 사별한 뒤 차이콥스키의 강력한 후원자가 되었다. 그 덕분에 차이콥스키는 교수직에서 물러나 창작에만 몰두하면서 전성기를 맞이했다.

병을 앓던 1876년, 폰 메크 부인은 남편 카를 표도로비치 폰 메크와 사별했다. 남편은 발트해 연안에서 태어난 독일계 기술 공무원이었다. 1848년에 결혼한 두 사람은 열여덟 명의 아이를 낳았고, 그중 열한 명이 성년까지 생존했을 만큼 다복했다. 신혼 초에는 궁핍했지만 카를이 철도 사업에 손을 대면서 어마어마한 부를 일구었다. 폰 메크 부인은 엘레나 대공비와 안톤 루빈시테인이 설립한 러시아음악협회의 주요 후원자이기도 했다. 28년간의 결혼 생활 끝에 남편을 여읜 그녀는 차이콥스키보다 아홉 살 많은 마흔다섯 살이었다.

폰 메크 부인이 첫 편지에서 감사를 표한 위촉 곡은 차이콥스키가 직전에 쓴 〈현악사중주 제3번〉의 3악장인 '안단테 장송곡'과 독주 피아노를 위한 〈두 소품〉 중 2번 '유머레스크'의 바이올린과 피아노 이중주 편곡이었다. 바이올린을 연주할 사람은 요시프 코테크였다. 코테크는 1871년에 모스크바음악원에 입학해 1876년에 졸업했는데, 그 무렵 니콜라이 루빈시테인이 그를 폰 메크 자녀의 음악 교사로 추천했다. 코테크가 음악원 교수 차이콥스키와 부인 사이의 메신저 역할을 했다. 차이콥스키는 자연히 코테크와도 가까워졌다. 이듬해 2월과 3월에는 〈슬라브 행진곡〉과 〈프란체스카 다 리미니〉를 초연했다. 이와 함께 네 번째 교향곡에 착수했다.

충동적인 결혼

1877년 4월 7일, 차이콥스키는 운명적인 두 번째 편지를 받았다. 이번에는 안토니나 밀류코바라는 여인이 보낸 것이었다. 차이콥스키는 폰 메크 부인과 첫 편지 이전에는 물론 이후로도 직접 만나지 않은 반면, 밀류코바와는 구면이었다.

밀류코바는 귀족은 아니지만 모스크바 외곽 클린에 영지를 가진 상류 가정에서 태어났다. 부모가 갈라선 탓에 그녀는 양쪽을 오가며 자랐다. 1872년 5월, 차이콥스키는 법률학교 시절부터 친했던 아나스타샤 밀류코바의 집을 방문했다. 그녀의 여동생이 안토니나 밀류코바였다. 여기서 그녀를 처음 만난 차이콥스키는 6월 11일 〈과학 박람회 개회를 위한 칸타타〉* 초연에 초대했다. 그러나 그 뒤로 만남은 이어지지 않았다.

이듬해 밀류코바는 모스크바음악원에 입학해 한 해를 다니며 남몰래 차이콥스키를 흠모했다. 그러던 차 1876년 말에 그녀는 얼마간의 유산을 상속받았다. 지참금이 생긴 그녀는 용기를 내 차이콥스키에게 마음을 털어놓은 것이었다. 편지를 받고 두 달이 조금 못 된 6월 1일에 차이콥스키는 그녀와 오랜만에 재회했다. 사흘 뒤 그는 밀류코바에게 정식으로 청혼했다. 다만 그는 그녀에게 '형제간의' 사랑을 약속했고, 그녀도 받아들였다.

---

* 표트르대제 탄생 200주년을 기리는 이 곡의 많지 않은 음반을 구해 들어보면 리스트나 림스키코르사코프의 곡처럼 들린다. 좋지 않다는 뜻이 아니라 익숙한 차이콥스키 스타일이 아니라는 말이다.

차이콥스키와 밀류코바

1877년, 차이콥스키는 오래전부터 자신을 흠모해 온 밀류코바의 구애를 받아들여 모스크바 성게오르기교회에서 결혼식을 올렸다. 그러나 둘의 결혼 생활은 석 달도 채 되지 않아 파국에 이르렀다. 자살을 떠올릴 만큼 재앙 같았던 결혼 생활을 뒤로 하고 결국 차이콥스키가 찾은 곳은 스위스 제네바 호숫가였다. 이후 두 사람은 한 번도 다시 만나지 않았다.

밀류코바의 구애를 받아들인 더욱 결정적인 요인은 막 시작한 오페라 〈예브게니 오네긴〉이었다. 밀류코바는 만나 주지 않으면 자살하겠다는 협박성 편지를 계속 보냈다. 앞서 5월 25일 소프라노 엘리자베타 라브롭스카야가 차이콥스키에게 푸시킨의 소설을 오페라로 써 보라고 권했다. 여주인공 타티아나가 오네긴을 사랑한다는 편지를 보냈다가 매정하게 거절당한 부분이 차이콥스키의 마음에 걸렸다. 그는 오네긴의 오류를 범하지 않으려 했다.

그런데 이때 차이콥스키는 폰 메크 부인에게 위촉받은 네 번째 교향곡을 쓰던 중이었다. 그것이 전부가 아니었다. 차이콥스키는 약혼 직후 모데스트에게 이렇게 편지했다.

내 사랑에 대해 물을 것이니? 다시 한번 완전히 냉정한 지점까지 떨어졌단다. 왜 그런지 아니? 너만 이해할 거야. 두세 번 그의 못생긴 데다가 다치기까지 한 손가락을 봤어. 그것이 아니었다면 난 미칠 정도로 사랑했을 거야. 손가락이 나을지 나빠질지 모르겠어. 가끔은 이 제자를 잊었거나 불공평하신 하느님이 나를 돌보아 주신다는 생각이 들어. 정말이지 이런 뜻밖의 일치가 우연이 아니라고 생각하기 시작했어. (…) 코테크와 함께 찍은 사진을 보낸다. 최근 가장 뜨거웠을 때 찍은 거야. 내게 편지할 때 실롭스키의 주소로 보내는 거 잊지 마. 모스크바, 보스크레셴스크, 글레보보. 안녕, 나의 사랑하는 모디야. 따뜻한 애정을 담아 콜랴를 안아 줄게. 알리나와 남편에게도 안부 전해 줘. 사랑하는 아빠께도.

— 1877년 6월 4일, 차이콥스키가 모데스트에게 보낸 편지 중

차이콥스키의 말처럼 우연의 일치가 아니라 거의 뒷일이 되어 가도록 만든 필연처럼 느껴진다. 뒷일이란 물론 그가 쓸 작품이다. 〈교향곡 제4번〉, 파혼, 〈예브게니 오네긴〉, 〈바이올린 협주곡〉, 그로 인한 또 다른 작품과 삶.

차이콥스키와 밀류코바는 1877년 7월 18일 모스크바 성게오르기교회에서 결혼했다. 신랑의 증인은 동생 아나톨리와 친구 코테크였다. 모데스트는 어디에서인가 이 결혼을 반대하고 있었을 것이다. 주례를 본 드미트리 라주몹스키 신부는 차이콥스키가 종교음악을 쓸 때 많은 도움을 주었다.

그러나 신혼생활의 시작과 함께 차이콥스키는 심각한 고통을 받았다. 누군가와, 특히 이성과 함께 가정을 꾸린다는 것이 생각처럼 쉽지 않았다. 아내의 성격과 주변 사람들 모두 그가 감당하기 힘들었다. 차이콥스키는 한 달 반 동안 냉각기를 보내기로 하고 8월 8일 〈교향곡 제4번〉과 〈예브게니 오네긴〉의 악보를 챙겨 카미안카에 있는 여동생의 집으로 떠났다. 9월 8일, 아나톨리에게 〈예브게니 오네긴〉의 피아노 악보를 쓰는 중이라고 편지했다. 전체를 마치고 성악 연습용 악보를 쓴다는 뜻이다. 9월 20일까지 6주를 머물며 나머지를 계속 작업했다.

모스크바로 돌아온 차이콥스키는 9월 24일부터 10월 6일까지 밀류코바와 지냈다. 그것이 마지막이었다. 그러나 충동적인 결혼이 꼭 부정적이지만은 않았다. 그는 마침내 동성애가 비정상이라거나 바꿀 수 있다고 생각하지 않고 있는 그대로 받아들였다. 그는 다시 집을 떠난 뒤 장기 해외여행길에 올랐다.

클라랑스에서 불행을 씻다

1877년 10월 22일, 차이콥스키는 아나톨리와 함께 스위스 제네바 호수 근교에 있는 클라랑스에 도착했다. 클라랑스는 그의 고향을 떠오르게 했다. 그는 11월 13일까지 이곳에서 머물며 〈예브게니 오네긴〉을 마무리하고 피아노 반주로 편곡했다.

스위스와 프랑스에 면해 있는 제네바 호수는 레망 호수라고도 불린다. 가로로 긴 초승달처럼 생긴 이 호수는 위쪽으로는 제네바부터 시작해 로잔, 몽트뢰로 이어지고, 아래쪽은 병풍 같은 알프스와 프랑스 에비앙과 마주 본다. 나는 세계 여러 곳을 다니며 호수를 볼 때마다 오리 떼는 많이 보았지만 백조는 그리 자주 보지 못했다. 모스크바의 노보데비치 호수나 봇킨스크에도 백조는 없었다. 그러나 제네바, 루체른, 취리히 등의 호수에는 백조가 있다. 우아한 자태로 물 위를 미끄러지던 백조가 하늘로 날아오르는 모습에서 차이콥스키 스스로 그들과 동종이라고 느꼈으리라.

차이콥스키는 이듬해 3월 9일에는 모데스트와 그의 제자 콘라디, 하인 알렉세이 소프로노프를 데리고 클라랑스를 다시 찾았다. 3월 17일에는 코테크가 합류했고, 이때 〈바이올린 협주곡〉을 위한 영감을 얻었다. 곡은 한 달도 채 안 된 4월 11일에 완성되었다. 이후 4월 17일에 클라랑스를 떠난 차이콥스키는 5월에 러시아로 돌아갔다. 반년 뒤인 1879년 1월 11일, 차이콥스키는 클라랑스를 세 번째로 찾았다. 2월 16일까지 다음 오페라 〈오를레앙의 처녀〉를 작곡했다. 세 번의 클라랑스 여행을 통해 차이콥스키는 밀류코바를 잊고

클라랑스

밀류코바와 헤어진 뒤 차이콥스키는 러시아와 클라랑스를 몇 차례 오가며 불행을 씻어 냈다. 이곳은 특히 차이콥스키의 작품 중 가장 많은 사랑을 받는 〈바이올린 협주곡〉을 쓴 곳이기도 하다. 특히 대단히 극적인 분위기의 1악장을 들으면 힘겨운 시간을 통과할 때의 심정이 느껴지는 것 같다. 이 곡은 1881년에 라이프치히음악원 교수였던 아돌프 브로드스키의 연주와 한스 리히터의 지휘로 초연되었는데, 당시에는 반응이 썩 좋지 않았다.

본래 모습으로 돌아왔다. 횟수나 체류 기간으로 보면 다른 곳에 비해 썩 눈에 띄지는 않지만 차이콥스키를 사랑하는 사람이라면 클라랑스를 뜻깊게 생각할 것이다.

클라랑스에 머물 때 쓴 〈바이올린 협주곡〉만큼 극적인 음악은 찾기 힘들다. 오래전 러시아의 거장 다비트 오이스트라흐나 나탄 밀슈타인의 서사적인 연주는 듣는 사람을 〈루슬란과 류드밀라〉의 세상과 같은 황홀경으로 이끈다. 그 뒤를 잇는 이츠하크 펄먼이나 빅토리아 물로바의 연주는 완벽한 기교로 악보에 적힌 것 그 이상을 들려주는 듯하다. 이런 기록이 모두 모여 〈바이올린 협주곡〉이 태어난 스위스의 풍경을 고스란히 담아 낸다.

클라랑스를 다녀간 많은 예술가들이 이곳에서 받은 영감을 작품에 담아 냈다. 러시아의 도스토옙스키나 차이콥스키, 영국의 조지 고든 바이런과 퍼시 비시 셸리와 메리 셸리, 20세기의 찰리 채플린과 프레디 머큐리까지 한발을 뗄 때마다 그들을 기억하는 기념비와 건물, 동상이 눈에 띄었다. 그러나 차이콥스키를 기리기에 세 번의 짧은 방문으로는 부족했을까? 그가 다녀간 거리나 묵은 호텔을 알려 주는 기록은 잘 찾을 수 없었다.

나는 제네바 호수와 알프스산맥, 바이런을 추억하는 시용성이 모두 보이는 산기슭에 섰다. 발아래에는 오스트리아의 마지막 황후 시시의 동상이, 내 옆에는 프랜시스 스콧 피츠제럴드가 『밤은 부드러워라』를 쓴 곳이라는 푯말이 서 있었다. 그곳에서 차이콥스키의 〈바이올린 협주곡〉을 머릿속에 그린다. 무아지경의 연주가 끝나고 난 뒤 나는 위에 언급한 명사들과 함께 박수를 쳤다. 스트라빈스키와 블라디미르 나보코프도 보인다.

그 밖에도 수많은 바이올리니스트들이 〈바이올린 협주곡〉을 우뚝 서게 했다. 오늘날에도 콩쿠르에 도전하는 젊은이들이 이 난곡을 연습하고 또 연습해 청중에게 인정받고자 한다. 그러나 그러면 그럴수록 차이콥스키의 협주곡 역사에서 자신의 존재가 얼마나 작은지 확인할 뿐이다. 화려한 독무를 추는 줄 알았는데 돌아보니 군무의 일원인 셈이다. 그런 과정에서 신동으로 주목받다가 하루아침에 잊히기도 하고, 서서히 고통스럽게 몰락하기도 한다. 남과의 경쟁에서 이기는 것보다 내면의 물음에 답하는 것이 더 힘들다. "보이지 않는 줄에 매인 꼭두각시가 아닌가"라는 것이다.

보드카가 흐르는 강

이 시대 가장 성공한 바이올리니스트 파트리치아 코파친스카야가 2016년에 차이콥스키의 〈바이올린 협주곡〉을 녹음했을 때 이목이 집중되었다. 어느 곡 하나 허투루 다루는 법이 없이 화제를 불러일으켰기 때문이다. 협연은 영혼의 파트너라 할 만큼 합이 맞는 쿠렌치스와 그가 지휘하는 무지카에테르나가 맡았다. 그리스 태생의 쿠렌치스는 우랄 지역 페름의 차이콥스키오페라극장을 맡아 전 러시아 최고의 무대에 수여하는 황금마스크를 연거푸 받았고, 지금은 독일로 발판을 옮긴 지휘자다.

음반 해설은 코파친스카야가 쿠렌치스에게 보내는 편지로 대신

했다. 코파친스카야는 근래 로베르트 슈만부터 차이콥스키에 이르는 낭만주의 협주곡을 연주하면서 느낀 어려움을 털어놓았다. 그녀는 21세기에도 여전히 19세기 낭만주의에 젖어 자신의 좌표를 망각하는 것을 참지 못한다. 한마디로 여럿 중에 하나가 되기 싫다는 것이다. 대신 그녀가 택한 방식은 남들처럼 차이콥스키라는 겉옷을 입고 화려한 조명과 박수를 받는 주인공이 되는 것이 아니라 철저히 관찰자가 되는 것이었다.

1악장은 사교계에 첫발을 딛는 소녀를 묘사한다.

> 그녀는 자신 없고, 수줍고, 불안해요. 처음에는 거의 미끄러져 넘어질 뻔하죠. 그러나 아주 천천히 천천히 자신감을 가져요. 점차 그녀는 농담도 하고 날개를 달죠. 경쾌하고, 순수하고, 순진한 존재가 거의 무도회 최고 미녀로 거듭나서 왈츠의 미몽에 사로잡히죠. 첫 악장에서는 여러 역할을 해야 해요. 우쭐한 발레리나, 달려드는 장교, 유혹하는 미녀, 불 같은 무용수와 연인, 타티아나와 오네긴. 카덴차는 딸꾹질 같기도 하고 외설적인 소음 같기도 하죠. 충격을 받은 비평가의 찡그린 표정……
>
> ― 파트리치아 코파친스카야, 차이콥스키의 〈바이올린 협주곡〉 음반 해설 중

이는 『작은 아씨들』, 『전쟁과 평화』, 무엇보다 『예브게니 오네긴』과 같은 풍속소설의 핵심 장면이다.

코파친스카야는 2악장 '칸초네타'를 차이콥스키의 〈슈만풍의 스물네 개 소품, 어린이 앨범〉 중 '옛 프랑스 노래'라는 곡과 비교한다.

원래 '옛 프랑스의 노래'는 오페라 〈오를레앙의 처녀〉에서 음유시인들의 합창으로 다시 사용되지만 〈바이올린 협주곡〉을 작곡하던 젊은 차이콥스키와 푸시킨 소설의 멋쟁이 오네긴을 둘러싼 당대 러시아 사교계의 프랑스 추종 세태를 떠올리면 그녀의 지적은 타당하다.

3악장의 사육제 같은 풍경에 대해서는 "보드카가 흐르는 강"이라고 압축했다. 그런 풍경을 보기 위해 코파친스카야는 트레티야코프미술관을 찾았다. 그렇다, 차이콥스키의 음악을 제대로 알기 위해서는 발길 뜸한 그의 박물관이나 살던 집보다 먼저 트레티야코프미술관과 국립러시아미술관을 가야 한다. 비단 〈바이올린 협주곡〉뿐만 아니라 차이콥스키와 동료들의 모든 음악의 실체를 그곳에서 발견할 수 있다. 아이바좁스키의 폭풍우 치는 바다, 이반 이바노비치 시시킨의 소나무 숲, 레핀의 역사화와 인물화로부터 오페라는 물론이고 교향곡과 협주곡의 배경을 알 수 있다. 차이콥스키콩쿠르에 도전하는 젊은이들에게 주는 모범 답안인 셈이다.

나는 국립러시아미술관에서 보리스 쿠스토디예프가 그린 사육제 그림을 오랫동안 구경했다. 온 세상에 눈이 내렸고, 옥색 하늘에 가득 찬 구름은 분홍색과 노란색이다. 마차에 올라탄 친구들은 겨울바람을 훈풍으로 여긴 듯이 즐겁기만 한 모습이다. 알록달록 지붕을 이고 있는 교회와 사람들이 모인 장터로 눈 깜짝할 사이에 내닫는다.

실제로 정교회 크리스마스 때 찾아간 모스크바 붉은광장이 그런 모습이었다. 곁에서만 보았던 성바실리대성당의 내부에서 바깥을 보니 쿠스토디예프의 그림과 비슷한 풍경이 보였다. 부모 손을 잡고 회전목마 앞에 줄을 선 아이들을 보니 차이콥스키와 조카들이 떠올랐다.

오후가 되면서 붉은광장 주변은 점점 발 디딜 틈이 없어졌다. 사람들은 대부분 지방에서 당일치기로 구경 온 관광객이다. 밤새 야간열차를 타고 와서 수도에서 뜻깊은 크리스마스를 보내려고 온 것이다. 지방은 모스크바와 소득 격차가 크기 때문에 대부분은 값싼 미국 햄버거 가게에서 끼니를 해결한다. 주문하려고 길게 늘어선 줄이 건물 밖까지 한참을 뻗었다. 러시아 역사를 요약한 국립역사박물관도 벌써 하루 관람객을 초과해 표를 살 수 없다. 소련 시절 생필품을 사려고 줄 서는 데 익숙했다는 러시아인들이 이제는 자본주의의 맛을 사려고 줄을 섰다.

혁명 전에 러시아를 떠났던 피아니스트 블라디미르 호로비츠가 모스크바를 찾았던 모습이 떠오른다. 1986년 4월 20일, 그의 귀국 연주를 보려고 쌀쌀한 날씨에도 아침부터 긴 줄이 늘어섰다. 반체제 인사로 낙인찍혀 쫓겨난 첼리스트 로스트로포비치가 미국 워싱턴내셔널오케스트라의 수장이 되어 악단을 이끌고 왔을 때도 마찬가지였다. 일찍 줄을 선 덕에 자리를 찾은 사람이 받은 보답은 그 무엇과도 바꿀 수 없었다. 그들의 표정이 말해 준다. 빵이 줄 수 없는 것을 음악으로 얻은 것이었다.

모스크바음악원 앞에 서 있는 차이콥스키의 동상은 자신의 이름을 딴 홀 안에 꼭 들어가고 싶어서 줄을 선 청중을 애처롭게 바라보았을 것이다. 나도 꼭 들어가 보고 싶었지만 이번에는 글렀다. 음악은 언제 어디에나 있는 것 같지만 늘 나를 기다리지만은 않는다.

사육제 풍경

바이올린 카덴차가 화려하게 펼쳐지는 가운데 러시아 민속 춤곡의 느낌을 물씬 풍기는 차이콥스키의 〈바이올린 협주곡〉 3악장은 즐겁고 왁자지껄한 사육제를 떠올리게 한다. 그런 풍경은 러시아의 전통 문화와 축제를 즐겨 표현한 쿠스토디예프의 이 그림 〈팬케이크 화요일〉에 잘 담겨 있다.

앞서 코파친스카야가 쓴 편지 가운데는 슈만과 차이콥스키를 낡은 골동품으로 취급하는 듯한 부분도 있다. 이에 눈살을 찌푸릴 이들이 있을지도 모르겠다. 연주자가 여러 도시를 전전하며 똑같은 협주곡을 반복하는 것이 권태롭듯이, 나 또한 같은 협주곡을 이런저런 연주자의 버전으로 듣는 손쉬운 즐거움을 참고 아직 더 멀리서 기다리고 있는 숨은 걸작을 향해 한 걸음 더 나아가야 한다고 생각한다. 차이콥스키의 〈바이올린 협주곡〉과 〈교향곡 제4번〉을 좋아하는 사람이라면 반드시 그가 동시에 작곡했던 〈예브게니 오네긴〉을 들어야 한다. 〈예브게니 오네긴〉을 듣지 않고 차이콥스키를 이해했다고 한다면 클라랑스에 가서 호수와 알프스는 못 보고 마을 사진만 찍다 온 격이다.

클래식 음악 스트리밍 서비스 가운데 하나인 메디치TV는 코파친스카야가 연주한 또 다른 차이콥스키의 〈바이올린 협주곡〉을 제공한다. 블라디미르 페도세예프가 지휘하는 모스크바차이콥스키오케스트라와 협연한 2011년 공연이다. 공연에 앞서 연습하는 장면을 보면 코파친스카야는 아직 어린 유망주 취급을 받는 모양새다. 반면 연주 당시 여든이 다 된 페도세예프는 평생에 걸쳐 수많은 협연자와 이 곡을 협연했던 베테랑이다. 결과적으로 이날 연주는 무난했다.

페도세예프가 5년 뒤 코파친스카야가 쿠렌치스와 녹음한 음반을 들으면 못마땅해했을 것 같다. 속사포처럼 빠른 템포는 이 곡에 익숙한 노년층에게는 건성으로 들릴지 모른다. 나 역시 코파친스카야와 쿠렌치스 녹음의 지나친 편집을 좋아하지 않는다. 그러나 젊은 애호가는 모스크바 지하철이나 에스컬레이터와 같이 바람 소리를 낼 듯한 속도감에 열광할 것이다. 정답은 없다. 코파친스카야는 자신이 이 무거운 돌이 얹혀 있는 듯한 곡을 연주한다면 뭔가 달라야 한다고 믿는다. 이른바 '진보'다. 반면 페도세예프는 스스로 생각한 작곡가의 의도를 벗어나는 데 관심이 없다. 그러나 그는 일찍이 1973년에 처음으로 〈체레비츠키〉(〈대장장이 바쿨라〉의 개정판 제목)를 녹음했고, 1999년에는 미완성 오페라 〈로미오와 줄리엣〉도 녹음했다. 프랑크푸르트알테오퍼에서 녹음한 교향곡과 협주곡 전곡 연주 실황은 그가 이끌던 모스크바라디오교향악단이 왜 소련 붕괴 이후 지금과 같은 '모스크바차이콥스키오케스트라'로 이름이 바뀌었는지 수긍하게 한다. 페도세예프에게 오케스트라는 곧 차이콥스키의 도구다. 그는 차이콥스키를 지키기 위해서라면 무엇이라도 내놓을 것이다. 이른바 '보수'다. 보수든 진보든 어느 한쪽만 옳다고 하면 결국 '꼰대'가 되고 만다.

말이 끝나는 곳에서 음악이 시작한다

차이콥스키가 짧은 기간 러시아와 클라랑스를 오가며 불행을 씻으려 애쓸 때 폰 메크 부인의 도움을 받게 되었다. 차이콥스키는 적지 않은 정기 후원금을 약속받았다. 덕분에 그는 모스크바음악원 교수를 그만두고 창작에만 몰두할 수 있었다. 클라랑스를 떠나 이탈리아를 계속 여행하며 교향곡 악보를 놓지 않았다. 마침내 1878년 1월

7일 산레모에서 〈교향곡 제4번〉을 완성했다. 그는 1월 10일 밀라노에서 악보를 모스크바로 부쳤다. 2월 22일, 니콜라이 루빈시테인이 지휘한 초연은 큰 성공을 거두었다.

교향곡에 대한 해설을 바라는 부인에게 차이콥스키는 3월 1일 피렌체에서 편지했다. 꽤 긴 설명이지만 간단하게 요약하면 1악장은 '가혹한 운명'이고, 2악장은 '멜랑콜리'이며, 3악장은 '변덕스러운 아라베스크 문양'이 빚어 내는 비현실적 이미지이고, 4악장은 평범한 사람들의 축제에서 만나는 '기쁨'이다. 차이콥스키는 장황한 설명 끝에 하인리히 하이네를 인용했다. "말이 끝나는 곳에서 음악이 시작한다." 이미 뱉은 말을 다시 담을 수 없다는 말로 편지를 마무리하며 그는 추신을 덧붙였다.

편지를 봉투에 넣으며 다시 읽어 보다가 제가 보낸 해설이 조리도 없고 알맞지도 않아 크게 당황했습니다. 음악적 사고와 이미지를 말로 옮기기는 처음입니다. 제대로 해내지 못했네요. 저는 교향곡을 쓰던 지난겨울 완전히 의기소침했습니다. 이 음악은 제 경험의 충실한 메아리가 되었습니다. 그러나 그저 메아리입니다. 그것이 어떻게 말로 명료하고 조리 있게 연결되겠습니까? 어떻게 했는지도 모르겠습니다. 이미 거의 다 잊었습니다. 그것은 제가 경험한 열정과 신비한 느낌의 회상입니다. 모스크바의 친구들이 뭐라고 말할지 아주아주 궁금합니다. 안녕히. 그대의 P. 차이콥스키

어제 국립극장에서 저녁을 보냈는데 무척 웃었습니다. 이탈리아

희극은 저속해서 우아한 면은 없지만 정말 재미있습니다.

— 1878년 3월 1일, 차이콥스키가 폰 메크에게 보낸 편지 중

추신에서 말했듯이 이 교향곡은 어서 들어야지 해설에 기댈 것이 없다. 이제 차이콥스키는 악몽에서 벗어난 듯하다. 1878년 11월 18일, 차이콥스키는 폰 메크 부인에게 "우리 교향곡이 인쇄되었습니다"라고 편지에 썼다. 이것으로 "가장 친한 친구에게" 보내는 헌정이 완성되었다.

1991년, 페도세예프가 이끄는 모스크바라디오교향악단이 프랑크푸르트에서 차이콥스키의 〈바이올린 협주곡〉과 〈교향곡 제4번〉을 연주했다. 당연히 한데 묶을 두 곡이다. 바이올린 협연자는 또 한 명의 러시아 거장인 빅토르 트레티야코프. 거의 30년이 지난 2020년 1월 19일에 나는 모스크바에서 페도세예프가 지휘하는 모스크바차이콥스키오케스트라의 연주를 들었다. 그는 이날 2001년에 태어난 알렉산드르 말로페예프라는 소년과 라흐마니노프의 〈피아노 협주곡 제3번〉을 협연했고, 후반에 라흐마니노프의 〈교향곡 제2번〉을 들려주었다. 말로페예프는 변함없이 한결같은 연주를 이어 가려는 페도세예프에게 순종했지만, 머지 않아 쟁쟁한 선배의 아성을 딛고 자신의 이름을 떨치기 위해 몸부림칠 것이다.

러시아 음악의
결정적 한 방

푸시킨에 대한 음악적 주석

푸시킨의 운문 소설 『예브게니 오네긴』은 러시아 문학의 알파와 오메가다. 푸시킨은 서른여덟 살에 비운의 결투로 생을 마감하기 직전에 이 소설을 완성해 불멸이 되었다. 20세기 러시아 작가 나보코프의 유명한 영어 번역과 주석은 네 권 분량에 이를 정도로 방대하다. 러시아 문예학자 유리 로트만의 주요 저작도 푸시킨과 『예브게니 오네긴』에 대한 연구에 상당 부분을 할애했다.

그러나 『예브게니 오네긴』에 대한 가장 중요한 해석이자 주석은 작가가 죽고 40년 뒤에 완성한 차이콥스키의 동명 오페라다. 『예브게니 오네긴』을 읽으면 읽을수록 빠져드는 것처럼 차이콥스키의 〈예브게니 오네긴〉이야말로 그의 전 작품 가운데 핵심이며, 러시아 음악의 결정적 한 방이다. 이 곡으로 러시아는 서유럽이 오랜 세월에 걸쳐 얻은 성과를 단박에 따라잡는 데 성공했다.

이 오페라에 착수한 1877년, 차이콥스키는 서른일곱 살이었다.

성악가 아르토와 타의로 파혼한 지 10년이 되어 갔다. 자전적인 기고에 따르면 이 시기 그의 내면은 매우 고통을 받고 있었다. 그는 친구들과 도수 높은 술을 들이켰고, 과도한 음주에 강단에서 받은 스트레스까지 겹치면서 건강은 더욱 악화되었다. 결혼할 즈음에 대해 차이콥스키가 직접 적지는 않았지만 우리는 이 시기의 그가 극도로 복잡한 연애 관계에 사로잡혔음을 보았다. 애제자 코테크가 사실상의 연인이었지만 둘은 사소한 문제로 소원해졌다. 마침 또 다른 동성애 친구인 블라디미르 실롭스키가 결혼했을 때 밀류코바의 편지를 받았다. 물론 그 와중에 폰 메크 부인까지 등장했다.

당시 러시아 댄디의 일상을 엿볼 수 있는 곳은 차이콥스키박물관보다는 역시 푸시킨박물관이다. 러시아 사람이 가장 존경하는 위인이 푸시킨이고, 전국에 무수히 많은 푸시킨 동상이 있다(심지어 한국과 러시아의 우정을 기념해 을지로 입구에도 푸시킨 동상을 세웠다는 사실을 아는 사람은 많지 않다).

모스크바에는 푸시킨의 이름이 들어간 박물관이 최소 세 곳 있다. 하나는 푸시킨이 살던 아파트로서, 젊음의 거리인 아르바트(우리나라 홍대 정도에 해당한다)에 있다. 푸시킨과 그의 아름다운 아내 나탈리아의 동상은 관광객의 사진 촬영 명소다.

이보다 중요한 곳은 모스크바 중심가인 프레치스텐카에 있는 푸시킨박물관으로서, 톨스토이박물관과도 가깝다. 규모가 어마어마한 이곳에 들어서자 직원이 대뜸 안내문을 내밀었다. 안내문에는 "이곳은 작가 푸시킨을 기념하는 박물관이며, 푸시킨국립미술관은 걸어서 10분 거리에 있다"라고 여러 나라 말로 적혀 있었다. 러시아

흑해의 푸시킨

러시아의 문학은 푸시킨을 기점으로 고대와 근대로 나누어진다. 서른여덟 살의 나이에 결투로 허망하게 세상과 작별했지만 다채롭고 풍부한 문학 세계를 보여 주며 러시아 문학의 초석을 놓 았다. 차이콥스키는 푸시킨의 작품 중 『예브게니 오네긴』, 『스페이드의 여왕』, 『폴타바』를 오페 라로 만들었다. 이른바 푸시킨 3부작이다. 특히 『예브게니 오네긴』은 러시아 문학의 알파와 오 메가로서, 차이콥스키의 동명 오페라는 이에 대한 가장 탁월한 음악적 주석이라 할 수 있다.

인들이 국립미술관에도 '이바노프'나 '레핀'이 아닌 푸시킨의 이름을 붙인 탓에 이곳과 혼동해 잘못 오는 사람이 많은 것이다. 나는 작가 푸시킨을 만나러 왔다고 확인받은 뒤 입장했다. 눈이 내려 칠흑 같은 늦은 오후에 드넓은 푸시킨박물관을 찾은 사람은 나뿐이었다. 모든 안내 문구가 러시아어로만 적혀 있는 것이 아쉬웠지만 가이드 없이 입장할 수 있는 것만도 다행이었다. 나는 이곳에서 〈예브게니 오네긴〉과 〈스페이드의 여왕〉의 관찰자가 되는 호사를 누렸다. 푸시킨이 썼던 사냥 도구, 나탈리아의 장신구와 옷가지 따위를 전시한 디오라마는 말할 것도 없고, 사교계의 축소판과 같은 무도장은 다른 곳에서 보지 못한 수준이었다. 상트페테르부르크와 모스크바에서 보내던 20~30대의 멋쟁이 차이콥스키의 모습을 이곳에서 상상하기란 어렵지 않았다.

반면 상트페테르부르크에 있는 푸시킨박물관은 작가의 마지막 거처다. 작가가 혼을 불어넣어 『폴타바』(차이콥스키는 이 작품을 원작으로 오페라 〈마제파〉를 썼다)를 완성한 책상과 실제 결투에 사용한 권총 따위가 관람객을 숙연하게 한다. 바로 옆에 있는 예르미타시박물관처럼 푸시킨박물관에도 한국어 오디오 가이드가 비치되어 있다는 것도 장점이다.

푸시킨의 거처에서 모이카강을 따라 10분 정도 내려가면 알렉산드르넵스키가 초입에 있는 명소인 문학카페가 나온다. 고골과 도스토옙스키 등 러시아 문호들의 초상이 빽빽이 걸려 있는 이곳의 주인공 또한 푸시킨이다. 계단 위 2층 입구에 걸린 그림은 푸시킨과 나탈리아가 무도회에 참석하는 유명한 장면이다. 한 테이블에는 아예 사색에 잠긴 푸시킨의 마네킹을 앉혀 놓았다. 이렇게 많은 푸시킨을 거치면 저 깊은 곳에서 친구들과 식사하는 차이콥스키의 모습을 그릴 수 있다. 1893년, 늦가을 차이콥스키는 정든 이곳을 마지막으로 찾았다. 그 이야기는 뒤에서 다시 하기로 하고 이제 우리의 친구 예브게니 오네긴을 만나 보자.

무도장의 인간들

상트페테르부르크의 한량 예브게니 오네긴은 뜻밖의 유산을 상속받아 우크라이나 시골로 내려간다. 그곳에서 시인 렌스키를 만나 친구가 되고, 렌스키가 사랑하는 올가와 그의 언니 타티아나도 소개받는다. 사려 깊은 시골 소녀 타티아나는 오네긴에게 끌려 사랑의 편지를 보내지만 거만하고 무성의한 냉소만 돌아온다. 소녀의 순정을 비웃은 오네긴은 도리어 동생 올가를 유혹해 렌스키의 화를 돋운다. 결투 끝에 렌스키가 죽자 오네긴은 자학하며 떠난다.

몇 년 뒤 상트페테르부르크의 무도회에서 오네긴은 타티아나와 재회한다. 그녀는 오네긴의 친척 그레민 공작의 아내가 되었다. 오네긴은 전에 몰랐던 타티아나의 아름다움에 놀라 그녀가 그랬듯이 편지로 구애하지만 돌아온 것은 냉소다. 마지막 만남에서 타티아나는 때늦은 그의 사랑을 원망하며 돌아서고, 오네긴은 부끄러움을 참지 못해 오열한다.

로트만은 『러시아 문화에 관한 담론』에서 '무도회'에 한 장을 할 애했다. 사교의 시작이자 끝인 무도회는 '결투', '카드게임'과 더불어 러시아 문화를 이해하는 핵심 개념이다. 로트만은 푸시킨이 『예브게니 오네긴』에서 무도회를 통해 등장인물의 변화무쌍한 감정을 섬세하게 포착했음을 잘 지적했다.

어쩌면 무도회는 뻔한 '멜로드라마'다. 참석자는 정해진 각본에 따라 자기 역할을 한다. 파티를 연 귀부인은 자신의 영향력을 보여주는 화려한 인맥을 초대한다. 주인공은 혼기가 찬 처자다. 그녀는 유력 가문의 상속자일 수 있고, 몰락 귀족 집안의 미녀일 수도 있다. 때로는 물불 가리지 않는 젊은 근위병 중위가, 때로는 산전수전 다 겪은 퇴역 노장이 그녀에게 청혼한다. 양가를 오가느라 바쁜 매파가 빠지지 않고, 부스러기라도 주워 담으려는 듯 프랑스, 이탈리아, 독일 따위에서 온 한량이 기웃거린다. 엉뚱한 돌발 상황 또한 늘 예고된, 틀에 박힌 촉매다. 그것은 일을 되게 하기도 하고 그르치기도 한다.

멜로드라마가 그렇듯이 무도회도 결국 짝짓기의 그럴듯한 포장이다. 바흐는 프랑스 궁정에서 유래한 모음곡 양식을 통해 무도회를 자기 것으로 만들었다. 모차르트나 베토벤, 슈베르트도 많은 춤곡을 썼지만, 그것을 진짜 춤으로 만든 사람은 요한 슈트라우스 부자다. 돔마이어를 비롯한 빈의 많은 무도장이 공인된 '인간 시장'이었다.

러시아에서는 푸시킨이 이를 간파했고, 차이콥스키는 바흐에서 요한 슈트라우스에 이르는 독일 음악의 모범을 〈예브게니 오네긴〉

에 접목했다. 〈예브게니 오네긴〉에 나오는 '왈츠'와 '마주르카'와 '폴로네즈'를 알고 나면 굳이 나보코프나 로트만의 주석을 읽지 않아도 된다.

푸시킨은 5장에서 여주인공 타티아나의 명명축일을 그렸다. 성년이 되는 처녀의 명명축일에는 큰 파티가 열린다. 카드 게임과 티타임이 끝난 뒤 마침내 무도회가 시작된다. 허영심을 자극하며 서로 속마음을 떠보는 왈츠, 발정 난 종마의 안달하는 모습 같은 마주르카, 마지막으로 짝짓기의 완성인 코티용이 이어진다. 두 쌍의 주인공 네 사람은 엇갈린 선택과 짓궂은 일탈 때문에 파국에 이른다. 두 꿀벌이 한 꽃 안에 들어가 싸우다 하나가 죽은 결과 남은 셋의 운명은 완전히 바뀐다. 이 또한 뻔한 멜로드라마 소재일 뿐일까? 차이콥스키가 만지면 다르다!

타티아나를 차 버린 오네긴이 올가와 왈츠를 추는 것을 보고 속이 뒤집힌 렌스키는 그들이 마주르카까지 추자 폭발 직전이 된다. 권총 방아쇠는 망할 남녀가 코티용까지 춘다고 할 때 이미 당긴 것이나 다름없다. 로트만은 푸시킨 당대 루도비크 페트롭스키의 말을 인용한다. "그 춤은 남녀가 상당히 밀착하며 회전하기 때문에 서로 너무나 가까이 붙어 실례를 범하는 일이 없이 춤추기 위해서는 (…) 지속적 주의가 필요하다." 왈츠를 아는 사람에게 이는 하나 마나 한 소리다. 모르는 사람과 공공연하게 살을 맞대기 위해 얼마나 어렵게 고안한 자리인데 '지속적 주의' 따위는 허세다! 다 알고 한 말일 것이다. 차이콥스키는 파국의 마주르카를 무도장에 넣어 주며 이렇게 말한다. "이제 코티용을 출 차례입니다." 코티용까지 가기 전에 마주르카에서 사달이 날 것을 알았기 때문이다.

〈예브게니 오네긴〉의 3막은 세월이 흐른 뒤 상트페테르부르크 무도회 장면으로 시작한다. 이번에는 무도회 시작을 알리는 폴로네즈가 제대로 나온다. 일찍이 바흐가 〈관현악 모음곡 제2번〉에서 플루트에게 맡겼고, 게오르크 프리드리히 헨델은 〈합주 협주곡〉에서 폴란드풍을 보여 주었다. 물론 폴로네즈는 폴란드 출신의 작곡가 쇼팽이 완성했다. 차이콥스키의 폴로네즈도 단독으로 콘서트나 축제의 시작을 여는 당당한 음악이다. 푸시킨의 원작에는 없는 장면이다. 시간과 장소의 변화를 환기하며 시골 명명축일에는 기대할 수 없었을 폴로네즈의 휘황찬란한 장관을 보여 준다.

열여덟 살에 이미 '연애의 장인'으로 이곳을 주름잡던 오네긴에게는 익숙했겠지만 스물여섯 살이 된 지금은 달랐다. 낯설면서 기품 있는 한 부인이 그를 사로잡았기 때문이다. 무엇이 그녀를 달라 보이게 했건 차이콥스키는 오네긴의 혼비백산한 머릿속을 관통해 보여 준다. 바흐나 헨델의 폴로네즈로는 차이콥스키와 당대 러시아 사람들에게 익숙한 이런 상황을 묘사할 수가 없다. 심지어 쇼팽으로도!

타티아나의 아우라

차이콥스키의 〈예브게니 오네긴〉은 〈타티아나〉라 부르고 싶을 정도로 시종일관 무대를 장악하는 사람은 오네긴이라기보다는 타티아나다. 그녀가 오네긴에게 편지를 쓰는 장면은 작품 전체의 핵심이자 러시아 음악의 보석과도 같다.

푸시킨은 타티아나의 편지를 번역했다. 타티아나는 모국어로 연애 감정을 적는 데 익숙하지 않았기에 프랑스어로 썼다. 자신이 러시아어로 번역했다는 편지를 푸시킨은 이렇게 묘사했다. "그것은 소심한 소녀의 손가락에 처분을 맡긴 〈마탄의 사수〉."

왜 하필 카를 마리아 폰 베버의 오페라 〈마탄의 사수〉인가? 베버는 〈무도에의 권유〉를 썼을 만큼 뛰어난 피아니스트다. 그렇게 어려운 곡을 소심한 소녀에게 치게 두어서는 안 된다. 자칫 어설픈 그녀가 참담해질지도 모른다. 더욱이 〈마탄의 사수〉는 어디로 날아갈지 모르는 악마의 총알 이야기다. 오페라에는 연인이 악의 길로 빠지지 않고 선의 힘으로 자신을 택해 주기를 바라는 소녀의 기도가 나온다. 베버의 오페라와 자신의 소설 주인공을 서로 연결한 푸시킨의 눈높이가 이만저만 높은 것이 아니다.

차이콥스키로서는 또 하나의 숙제를 받은 셈이다. 그는 소녀가 밤새워 쓴 연애편지를 작곡하면서 베버의 긴 아리아 '어떻게 잠들 수 있을까'와 경쟁해야 했다. 베버의 아리아도 7분이 넘는 긴 곡이지만 차이콥스키는 그 두 배로 썼다. 꼴딱 밤을 새워 쓴 편지이니 그 정도도 짧다.

〈예브게니 오네긴〉의 핵심인 편지 장면을 처음 듣는 사람의 기분은 십중팔구 베버를 망친 소심한 소녀나 오네긴에게 거절당하는 타티아나와 같다. 장황하고 모호한 멜로디에 지루함을 참지 못한다. 다행히 우리는 푸시킨이나 차이콥스키의 시대가 아니므로 따라 부를 수 있을 때까지 반복해 들을 수 있다. 이 곡만 외우면 오페라의 절반은 얻은 것이나 마찬가지다. 2막을 여는 전주도 여기서 왔고, 뒤에 처지가 바뀐 오네긴이 오열할 때도 타티아나의 멜로디를 노래한다. 차이콥스키의 〈예브게니 오네긴〉 곳곳에 '타티아나'의 아우라가 감돈다.

로스트로포비치의 아내인 소프라노 갈리나 비시넵스카야나 만년에 이 역을 즐겨 부른 이탈리아의 명인 미렐라 프레니는 원숙한 여인상이다. 많은 오페라 배역이 성악가가 전성기를 맞을 때까지, 심지어 이력의 막바지에 이를 때까지 기다려 주고는 하지만 나는 타티아나를 실제 나이로 만나고 싶은 조바심을 느낀다. 오늘날에는 아스미크 그리고리안이나 예카테리나 곤차로바 같은 소프라노가 정상의 무대에서 30대의 타티아나를 열연한다. 이들이 40~50대에도 여전히 이 역할을 주요 레퍼토리로 꼽을까? 그럴 것 같지는 않다. 그리고리안은 오히려 자신이 "타티아나를 부르기에는 너무 드라마틱하다"라고 고백했다. 많은 극장이 자신에게 그 역을 맞추지만 "실제로 타티아나는 훨씬 나비 같아야 한다"라고 말한다.

20대의 타티아나는 과욕이 아니다. 1879년, 모스크바음악원에서 니콜라이 루빈시테인이 〈예브게니 오네긴〉을 초연했을 때 마리야 클리멘토바 무롬체바가 타티아나 역을 맡았다. 그때 그녀의 나이가 스물세 살이었으니 타티아나로 이상적이었다. 1888년, 차이콥스키가 직접 지휘한 프라하국립극장 공연의 여주인공은 열아홉 살의 베르타 푀르스트로바 라우테레로바였다. 차이콥스키는 그녀가 "꿈속에서도 그리지 못했던 타티아나"라고 극찬했다.

오페라 〈예브게니 오네긴〉의 한 장면
차이콥스키는 총 열한 개의 오페라 작품을 만들었는데, 그중 〈예브게니 오네긴〉은 서정성 짙
은 장면과 인간 심리에 대한 탁월한 통찰로 가장 큰 성공을 거둔 작품이 되었다. 차이콥스키
자신은 이 작품을 두고 '오페라' 대신 '3막짜리 서정적 장면 또는 비가적 장면'이라고 불렀다.

푸시킨과 차이콥스키

『예브게니 오네긴』의 공간적 배경은 어디인가? 모스크바에서 태어나 상트페테르부르크에서 학창 시절을 보낸 푸시킨은 스물한 살때『루슬란과 류드밀라』를 발표하면서 격찬을 들었지만 그 직후 급진적인 정치 활동으로 유배나 다름없이 전근하게 되었다. 캅카스, 크림반도, 카미안카, 몰도바의 키시나우, 오데사에서 4년을 보낸 그는 미하일롭스코예에 있는 외가에서 2년을 더 지내다가 사면을 받고 모스크바로 돌아왔다. 그는『예브게니 오네긴』을 키시나우에서 모스크바에 이르는 8년 동안 집필했다. 사실상 언급한 지역이 모두 소설 속 배경이다.

2장 다섯 번째 소네트에서는 숙부의 영지에 도착한 오네긴이 사람들을 피하며 손가락질받는 모습을 그렸다. 그는 누가 찾아오는 소리가 나면 뒷문에 '돈강 지역 종마'를 대령시켰다. 모스크바 남동쪽에서 발원한 돈강이 세를 이루는 곳은 흑해로 흘러드는 하류다. 돈강 유역을 중심으로 활동한 돈 카자크 부족을 떠올리면 그 종마가 어떤 모습일지는 쉽게 연상된다.

『예브게니 오네긴』 5장 서른두 번째 소네트는 타티아나의 명명축일 잔칫상을 묘사한다. 프랑스식과 러시아식이 절충된 식탁에 '돈 지방 포도주'를 빠트리지 않았다. 흑해 연안 포도주는 유명하다. 몰도바는 옛 소련 최대 포도주 산지였고, 조지아는 인류 최초의 포도주 생산지로서 유네스코가 공인했다. 모두 푸시킨이 거쳐 간 곳이다.

푸시킨의 여정과 개인사는『예브게니 오네긴』을 오페라로 옮긴 차이콥스키에게도 대단히 중요하다. 차이콥스키는 1877년 5월에 볼쇼이극장 콘트랄토인 엘리자베타 라브롭스카야로부터 푸시킨의 걸작을 오페라로 써 보라는 제안을 받았다. 차이콥스키는 그 자체로 이미 완벽한 작품이라 음악으로 옮기는 것이 무의미하다고 생각했지만 결국 작곡은 운명이었다. 그는 자신보다 아홉 살 어린 콘스탄틴 실롭스키의 도움으로 일에 착수했다. 그러나 차이콥스키가 그에게서 받은 도움은 초고에 불과했다. 차이콥스키는 누구보다 푸시킨을 잘 알았고, 그것에 음악을 붙일 유일한 사람이었다.

작곡을 시작하고 얼마 뒤, 바로 타티아나의 편지 장면을 쓰는 중에 차이콥스키에게 우리가 아는 사건이 일어났다. 밀류코바가 보낸 연서는 차이콥스키로 하여금 오페라를 더욱 숙명으로 여기게 했다. 그는 한 달 만에 밀류코바와 결혼했지만 신혼의 단꿈은 한 달도 못 되어 끝나고 말았다. 그는 8월 초에 여동생 알렉산드라 내외가 사는 카미안카 집으로 떠나 6주 동안 머물며 〈교향곡 제4번〉과 〈예브게니 오네긴〉을 계속 작곡했다. 카미안카는 앞서 〈현악사중주 제1번〉과 〈교향곡 제2번〉 등을 쓴 익숙한 곳이며, 훗날에는 〈오를레앙의 처녀〉, 〈현을 위한 세레나데〉, 〈1812년 서곡〉, 〈로미오와 줄리엣〉 등의 걸작을 낳은 곳이었다. 푸시킨도 유배 중에 이곳에 머물렀다. 그린하우스라 부르는 카미안카박물관은 이 두 위인을 함께 기린다.

앞서 보았듯이 모스크바로 돌아와 결혼 생활에 마침표를 찍은 차이콥스키는 스위스로 떠났고, 제네바 호수 인근 클라랑스에서 〈예브게니 오네긴〉 1막 오케스트레이션을 마쳤다. 11월에 베네치아에서 폰 메크 부인에게 보낸 편지에서는 2막 1장을 마쳤다고 했고,

1878년 1월 산레모에서 3막을 완성했다. 이렇게 완성한 작품은 수정을 거친 끝에 1879년 3월 모스크바에서 니콜라이 루빈시테인의 지휘로 초연되었다.

어디로, 어디로 사라진 걸까

『예브게니 오네긴』 첫머리에서 푸시킨은 독자를 "루슬란과 류드밀라의 친구"라 부른다. 글린카는 푸시킨의 출세작 『루슬란과 류드밀라』를 오페라로 썼다. 제대로 된 러시아 오페라의 출발이다. 『루슬란과 류드밀라』에서 호메로스를 모델로 삼았던 푸시킨은 『예브게니 오네긴』에서 당대의 아이콘 바이런과 경쟁했다. 이는 자연스럽게 차이콥스키에게 전달되었다. 차이콥스키는 푸시킨을 통해 바이런으로 나아갈 것이다. 차이콥스키는 〈예브게니 오네긴〉을 통해 두 마리 토끼를 잡았다. 첫째, 글린카의 성과를 뛰어넘은 것, 둘째 푸시킨과 한배를 탄 것이었다.

『예브게니 오네긴』에서 결투로 헛되이 목숨을 잃는 렌스키처럼 푸시킨도 똑같이 결투로 이생과 작별했다. 렌스키가 올가의 장난스러운 바람기와 오네긴의 모욕을 참을 수 없었듯이 푸시킨도 아름다운 아내 나탈리아 곤차로바와 프랑스 장교 당테스 사이의 염문을 좌시할 수 없었다. 푸시킨은 나탈리아와 결혼하기 전 사귄 여성 수만큼 결투도 숱하게 치렀다.

『예브게니 오네긴』뿐만 아니라 셰익스피어의 『로미오와 줄리

일리야 레핀이 그린 『예브게니 오네긴』의 결투 장면

『예브게니 오네긴』에서 권총 결투로 허망하게 세상을 떠나는 렌스키의 운명은 푸시킨 자신의
운명을 예고하는 것이 되고 말았다. 러시아 사교계의 여왕 곤차로바를 사이에 두고 푸시킨과
프랑스 장교 당테스가 벌인 결투는 푸시킨의 비극적인 죽음으로 끝났다. 둘의 결투는 너무나
무모해 보이지만 당시 러시아 사회에서 결투는 공동체의 명예를 관리하는 중요한 장치였다.

엣』에서부터 톨스토이의 『전쟁과 평화』에 이르기까지 '결투'는 문학의 중요한 요소였다. 그러나 제정러시아 시대에 만연한 결투는 결코 악습이거나 무모한 기사도의 남용이 아니었다. 무도회가 양식화한 짝짓기이자 공인된 일탈의 배출구였던 것처럼 결투도 공동체의 명예를 관리하는 중요한 장치였다. 결투는 불필요한 유혈 충돌을 조장하기보다는 오히려 방지하는 역할을 했다.

일례로 푸시킨은 키시나우에서 자신보다 신분이 높은 스타로프 대령과 결투를 벌였다. 한 발씩 주고받은 총탄은 두 사람을 모두 빗겨 갔지만 애당초 복수가 아닌 명예 회복이 목적이었다. 두 사람은 결투 의례를 충실히 이행함으로써 상대의 인품을 인정했고, 스타로프는 푸시킨이 문학적 재능만큼이나 총알을 피하지 않는 용기도 가진 않는 신사라고 치하했다. 그러면서 둘은 화해했다. 며칠 뒤 결투 소식을 들은 사람들이 스타로프를 깎아내리자 푸시킨은 대령에 대한 모욕은 곧 자신에 대한 모욕이니 모두 대가를 치를 것이라고 경고했다. 그러려고 한 결투 같다.

로트만은 『러시아 문화에 관한 담론』에서 이 실화와 『예브게니 오네긴』 속 결투를 꼼꼼히 비교했다. 오네긴은 자기 때문에 화가 난 친구 렌스키의 충동적인 결투 신청을 피할 수 있었고, 또 피하려 했다. 다만 두 사람은 피에 굶주린 결투광의 손에 놀아났을 뿐이다. 렌스키는 마을의 한량 자레츠키를 입회인으로 택했다. 자레츠키는 오네긴에게 결투 의사를 전하며 관례대로 화해를 청해야 했지만 집안 일이 바쁘다며 통보만 하고 돌아갔다. 오네긴은 결투 당일 한 시간 늦게 도착했다. 통상 15분을 넘기면 결투할 뜻이 없는 것이었다. 더욱이 그는 자레츠키와 같은 신분의 입회인이 아닌 자기 하인을 데려 갔다. 자레츠키로서는 의식을 거부할 충분한 명분이 있었다. 그러나 그는 괘념치 않고 저승사자 역할에 충실했다. 이런 결투의 관습을 이해하면 〈예브게니 오네긴〉을 훨씬 흥미진진하게 감상할 수 있다.

차이콥스키는 오페라에서 파티를 망친 다음 날 올가가 아무렇지 도 않게 렌스키를 걱정하는 장면을 뺐다. 그러나 자레츠키에게 필요 한 대사는 모두 주었다. 그는 오네긴이 늦는 것을 기다리고, 신분에 맞지 않는 상대방 입회인도 묵묵히 받아들인다. 그 사이 렌스키는 편지 장면 다음으로 유명한 '어디로, 어디로 사라진 걸까'를 부른다.

그러나 렌스키의 죽음이 자레츠키의 농간 때문이었을까? 오네긴 은 마지막 순간 왜 총알을 제대로 쏘았을까? 오네긴이나 렌스키 모 두 밤새 바보 같은 운명의 장난에 대해 고민하고 피하려 했지만 정 작 사선에서 그것을 거부하기란 쉽지 않은 일이었다. 총알은 각자 두 발씩 쏠 수 있었고, 늘 두 사람이 선의를 가지고 있는 것은 아니 었다. 푸시킨 자신도 마지막 결투에서 복부 관통상을 입었고, 이틀 동안 사경을 헤매다가 죽었다.

내가 볼 때 무도회와 결투의 공통점은 바이런이 추구했고 푸시 킨이 열광했던 '자유의지'의 실현이다. 문제는 두 경우 모두 무대에 서는 순간 자유롭지 않다는 것이다. 겉으로는 당사자의 자유연애를 장려하는 듯한 무도회는 결국 신분과 경제력의 거래였고, 공동체의 명예를 유지하는 장치였던 결투 또한 그것이 자유의지에 맡겨진 순 간 자기 뜻과 다른 결과를 낳았다. 푸시킨이 타티아나의 편지를 번 역하며 〈마탄의 사수〉를 들먹일 때부터 알아보아야 한다. 총알은

쏜 사람의 의지대로 날아가지 않는다. 렌스키가 올가와 체스를 두며 자기 말을 잡는 오수誤手를 둘 때 이미 그의 운명은 결정 났다.

만년의 차이콥스키가 동성애를 심판하는 명예 법정으로부터 자살을 강요당했다는 설이 있다. 만일 이것이 사실이라면 그의 심경도 오네긴이나 렌스키의 그것과 똑같았을 것이다. 죽지 않고 불명예를 안고 살거나, 죽음을 택하는 것이다. 후자의 경우 정말 자살로 알려지도록 하는 방법과 콜레라로 알려지도록 은폐하는 방법이 있었다. 모두가 가정일 뿐이나 어느 쪽이더라도 결국은 운명의 카드에 맡긴 신세였다. 차이콥스키는 〈예브게니 오네긴〉을 택할 때부터 〈스페이드의 여왕〉을 쓸 운명이었던 셈이다. 푸시킨이 렌스키처럼 죽을 운명이었던 것처럼.

부끄럽다, 불쌍한 내 운명아

『예브게니 오네긴』의 주인공은 몇 살일까? 푸시킨은 친절하게 다 밝혔다.

> 취미와 사치와 유행을 위해 고안한 모든 것이 열여덟 살 철학자의 장식장을 꾸몄다.*
> ― 푸시킨, 『예브게니 오네긴』 I-23

* 이하 본문은 블라디미르 나보코프의 영어 번역을 직접 옮겼다.

숙부의 유산을 상속받기 전 오네긴은 열여덟 살이었다. 타티아나의 편지를 받은 것도, 소녀의 순정을 거절한 것도 그해였다. 타티아나의 명명축일 사건은 이듬해에 있었다.

시인은 렌스키의 나이는 콕 집어 밝히지 않았다. 오네긴이 열아홉 살이 되었고, 렌스키가 올가와 약혼한 사이였음을 떠올리면 설령 그가 더 많았더라도 오네긴과 큰 차이는 없었을 것이다. 심지어 시인은 그가 소년이었다고 알려 준다.

> 여기 블라디미르 렌스키가 누웠다. 일찍이 용감하게 죽었으니 어느 해, 몇 살 언저리였다. 안식을, 소년 시인에게!
>
> — 푸시킨, 『예브게니 오네긴』 VII-6

결투에서 친구를 죽인 오네긴은 8년 동안 세상을 떠돌다가 상트페테르부르크 사교계로 돌아온다.

> 오네긴은 단 한 번의 전투에서 친구를 죽이고 목적도 없이, 노력도 하지 않고 스물여섯이 되도록 살았다.
>
> — 푸시킨, 『예브게니 오네긴』 VIII-12

타티아나는 그사이 하필이면 오네긴의 친척인 그레민 공작과 결혼했다. 전쟁에서 장애를 얻은 뚱뚱한 장군이라는 것 이외에는 공작의 나이에 대한 언급은 따로 없다.

"결혼했어요! 몰랐는데 얼마나 됐는데요?" "2년쯤." "누구하고?"
"라린 집안." "타티아나군요!"

— 푸시킨, 『예브게니 오네긴』 VII-17~18

푸시킨이 자세히 그리지는 않았지만 차이콥스키는 그레민 공작
에게 아주 훌륭한 아리아를 주었다. 그는 푸시킨이 타티아나가 남
편을 배신하지 못할 강력한 장치를 빠뜨렸다고 생각했나 보다.

처지가 바뀌어 오네긴이 타티아나에게 구애의 편지를 보낸다. 두
번이고 세 번이고 답장은 없고, 먼발치에서 싸늘함만을 느낀다.

날은 내달렸다. 공기 중에는 따스함이 퍼지고 겨울은 어느덧 풀렸
다. 그는 시인이 못 되었고 죽지 않았고 미치지 않았다. 봄이 그를
재촉했다.

— 푸시킨, 『예브게니 오네긴』 VIII-39

그러는 사이 오네긴은 스물일곱 살이 되었다. 타티아나를 처음
만난 이후 8~9년이 지났으니 적지 않은 세월이다. 20대에 느끼는
시간의 흐름은 노년과는 다르지 않은가! 예전과는 처지가 뒤바뀌
었다. 이번에 훈계받는 쪽은 오네긴이다. 애원하는 오네긴에게 그
녀도 사랑을 숨기지는 않는다. 그러나 딱 거기까지다. 자신은 다른
사람의 아내가 되었고 그에게 충실하겠다며 오네긴을 두고 방에서
나간다. 푸시킨은 오네긴 혼자 남은 방에 외출에서 돌아온 남편을
들인다. 그리고 거기서 비참한 그를 놓아 준다.

차이콥스키의 타티아나는 푸시킨의 그녀만큼 모질지 못하다. 오네긴을 아직 사랑한다고 노래할 때 두 사람은 다시 격정에 사로잡힐 것만 같다. 그러나 선은 넘지 않는다. 그녀가 뿌리치고 나가자 오네긴이 좌절하기 때문이다. "부끄럽다! 고통스럽다! 불쌍한 내 운명아!"

마지막 부분에 대해 차이콥스키는 많은 고민을 했다. 그는 1880년 볼쇼이극장 공연을 앞두고 수정을 요청하는 아나톨리에게 다음과 같은 편지를 보냈다.

> 너와는 다른 생각이고, 푸시킨도 많은 암시를 통해 내가 한 것과 같은 방법으로 마무리했다고 생각하지만, 네 조언에 따라 동봉하는 것처럼 몇 가지 장면을 바꾸었어. 먼저 242페이지, 타티아나가 오네긴의 품에 안긴다는 지시 대신에 이렇게 썼어. "오네긴이 끌어당긴다." 그 뒤로 오네긴은 쓴 대로 노래하고, 여전히 그녀를 '그대'라고 부를 거야. 이전처럼 가는 거지. 하지만 끝에 가서 타티아나의 가사를 바꾸었어. 그러니까 그녀는 더는 굴복하거나 결심을 바꾸려 하지 않아. 그 대신 의무에 충실할 거야. 오네긴은 그녀를 안으려 들지 않지만 그녀에게 간청하지. 그러면 "죽겠어요!" 대신에 타티아나가 말할 거야. "영원히 안녕!" 그러고 퇴장해. 그러면 그는 몇 분 동안 섰다가 마지막 말을 내뱉지. 장군은 들어오지 않을 거야.
>
> — 1880년 10월 17일, 차이콥스키가 아나톨리에게 보낸 편지 중

〈예브게니 오네긴〉에서 성악가는 어떻게 연기해야 할까? 아이돌과 할리우드가 지배하는 요즘 같은 시대에 오페라가 당면한 난제이

기도 하다. 차이콥스키의 시대처럼 20대 초반의 성악가에게 이 역할을 맡기기란 쉽지 않은 일이다. 메트로폴리탄오페라극장의 주역 르네 플레밍이 연기한 타티아나는 자신의 장기인 리하르트 슈트라우스의 〈장미의 기사〉 속 원수 부인처럼 원숙하다. 그러나 원래 이 배역도 많아야 30대를 염두에 둔 것이다. 그리고리안은 베를린 코미셰오퍼 무대에서 찬반을 무의미하게 하는 신들린 연기를 보여 주었다. 바르셀로나의 크리스티네 오폴라이스는 두 얼굴이라 혼란스럽다. 어머니 라리나 부인도 아닌 유모에 더 어울렸을 연배의 크라시미라 스토야노바는 발레리나와 더블 캐스팅인 덕분에 부담을 덜었다. 마린스키극장의 예카테리나 곤차로바는 젊음이 무기다. 가진 자의 여유인가? 메트로폴리탄오페라극장의 네트렙코가 애써 꾸미지 않고 가장 푸시킨에 가깝다.

러시아의 스타 연출가 드미트리 체르냐코프는 라린 가를 둘러싸고 벌어지는 전반부를 온전히 만찬석에서 그린다. 테라스와 타티아나의 방이 한곳이며, 심지어 타티아나의 명명축일 파티가 열린 실내에서 친구가 결투한다. 체르냐코프는 등장인물의 성격을 선명하게 그리기 위해 애썼다. 수줍어 만찬장에도 선뜻 들어오지 못하던 타티아나는 밤새 사랑의 격정에 휩싸인 나머지 전깃불을 나가게 하고 창문을 깨뜨리는 등 초자연적인 힘을 보여 준다. 프랑스인 트리케와 같은 부수적인 인물을 과감히 드러낸 것은 매우 파격이다. 그가 타티아나를 찬양하는 노래를 렌스키에게 대신 부르게 함으로써 그녀를 더욱 비참하게 만들 뿐만 아니라, 오네긴과의 대결 국면을 한층 흥미진진하게 만든다. 물론 푸시킨이나 차이콥스키가 그린 대로는 아니다. 체르냐코프가 베이지 톤으로 그린 중상류층 응접실은 여러모로 라르스 폰 트리어 감독의 문제작 〈멜랑콜리아〉를 떠오르게 한다. 오페라가 영화보다 앞서 제작되었다. 행복해야 할 장소가 아수라장이 되는 국면은 뒤에 올 대재앙의 예고에 불과하다. 체르냐코프는 혜성과 지구 충돌로 모든 것이 산산조각이 나는 영화의 마지막 장면을 〈호두까기 인형〉에서 보여 주었다. 이번에는 영화가 앞섰다. 이 공연을 지휘한 베테랑 알렉산드르 베데르니코프가 불과 쉰여섯 살의 나이에 코로나로 사망한 것이 못내 아쉽다.

시간이 흘러 2020년 1월, 모스크바에서 보내는 마지막 저녁, 나는 차이콥스키콘서트홀에서 〈예브게니 오네긴〉을 관람했다. 차이콥스키음악원 내의 대강당 이름과 같아 혼동하지만 차이콥스키콘서트홀은 가든링과 트베르스카야대로가 겹치는 곳에 자리한다. 바실리 시나이스키가 지휘하는 러시아국립교향악단의 배역은 내게는 생소했지만 누구 하나 부족함이 없었다. 푸시킨이 소설을 운문으로 썼듯이 차이콥스키의 오페라를 콘서트 형식으로 공연하는 배역들도 공간을 자신이 원하는 곳으로 만들었다.

이날 공연이 뜻깊었던 이유는 모스크바필하모닉협회가 내게 제공한 좌석 때문이었다. 무대 바로 옆 발코니석은 연주자 가족을 위한 유보석인 모양이다. 나와 같은 박스에 꽃다발을 든 일행이 들어와 내 앞 여유 공간에 꽃을 두어도 좋겠느냐고 물었다. 나는 은은한 백장미 향기 너머 무대 반대편 발코니에 폰 메크 부인이 앉아 있다고 생각했다. 실제로 차이콥스키와 폰 메크 부인은 그런 식으로 스치고는 했다.

잔 다르크와
마제파의 꿈

파리의 산책자

볼쇼이의 〈예브게니 오네긴〉이 공연되었던 파리에서 2018년 크리스마스에 나는 뜻깊은 순간을 만났다. 개선문과 클래식 공연장인 살플레옐에서 멀지 않은 곳에 알렉산드르넵스키정교회대성당이 있다. 이곳은 파리에 융성했던 러시아 공동체를 상징한다. 벨에 포크 시절 이곳에는 러시아 서점과 상점, 레스토랑, 카페, 보석상이 밀집했고, 오늘날에도 여러 가게가 영업 중이다. 1926년, 스트라빈스키가 처제를 추모하는 〈주기도문〉을 초연했던 이 성당에서 나는 뜻밖에 차이콥스키가 쓴 〈성 요하네스 크리소스토무스 전례〉 가운데 '주기도문'을 들었다. 파리에 거주하는 러시아인과 러시아정교를 믿는 슬라브인 들이 성가대와 부르는 소박한 합창이었지만 나로서는 처음 듣는 '실황' 공연이었다. 차이콥스키가 〈예브게니 오네긴〉과 나란히 작곡한 음악이다.

〈성 요하네스 크리소스토무스 전례〉와 〈철야기도〉는 차이콥스키의 전작 가운데 가장 덜 알려졌다. 그러나 라흐마니노프는 두 곡의 가치를 알아보고 자신도 똑같이 따라 했다. 세상은 라흐마니노프를 피아노 음악 작곡가로 생각하지만 그는 자신을 종교적인 음악가로 여겼다. 소중한 두 사람의 음악이 종교를 금기시한 소비에트 시절에는 잊혔음을 쉽게 짐작할 수 있다. 차이콥스키는 훗날 뉴욕 카네기홀 개관 무대에 초대받았을 때 '주기도문'을 〈피아노 협주곡 제1번〉과 함께 직접 지휘했다.

알렉산드르넵스키정교회대성당을 나와 베를리오즈와 클로드 모네가 사랑했던 몽소공원까지 걷는 동안에도 귓가에 무반주 합창이 떠나지 않았다. 차이콥스키도 친구들과 몽소공원을 즐겨 산책했을 것이다.

프랑스어에 능숙했던 러시아 귀족들에게 파리는 더없이 좋은 도시였다. 차이콥스키도 일생 스무 번 넘게 방문했다. 먼 길을 온 만큼 며칠 정도가 아니라 오랫동안 체류했다. 그러나 오늘날 그의 흔적을 찾을 수 있는 곳은 별로 없다. 그가 주로 묵던 올랑드호텔이나 뫼리스호텔은 남아 있지 않기 때문이다. 파리가 유독 차이콥스키를 기리는 데 무심한 것은 아니다. 언제나 국제적인 도시였던 파리는

파리에 있는 알렉산드르넵스키정교회대성당
파리 8구에 있는 알렉산드르넵스키정교회대성당은 프랑스 최초로 세워진 러시아 정교회 예배당으로, 19세기에 융성했던 러시아 공동체를 상징한다. 일생 스무 번 넘게 파리를 찾았던 차이콥스키도 이곳을 비롯하여 근처에 있는 몽소공원을 자주 찾았을 것이다.

모두가 동경하는 곳이었다. 유럽 전역이 무대이던 이탈리아 음악가도, 바그너나 자크 오펜바흐와 같은 독일 작곡가도 이곳에서 성공을 꿈꾸었다. 그러나 나는 파리의 중심에서 뜻밖에도 아주 중요한 그의 흔적을 발견했다.

리슐리외 추기경의 이름을 딴 거리에는 외규장각 도서를 소장했던 프랑스국립도서관이 자리한다. 리슐리외가와 몰리에르가와 만나는 곳에는 몰리에르분수가 있다. 리슐리외가 끝에는 몰리에르의 혼이 살아 숨 쉬는 코메디프랑세스극장이 오늘날도 프랑스 연극의 어제와 오늘을 조명한다. 차이콥스키는 1878년 올랑드호텔에 머물며 이 극장을 여러 차례 찾았다.

몰리에르가 쪽으로 해서 무소륵스키가 〈전람회의 그림〉에서 묘사한 튀일리 정원 쪽으로 꺾으면 황금빛 기마상이 나타난다. 바로 잔 다르크 상이다. 조각가 에마뉘엘 프레미에는 정부가 위촉한 잔 다르크 황금상을 1874년에 완성했다. 4년 전 프로이센·프랑스전쟁에서 패배하면서 상처 입은 국가의 자존심을 회복하려는 작품이었다. 이 무렵 파리를 수없이 드나들던 차이콥스키도 당연히 여러 차례 잔 다르크 황금상 앞을 오갔으리라. 그가 묵은 리볼리가의 뫼리스호텔 자리는 잔 다르크 상까지 3분 거리에 있다.

타티아나에서 잔 다르크로

〈예브게니 오네긴〉을 마무리한 차이콥스키는 1878년 4월에 새

오페라 작곡을 시작했다. 독일 극작가 프리드리히 실러의 『오를레앙의 처녀』가 밑그림이었다. 실러는 백년전쟁의 영웅 잔 다르크의 행적을 다룬 이 희곡을 죽기 4년 전에 완성했다. 그 뒤에 쓴 것은 『메시나의 신부』와 『빌헬름 텔』뿐이다. 그만큼 실러의 원숙기 작품이고, 독일어권에서 자주 상연된다. 잔 다르크의 이야기는 후대에 매우 다양하게 변주되었다. 로렌 지방 농부의 딸이던 잔이 의기소침한 프랑스 군대를 이끌고 영국에 맞서 싸우다 순교했다는 뼈대에 다양한 사료를 덧입힌 것이다.

셰익스피어는 『헨리 6세』에서 잔 다르크를 마녀로 그렸다. 적국 입장에서 그녀를 온당하게 평가해 줄 여지는 없었다. 같은 프랑스인이지만 계몽주의자 볼테르가 볼 때도 맹목적인 신앙을 따른 그녀는 자아를 찾지 못한 인물이며, 군중은 신비주의에서 벗어나지 못한 전근대적인 존재에 불과했다. 20세기 들어서도 잔 다르크를 향한 관심은 끊이지 않았다. 조지 버나드 쇼는 성직자를 거치지 않고 신과 직접 소통한 그녀를 프로테스탄트의 시초로 보았고, 성녀를 노조 지도자로 그린 베르톨트 브레히트의 시선도 지극히 그이답다. 모두 자기가 속한 세상에 전설의 인물을 투영한 결과다.

차이콥스키는 역시 실러의 『오를레앙의 처녀』를 토대로 〈조반나 다르코〉를 작곡한 주세페 베르디와 경쟁했다. 차이콥스키와 베르디 모두 원작의 복잡한 에피소드를 걷어 내고 이야기를 간추렸다. 그러나 테미스토클레 솔레라의 대본에 전적으로 의존한 베르디가 범작을 내는 데 그친 반면, 바실리 주콥스키의 번역을 토대로 직접 대본을 만든 차이콥스키는 실러의 핵심을 정확히 파악했다.

황금빛의 잔 다르크상

파리 몰리에르가 쪽으로 가다가 튀일리 정원 쪽으로 꺾으면 잔 다르크를 기념하는 황금빛 기마상이 나온다. 1874년에 완성한 이 조각상 앞을 차이콥스키도 당연히 오갔을 것이다. 차이콥스키는 〈예브게니 오네긴〉을 마무리한 뒤 백년전쟁의 영웅 잔 다르크의 이야기를 담은 실러의 『오를레앙의 처녀』를 바탕으로 동명의 오페라를 만들었다. 이 작품에서 차이콥스키는 잔 다르크를 〈예브게니 오네긴〉에 나오는 타티아나와 같은 천성을 지닌 인물로 그렸다. 〈예브게니 오네긴〉의 팬이라면 이 작품도 결코 빼놓을 수 없다.

실러가 만든 여러 가상 인물 가운데 가장 중요한 사람은 영국 기사 라이오넬이다. 잔 다르크는 라이오넬을 사랑하게 됨으로써 이성에 대한 사랑을 포기해야 한다는 성모의 계시를 어긴다. 실러를 통해 잔 다르크는 신의 뜻을 대리하는 꼭두각시가 아니라 신앙과 충돌하며 자신의 실존에 고민하는 평범한 인간이 된다.

베르디의 〈조반나 다르코〉에는 라이오넬이 등장하지 않는다. 여기에는 하늘의 뜻을 저버리고 마귀와 결탁한 딸을 원망하는 아비와, 나라를 일으킬 용기 없는 나약한 국왕, 그 사이에서 괴로워하다가 뜬금없이 전사하는 소녀가 있을 뿐이다. 잔 다르크가 전투 중이 아니라 모진 종교재판 끝에 화형당한 것은 다 아는 사실인데 말이다.

베르디보다 차이콥스키를 두둔하는 나를 두고 의아해하는 이도 있을 것이다. 오늘날 두 사람의 오페라 중 그나마 좀 더 구해 듣기 쉬운 쪽은 〈조반나 다르코〉이기 때문이다. 불세출의 스타 네트렙코가 라스칼라극장에서 부른 〈조반나 다르코〉는 이 작품을 간과하던 베르디 팬을 열광하게 했다. 반면 차이콥스키의 〈오를레앙의 처녀〉는 음반으로나 영상으로나 모두 구하기가 하늘의 별 따기다. 그러나 〈예브게니 오네긴〉의 팬이라면 볼쇼이의 1993년 공연을 꼭 찾아보기 바란다.

들판에서 "때가 왔다"라며 정든 고향 산천에 이별을 고하는 차이콥스키의 잔 다르크는 바로 직전 〈예브게니 오네긴〉에 나온 타티아나와 같은 천성을 가졌다. 그녀는 잔 다르크 이야기 가운데 가장 아름다운 에피소드를 통과한다. 바로 만조백관 사이에서 처음 보는

샤를 국왕을 알아맞히는 장면이다. 또 반신반의하는 국왕 앞에서
그가 간밤에 꾼 세 가지 꿈을 이야기한다. 이제 그녀를 믿지 않는 사
람은 없다. 로렌의 십자가를 앞세운 군중은 승리를 외친다. 무대 위
에서 굳이 전투를 그릴 필요도 없다. 잔 다르크가 화형대에서 최후
를 맞는 장면은 뭉클하다. 그녀는 하지 말아야 했던 사랑을 했으며,
남보다 너무 앞서 진격하다가 뒤를 돌아보니 아무도 없었다.

〈예브게니 오네긴〉이 차이콥스키 자신의 상황을 담았던 것처럼
〈오를레앙의 처녀〉도 그의 이야기였다. 1881년 2월 25일, 상트페
테르부르크에서 에두아르트 나프랍니크가 초연을 지휘했다. 다음
날 차이콥스키가 그에게 편지했다.

> 용서하게, 친구, 에두아르트 프란초비치. 나 오늘 떠나네! 밤새도
> 록 뒤척이다가 떠나기로 했네. 너무 지치고 피곤한 데다가 상트페
> 테르부르크에 더 머무를 수 없는 다른 이유도 있다네.
> 고맙네, 친구. 내 오페라에 애써 주어서. 그리고 늘 보여 준 우정도.
> 고맙게 생각하고 절대 잊지 않겠네!
> 모든 음악가들에게 고맙다고 전해 주게. 오페라를 성공시키려고
> 노력한 이들 모두. 특히 카멘스카야, 프랴니시니코프, 스트라빈스
> 키*에게.
> 겐나디 페트로비치에게도 편지를 남기겠네. 내가 받을 남은 돈은

---

* 각각 요안나, 라이오넬, 뒤부아를 맡은 성악가이며, 베이스 표도르 스트라빈스키는 1년 뒤
에 태어날 작곡가 이고르 스트라빈스키의 아버지다.

합창단에게 주라고 말일세.

안녕, 골룹치크, 무한히 열렬하게 감사하네, 모든 것에!

올가 에루아르도브나에게도 안부 전해 주게.

존경과 사랑과 감사를 담아.

P. 차이콥스키.

— 1881년 2월 26일, 차이콥스키가 에두아르트 나프랍니크에게 보낸 편지 중

차이콥스키는 다음 날 리투아니아 빌뉴스에서 폰 메크 부인에게 다음과 같이 전신을 보냈다.

제 오페라는 대성공을 거두었습니다. 스물네 번 불려 나갔죠. 카멘스카야가 탁월했고, 연출도 대체로 좋았습니다. 빈, 베네치아, 로마로 갑니다. 편지는 로마로 하세요. 행복하고 평안하시기를 바랍니다.

차이콥스키.

— 1881년 2월 27일, 차이콥스키가 폰 메크에게 보낸 편지 중

절친한 지휘자 나프랍니크에게도 미리 알리지 않았지만 모데스트나 폰 메크 부인은 차이콥스키가 초연만 치르고 여정에 오를 것을 알고 있었다. 그만큼 그는 방전된 상태였다. 그가 없더라도 오페라가 순항했을까? 객석의 호평과 달리 평단의 반응은 싸늘했다.

베수비오산에 올라

얼마 뒤인 1881년 3월 13일, 차르 알렉산드르 2세가 암살되었다. 그의 많은 치적 가운데 가장 중요한 것은 1861년에 단행한 농노해방이었다. 많은 농노들이 결국 소작농이 되어 경제적으로 큰 개혁을 이루지는 못했지만 적어도 귀족과 지주가 행사하던 사법권과 치안권을 국가가 가져와 계급의 차별을 없앤 것은 큰 성과였다. 그러나 안팎의 반발로 그는 여러 차례 암살 위기를 겪었다. 결국 무정부주의자의 폭탄으로 삶을 마감했다. 그가 숨진 자리에 '피의구세주성당'이 지어졌다. 모스크바의 붉은광장에 있는 성바실리대성당과 함께 가장 아름다운 교회 건축물로 꼽힌다. 오늘날에는 차르의 죽음이나 〈오를레앙의 처녀〉 따위에는 관심 없는 관광객들이 운하 위의 성당을 배경으로 사진 찍기에 바쁘다.

차르 암살은 이탈리아를 여행 중이던 차이콥스키에게도 충격을 안겨 주었다. 사고 이틀 뒤 그가 폰 메크 부인에게 보낸 편지를 보자.

소중한 친구! 어제 편지하려다 주저앉고 말았습니다. 친한 러시아 선원이 와서 차르의 비극적인 죽음을 알려 주었기 때문입니다. 너무 충격을 받아 앓아누울 뻔했습니다. 이런 끔찍한 국가적 재앙은 러시아로서 부끄러운 일이죠. 다른 나라라면 있을 수 없는 일일 테니. 러시아로 돌아가 진상을 알고 친구들과 함께 새 군주를 옹립하는 시위에도 참가하고 싶습니다. 복수를 위한 비명도 지르고요. 우

교향곡 〈만프레드〉 밑거름이 된 베수비오산

차이콥스키는 〈오를레앙의 처녀〉 초연을 마친 뒤 이탈리아를 여행했다. 이때 나폴리에 있는 베수비오산에도 올랐는데, 유황 냄새가 나는 분화구는 지옥처럼 웅장해서 나중에 교향곡 〈만프레드〉를 쓸 때 알프스 설산과 더불어 중요한 밑거름이 되었다.

리 정치의 역겨운 궤양이 이번에는 뿌리 뽑힐까요? 그러나 전체 비극의 에필로그가 아직 오지 않았다는 사실이 더 두렵습니다.

오늘은 나폴리에서 보내는 넷째 날입니다. 로마를 떠나서 다행입니다. 거기서는 변덕스러운 운명 탓에 여드레 동안이나 곤혹스러운 세속적인 역할을 해야 했으니까요. 여기서는 진짜 관광객으로 지내면서 우리 선원 두세 사람 말고는 아무도 없는 호텔에서 점심을 먹습니다.

어제는 베수비오산 꼭대기까지 갔습니다. 걸어서 천문대까지 가서 푸니쿨라를 타고 두 사람의 가이드와 분화구까지 갔습니다. 현재 베수비오산은 완전한 휴화산이 아니기에 유황 냄새에 숨 쉬기가 어렵습니다. 그러나 분화구 광경은 지옥처럼 웅장해서 보기를 잘했다고 생각합니다.

오늘은 소렌토로 갑니다. 걸을 시간이 없어 안되었지만 박물관에서 시간을 보내면 좋을 것 같습니다.

날씨는 특별히 좋지는 않네요. 바닷바람이 강하고 먼지도 있어요. 그래도 나폴리는 천국처럼 좋습니다. 여기 와서 다행입니다.

행운을, 친구여.

당신의 P. 차이콥스키.

— 1881년 3월 15일, 차이콥스키가 폰 메크에게 보낸 편지 중

차르의 죽음에 충격을 받았으면서도 복잡한 세상사에서 벗어난 천진난만함이 엿보인다. 그는 이탈리아에 온 지 한 달도 채 안 되어 완전히 원기를 회복했다.

나는 나폴리에서 베수비오산을 오를 생각은 하지 못했다. 그러나 차이콥스키가 본 유황 냄새 나는 분화구는 상트페테르부르크 러시아국립미술관에서 만날 수 있다. 바로 카를 브륄로프가 그린 〈폼페이 최후의 날〉이다. 브륄로프가 1830년대에 이탈리아에 머물면서 그린 이 대작은 이탈리아와 러시아의 융합이라는 면에서 글린카의 오페라와 나란히 놓을 만하다. 당대의 명사인 월터 스콧, 페르디낭 빅토르 외젠 들라크루아, 투르게네프, 푸시킨도 이 그림을 극찬했다. 차이콥스키 역시 이 그림을 모르지 않았으리라. 나는 그가 베수비오산에서 한 유사 지옥 체험이 스위스의 알프스 설산과 더불어 훗날 〈만프레드〉를 쓰는 데 중요한 밑거름이 되었으리라 직감했다.

나폴리에서 여드레를 보낸 차이콥스키는 남프랑스의 니스에 도착했다. 그는 이곳에서 자르의 암살보다 더 충격적인 소식을 접했다. 아나톨리에게 보낸 편지를 보자.

사랑하는 톨리야! 유르겐손에게 급보를 받았다. 니콜라이 그리고리예비치(루빈시테인)가 위독해서 빨리 와 주었으면 한다는구나. 그런데 직통 열차가 없다. 콘드라티예프는 내일 아침에 가자는구나. 그동안 그랑오텔에 전보를 쳤고, 트레티야코바가 답장했어. 그녀는 루빈시테인이 가망 없다고 한다. 말할 것도 없이 힘든 소식이다. 더 이야기하고 싶지도 않아. 난 아주 건강하지만 러시아로 어서 돌아가고 싶다. 뭐라 해도 파리에 오래 머물지는 않을 것이다. 파리에 가서 편지하마. 니콜라이 그리고리예비치가 살아날 것 같지 않지만 희망이 떠나지 않기를 바란다.

— 1881년 3월 23일, 차이콥스키가 아나톨리에게 보낸 편지 중

차이콥스키의 말대로 그가 파리에 도착했을 때 니콜라이 루빈시
테인은 이미 이 세상 사람이 아니었다. 스페인에서 달려온 형 안톤
도 동생의 임종을 지키지 못했다. 차이콥스키에게 루빈시테인 형제
는 가족이나 다름없었다.

영화 〈차이콥스키〉에는 루빈시테인이 죽은 뒤에 차이콥스키가
파리에서 활동하던 러시아 작가 투르게네프와 산책하는 장면이 나
온다. 두 사람은 센강 변과 몽마르트르 언덕을 거닌다. 가르니에오
페라극장 앞의 그랑오텔은 센강과 몽마르트르 언덕 사이에 있으니
그럴 법한 동선이다. 튈일리 정원 앞의 잔 다르크 황금상을 지나쳤
더라도 차이콥스키에게 그것이 보였을 리 없다.

차르 암살과 함께 〈오를레앙의 처녀〉는 완전히 잊혔다. 차이콥스
키의 아쉬움은 훗날 그가 극장장 이반 프세볼로시스키에게 보낸 편
지에 잘 드러난다.

이 오페라는 감독님 부임 전에 공연되었지만 망했습니다. 소프라
노가 없어 카멘스카야에게 주역을 맡겼고, 많은 부분을 자르고 옮
겨 모양이 바뀌었습니다. 카멘스카야는 맞지 않는 역에 목소리를
맞추려 애썼고, 오페라는 1년 동안 무대에서 내려졌습니다.* 감독
님이 부임하신 뒤로 오페라가 다시 올려졌고, 무대도 더 좋아졌습
니다. 계속해서 자르고 고친 결과 이제는 원래 의도한 형태로 상연

되지 않습니다. 그동안 〈오를레앙의 처녀〉를 보며 저는 성공의 필수 조건을 발견했습니다. 먼저 초판을 복원해 새롭고 훌륭한 무대로 연출하는 것이죠.

— 1887년 12월 6일, 차이콥스키가 이반 프세볼로시스키에게 보내 편지 중

차이콥스키의 바람대로 되지 못한 이유는 또 있다. 주제는 잔 다르크의 인간적 고뇌이지만, 애초부터 종교적 배경을 피해 갈 수 없었다. 소련 공산주의 시절 종교는 아편과 같은 것이었다. 〈오를레앙의 처녀〉가 불길을 뚫고 나올 길은 없었으리라.

내 두둔만으로 작품이 살아나기는 버겁겠지만 오페라 팬이라면 파바로티의 소꿉친구이자 불가리아 베이스 니콜라이 갸우로프의 아내였던 미렐라 프레니나, 헝가리 태생으로 디트리히 피셔 디스카우의 아내였던 율리아 바라디가 만년에 누구보다 차이콥스키에 열중했으며 〈예브게니 오네긴〉이나 〈스페이드의 여왕〉뿐만 아니라 〈오를레앙의 처녀〉에도 애정을 가졌음을 주목하기 바란다. 다행히 게르기예프는 코로나 확산 기간 중 객석을 비운 마린스키 갈라 콘서트에서 잔 다르크의 아리아인 '그래 시간이 왔다'를 예카테리나 세멘추크에게 부르게 했다. 마린스키극장의 전막 공연과 볼쇼이극장의 재공연이 경쟁하기를 고대한다.

〈오를레앙의 처녀〉가 정당한 대접을 받는 것과 별개로 차이콥

* 차이콥스키는 극장의 요구로 원래 소프라노 역이던 잔 다르크를 메조소프라노 역으로 수정했다.

스키의 경쟁작은 오래전에 나온 베르디의 〈조반나 다르코〉가 아니었다. 〈오를레앙의 처녀〉가 초연된 1881년에 오펜바흐는 〈호프만의 이야기〉를, 무소륵스키는 〈호반시치나〉를 미완성으로 남기고 세상을 떠났으며, 베르디는 〈동 카를로〉 개작과 〈시몬 보카네그라〉에, 바그너는 최후의 대작 〈파르지팔〉에 매진했다. 머지않아 선배 알렉산드르 보로딘이 〈이고르 공〉을, 후배 림스키코르사코프가 〈눈 아가씨〉를 내놓을 것이다. 마흔을 갓 넘긴 차이콥스키가 그런 경쟁작을 넘기 위해서는 〈오를레앙의 처녀〉 이상이 필요했다. 그는 다시 푸시킨으로 눈을 돌렸다.

니콜라이의 죽음에 부쳐

1881년 3월 25일, 차이콥스키는 파리에서 결핵으로 세상을 떠난 니콜라이 루빈시테인의 장례식을 마치고 러시아에 돌아왔다. 그는 〈피아노 협주곡 제2번〉을 완성해 친구가 초연해 주기를 기다리던 참이었지만 작품은 주인을 잃고 말았다. 많은 이들이 차이콥스키가 세 개의 피아노 협주곡을 썼다는 것을 알지 못한다. 대개는 〈피아노 협주곡 제1번〉만 알고 나머지는 잘 듣지 않는다. 마치 막스 브루흐가 쓴 세 개의 바이올린 협주곡 가운데 첫 번째 곡만 유명한 것처럼 말이다. 나는 차이콥스키가 쓴 세 개의 피아노 협주곡 가운데 제2번을 가장 좋아한다. 차이콥스키 역시 그때까지 이 곡을 최고로 여겼다.

내가 〈피아노 협주곡 제2번〉을 반기는 이유는 〈교향곡 제3번〉처럼 시작부터 무용곡임을 직감할 수 있기 때문이다. 폴로네즈는 무도회의 시작을 알린다. 발란신은 이 곡을 가지고 1941년에 〈발레 임페리얼〉을 안무했고, 1973년에 〈차이콥스키 피아노 협주곡 제2번〉으로 개작했다.

가장 놀라운 부분은 2악장이다. 바이올린과 첼로의 이중주가 피아노와 어우러져 삼중주처럼 들린다. 안무가라면 누구라도 이 악장에 이인무를 입히고 싶어 할 것이다. 상트페테르부르크에서 처음 만나 모스크바에 함께 건너와 동고동락했고, 〈피아노 협주곡 제1번〉은 내동댕이쳤지만 〈예브게니 오네긴〉의 초연을 지휘해 준 니콜라이를 회고하는 느낌이 든다.

3악장은 다시 마주르카풍 폴카로 눈부신 가장무도회를 펼친다. 루빈시테인을 골려 주려고 장난이라도 친 듯 악보를 보지 않아도 이 곡이 피아니스트에게 얼마나 어려울지는 가늠이 간다. 유튜브에서 보는 발란신의 무용이 너무 짧아 아쉬울 따름이다.

헌정받을 사람을 잃은 〈피아노 협주곡 제2번〉은 1881년 11월 12일 뉴욕에서 매들린 실러의 피아노 연주와 시어도어 토머스의 지휘로 초연되었다. 세르게이 타네예프가 피아노를 치고 안톤 루빈시테인이 지휘한 러시아 초연은 1882년 6월 2일 모스크바에서 열렸다.

차이콥스키가 친구의 때 이른 죽음을 얼마나 아쉬워했는지는 이 기간에 쓴 또 하나의 걸작이 말해 준다. 그는 1881년 겨울부터 1882년 봄까지 로마에서 〈피아노삼중주〉를 작곡했다. '어느 위대한 예술가를 추모하며'라는 부제에서 보듯 니콜라이를 위한 음악

추모비다.

보통과 달리 두 악장으로 구성된 〈피아노삼중주〉는 1악장 '비극적 소품', 2악장 '주제와 변주, 피날레 변주와 코다'로 장대하게 짜여 있다. 2악장 주제는 민요풍인데, 이는 사실 〈피아노 협주곡 제2번〉의 첫 도입과 매우 닮았다. 나는 이 폴로네즈풍 주제가 우크라이나 민요라고 생각한다.

〈피아노삼중주〉 초연에 앞서 차이콥스키는 그의 작품 가운데 대중적으로 많은 사랑을 받는 〈1812년 서곡〉을 작곡했다. 1812년, 나폴레옹은 러시아를 침공했다. 러시아의 힘겨운 승리로 끝난 이 전쟁은 톨스토이의 『전쟁과 평화』와 차이콥스키와 동갑내기 화가인 일라리온 프랴니시니코프가 그린 작품들의 배경이 되었다.

러시아 황실은 전승 70주년이 되는 1882년을 앞두고 모스크바 강 변에 구세주그리스도대성당을 지을 계획을 세웠다. 때맞추어 열릴 산업박람회를 위해 당국은 차이콥스키에게 축제 서곡을 위촉했다. 차이콥스키는 이런 식의 관제 동원이 내키지 않았지만 1880년 가을 6주 만에 곡을 마쳤다.

그러나 1881년에 차르 알렉산드르 2세가 암살되었고, 성당 건축도 잘 진척되지 않았다. 결국 산업박람회가 열린 1882년, 〈1812년 서곡〉은 공사 중인 성당 옆에 천막을 치고 연주되었다. 높이 100미터가 넘는 구세주그리스도대성당은 1883년에 완공되었다. 그러나 1930년대에 이오시프 비사리오노비치 스탈린은 이 자리에 마천루를 짓고자 성당을 파괴했다. 옛 모습의 성당이 다시 들어선 것은 지난 2000년의 일이다. 성당 앞에는 인도교가 놓여 있어 사진 찍기 좋은 장소로 각광을 받고 있다.

러시아와 프랑스의 군악과 국가를 주고받는 취주악은 애국심을 고취하는 민요 합창과 어우러져 청중에게 깊은 인상을 남긴다. 그러나 이 곡의 작곡과 초연 사이 차르 암살과 니콜라이의 죽음이 이어졌음을 상기하면 마지막에 축포가 울릴 때 어색해했을 차이콥스키의 모습이 겹쳐진다.

이 무렵 차이콥스키에게 좋은 일은 쌍둥이 동생 중 아나톨리가 프라스코브야 블라디미로바 콘시나와 결혼한 것이다. 프라스코브야의 외삼촌이 바로 트레티야코프미술관을 세운 파벨 트레티야코프다. 파벨의 딸 베라는 라흐마니노프의 사촌인 피아니스트 알렉산드르 실로티와 결혼했고, 차이콥스키는 훗날 젊은 실로티와 매우 가깝게 지냈다. 다정다감한 아주버니 차이콥스키는 프라스코브야 차이콥스카야에게 결혼 이듬해 〈모음곡 제2번〉을 작곡해 헌정했다.

우크라이나 독립의 꿈

차이콥스키는 〈오를레앙의 처녀〉의 실패와 니콜라이의 죽음이라는 상실을 딛고 〈마제파〉 작곡에 착수했다. 이야기는 〈예브게니 오네긴〉에 이어 다시 푸시킨의 서사시 『폴타바』에서 가져왔다. 폴타바는 우크라이나의 지명이다. 마제파는 이곳의 자포로제 카자크를 이끄는 게트만, 곧 우두머리였다. 푸시킨과 차이콥스키에 앞서 마제파에 관심을 가진 사람은 바이런과 리스트다. 리스트는 마제파의 젊은 시절 모험담을 시로 썼고, 그것을 토대로 먼저 〈초절기교 연습곡〉의 한 곡을 쓴 뒤에 다시 교향시로 확대했다. '바이런과 리스트', '푸시킨과 차이콥스키'는 마제파의 서로 다른 활동 시기에 주목했다.

마제파는 실제 인물로서, 러시아의 표트르대제(재위 1682~1725)와 스웨덴제국의 카를 12세(재위 1697~1718)와 동시대를 살았다. 러시아와 스웨덴 두 나라는 발트해를 사이에 두고 국운을 건 전쟁을 벌였다. 1700년부터 1721년까지 계속된 대북방 전쟁 가운데 최대 격전이 1709년 폴타바에서 벌어졌다. 이곳의 맹주 마제파는 러시아의 지배에서 벗어나고자 스웨덴 편을 들었다. 그러나 마제파와 카를 12세의 군대는 표트르대제가 이끄는 러시아군에 패했고, 결국 오스만제국으로 달아났다. 도피 중에 마제파가 카를 12세에게 들려주는 젊은 날의 이야기가 바이런과 리스트가 주목한 부분이다. 반면 푸시킨과 차이콥스키는 마제파가 표트르대제와 스웨덴 사이를 오가며 줄타기 외교를 벌이던 무렵을 택했다. 이야기는 카자크 총재판관인 바실리 코추베이 집에서 시작한다.

코추베이는 부족의 우두머리인 마제파와 막역한 사이다. 코추베이를 찾아온 마제파는 머뭇거리며 그의 딸 마리야를 사랑한다고 말한다. 눈에 넣어도 아프지 않을 막내딸을 자기 또래인 마제파가 달라고 하니 코추베이 부부는 펄쩍 뛰지 않을 수 없다. 더욱 놀라운 사실은 마리야도 몰래 마제파를 흠모하여 이미 마음을 맞춘 상태였다는 것이다. 배신감을 느낀 코추베이는 표트르대제에게 밀사를 보내

우크라이나의 전설적 영웅 마제파

오래전 마제파가 꿈꾸었던 우크라이나 독립의 꿈은 1991년에 이르러서야 비로소 이루어졌다. 오늘날 우크라이나의 화폐에는 마제파의 초상이 찍혀 있다. 마제파의 이야기는 차이콥스키의 오페라뿐만 아니라 리스트의 〈초절기교 연습곡 제4번〉, 바이런의 시 「마제파」 등 여러 예술 작품의 소재가 되었다.

마제파가 스웨덴과 내통한다고 고한다. 그러나 차르의 궁중에 잠복해 있던 마제파의 첩자가 먼저 손을 쓰는 바람에 코추베이는 도리어 무고죄로 잡힌다.

두 번째 장의 공간은 마제파의 방이다. 그는 우크라이나의 독립을 위해 표트르대제를 등지고 스웨덴과 내통했다. 이를 알아챘지만 도리어 무고죄로 갇힌 코추베이는 마제파에게 없어야 할 정적이 되었다. 마제파가 친구이자 이제는 장인이기도 한 코추베이를 죽였을 때 벌어질 일을 생각하고 괴로워할 때 아내 마리야가 방으로 들어온다. 그녀는 남편이 보위에 오를 것이라는 야망을 듣고 기뻐한다. 하지만 아버지와 남편 중 하나를 잃어야 한다면 어쩌겠느냐는 질문에 그럴 일은 없겠지만 만일 택하라면 남편 뜻을 따르겠다고 한다. 아무것도 모르는 마리야가 잠들었을 때, 그녀의 어머니가 숨어들어와서 아버지가 실제로 처형을 앞두고 있으니 어서 손을 써 보라 한다. 마제파가 친구를 보내고 돌아왔을 때 혼비백산한 마리야는 온데간데없다.

마지막 장의 무대는 전투가 쓸고 간 폴타바다. 마제파의 배신을 안 표트르대제는 코추베이의 유족을 위로하며 그들의 지위를 전보다 높여 준다. 우크라이나의 독립에 대한 마제파의 바람도 부질없이 스웨덴의 국운은 다했고, 시대가 원한 사람은 표트르대제였다. 패잔병 신세가 된 마제파가 폐허가 된 마을을 지날 때 실성한 마리야가 나타난다. 그녀는 마제파에게 부모가 잠들었으니 조용히 하라고 말한다. 조롱하듯 웃으며 어둠 속으로 사라지는 마리야를 보며 마제파는 누구도 겪지 못한 바닥없는 슬픔 속으로 떨어진다.

푸시킨의『폴타바』에서도 잠깐 스쳐 가는 데 불과했지만 차이콥스키의 〈마제파〉에서도 역사의 주역이라 할 수 있는 표트르대제와 카를 12세는 등장조차 하지 않는다. 차이콥스키는 마제파와 마리야, 코추베이를 통해 대북방 전쟁 동안 태풍의 눈이었던 폴타바 전투를 자신의 시대로 소환했다.

　차이콥스키가 〈마제파〉를 작곡하던 무렵은 우크라이나의 크림반도에서 벌어진 전쟁(1853~1856)으로 유럽 열강이 재편된 뒤였다. 마제파가 꿈꾼 우크라이나 독립은 1991년에 소비에트연방이 해체된 뒤에야 이루어졌다. 그러나 21세기 들어 친서방 정책을 편 우크라이나와 러시아가 사이좋은 이웃으로 지내기는 힘들었고, 2014년에 러시아는 우크라이나에서 독립한 크림공화국을 합병했다. 두 나라가 적성국이 된 탓에 폴타바, 키예프, 오데사와 같이 러시아 문화에서 중요한 위치를 차지하는 도시를 취재하려면 러시아가 아닌 인접한 다른 국가를 통해 가야 한다.

　푸시킨은 차르의 전제정치를 비판한 진보적 지식인이었던 탓에 유배까지 가야 했고, 그가 존경한 바이런은 그리스의 독립을 넘어 카자크와 인접한 아르메니아까지 오지랖을 넓혔다. 그는 아르메니아를 직접 방문하지는 않았지만 베네치아에 갔을 때 아르메니아 이주민 정착촌인 산라차로섬에서 이 지방의 역사와 문화를 처음 접하고 깊은 인상을 받았다. 차이콥스키 당대에 러시아 화단을 대표한 아르메니아 화가 아이바좁스키가 〈산라차로섬을 방문한 바이런〉을 그렸는데, 레핀의 〈술탄에게 답장하는 자포로제 카자크인들〉과 더불어 흑해와 카스피해를 끓어오르게 할 그림이었다.

이런 분위기에서 카자크의 영웅 마제파의 고뇌를 그린 차이콥스키의 오페라는 뜨거운 감자였다. 1막 코추베이의 정원에서 펼쳐지는 흥겨운 민속무용 호팍의 춤사위와 3막을 여는 폴타바 전투의 격렬한 교향악은 제삼자가 아닌 우크라이나인에게는 미묘한 감정을 불러올 것이다.

　그 밖에도 아버지를 거역하고 결혼하는 아름다운 신부는 베르디의 〈오텔로〉에 등장하는 데스데모나를 연상시킨다. 나이 차이가 나는 커플의 사랑과 결혼은 바그너의 〈트리스탄과 이졸데〉나 〈뉘른베르크의 마이스터징거〉 같은 선례가 있다. 코추베이 부부가 마제파에 분노하는 선창에 합창이 호응하는 1막 피날레는 베르디의 〈일 트로바토레〉와 경쟁한다. 옥중에 갇힌 코추베이의 분노와 친구를 칠 수밖에 없는 마제파의 번민은 〈돈 카를로〉의 주인공들에 상응한다. 아버지의 죽음이 자신의 사랑 때문이라고 생각하고 미쳐 버린 마리야는 여느 벨칸토 오페라의 '광란의 장면' 주인공 못지않다.

바그너의 영향 아래

　등장인물의 문학적인 성격과 달리 〈마제파〉 전반에 가장 영향을 미친 것은 바그너의 음악이다. 차이콥스키는 1875년 모스크바의 『러시아 기록부』에 기고한 칼럼에서 러시아의 오페라 풍토에 대해 지적했다. 그는 그즈음 〈일 트로바토레〉, 〈라 트라비아타〉, 〈에르나니〉와 같은 베르디의 작품을 상연하는 모스크바와, 〈차르에게 바친 목숨〉, 〈유디트〉, 〈로엔그린〉, 〈루슬란과 류드밀라〉, 〈탄호이저〉, 〈데몬〉 등 러시아나 바그너의 오페라를 올리던 상트페테르부르크를 비교하면서 귀족적이고 젠체하는 모스크바보다 자유롭고 음악에 목말라하는 상트페테르부르크를 더 좋아한다고 고백했다.

1876년, 바이로이트에서 〈니벨룽겐의 반지〉를 보고 온 뒤로 차이콥스키는 틈틈이 바그너를 연구했다. 그는 1879년 5월 15일부터 5월 25일까지 폰 메크 부인의 여름 별장이 있는 브라일로프에서 보내며 바그너의 〈로엔그린〉을 파고들었다. 그리고 1883년 5월, 파리에서 상트페테르부르크로 돌아오면서 들른 베를린에서 〈로엔그린〉을 관람했다. 그는 공연 전 폰 메크 부인에게 보낸 편지에 "바그너의 작품 중 최고라고 생각하는 것"이라고 썼다.

〈로엔그린〉의 주인공은 로엔그린이지만 아내 엘자의 비중도 그에 못지않다. 2막을 지배하는 배역은 악녀 오르트루트다. 엘자에게 남편의 비밀을 캐라고 충동질하는 오르트루트의 모습은 아버지를 구하기 위해 무엇이라도 해 보라고 딸을 다그치는 코추베이의 부인과 일맥상통한다. 그러고 보면 바그너의 〈탄호이저〉에서 엘리자베트와 베누스 여신이 상반된 세계를 대표하지만 일인이역으로 소화되는 것도 〈백조의 호수〉 속 오데트/오딜과 매한가지다.

나는 거꾸로의 일도 벌어졌어야 한다고 생각한다. 차이콥스키가 이탈리아와 독일과 프랑스의 오페라를 보고 배웠듯이 바그너나 오펜바흐가 〈예브게니 오네긴〉이나 〈체레비츠키〉를 보았다면 무엇이라고 했을지 궁금하다. 그런 일은 차이콥스키의 만년에야 일어났다. 함부르크의 젊은 지휘자 말러가 〈예브게니 오네긴〉과 〈스페이드의 여왕〉을 연주해 작곡가의 인정을 받았다. 러시아발레단이 차이콥스키의 마음속 도시 파리를 강타한 것은 20세기 초의 일이다.

차이콥스키는 〈마제파〉에서 푸시킨의 결말을 조금 손보았다. 마리야가 마제파를 두고 사라지는 대신 적에 쫓긴 마제파가 마리야를 두고 피신한다. 자신과 아버지 사이에 양자택일하도록 했던 가혹함이 부메랑이 되어 자신에게 되돌아온 것이다. 사랑하는 아내를 버리고 목숨을 부지해야 하는 신세는 영웅에게 감당하기 힘든 것이다. 홀로 남은 마리야는 자신을 부르는 목소리에 잠시 정신이 든다. 어린 시절부터 그녀를 사랑하던 안드레이가 죽어 가는 것을 본 그녀는 자장가를 불러 준다.

율리아 바라디부터 신예 소프라노 아이다 가리풀리나까지 많은 여성 성악가들이 이 노래를 불렀다. 그러나 가장 감동적인 연주는 성악가가 아니라 바이올리니스트에게서 나왔다. 1904년, 우크라이나의 관문 오데사에서 태어난 밀슈타인은 피아니스트 호로비츠와 함께 20세기를 빛낸 음악가였다. 그는 친구 호로비츠에게 받은 〈마제파〉의 악보를 보고 '자장가'를 바이올린용으로 편곡했다. 이것이야말로 우크라이나 바이올리니스트가 청중에게 들려주는 고향의 노래다. 마지막 무대가 되어 버린 1986년 스톡홀름 연주의 앨범에 수록된 것이 모두의 심금을 울린다. 마리야가 반복하는 "바유바유"는 우리말로 "자장자장"이다.

차이콥스키를 푸시킨의 『폴타바』로 끌어당긴 것은 어쩌면 그의 핏줄일지 모른다. 그의 증조부 표도르 차이카는 폴타바 전투에서 표트르대제 편에 섰던 카자크 기병이었다. 표도르의 둘째 아들 표트르는 성을 차이콥스키로 바꾸었다. 표트르 차이콥스키는 할아버지의 이름을 딴 것이다. 또 한 가지 흥미로운 인물은 바흐의 형 요한 야코프 바흐다. 그는 스웨덴 카를 12세의 궁정 음악가가 되기 위해 스톡홀름으로 갔고, 뒤에 폴타바 전선에서 오보에를 연주했다. 동생 바흐는 1704년 〈사랑하는 형을 떠나보내는 카프리치오〉를 썼다. 차이콥스키가 알았더라면 오페라 가운데 바흐의 선율이라도 인용했을까?

07

PYOTR ILYICH TCHAIKOVSKY

비제를 넘어

다보스의 토마스만길에서

1884년 2월 15일, 모스크바에서 〈마제파〉를 초연한 차이콥스키는 이번에도 사흘 뒤 파리로 떠났다. 그는 도중에 베를린에서 폰 메크 부인에게 편지했다.

〈마제파〉는 성공적이었습니다. 아티스트와 저 모두 큰 박수를 받았으니까요. 그날 경험을 다 적지는 못하겠어요. 단지 흥분과 두려움으로 미칠 지경이었다는 것밖에. 동생들은 제가 최악의 정신 상태인 것을 보고는 상트페테르부르크로 가지 말고 바로 외국으로 나가라고 하더군요. 그렇게 했고, 후회는 하지 않아요. 쉬지 않고 그런 일을 다시 겪을 수는 없었어요. 오늘 아침 모데스트에게 소식을 들었는데, 어제 상트페테르부르크의 〈마제파〉 초연도 성공했다네요. 차르께서 끝까지 계시고 완전히 좋아하셨답니다.

— 1884년 2월 19일, 차이콥스키가 폰 메크에게 보낸 편지 중

다보스의 산

1884년 11월, 차이콥스키는 스위스 다보스에서 폐결핵으로 요양 중인 코테크를 찾아갔다. 그가 다보스에서 받은 인상은 토마스 만이 『마의 산』에서 묘사한 것과 같았다. 공기는 깨끗하지만 건강한 사람이라면 살고 싶지 않은 분위기. 결국 그는 이레 만에 다보스를 떠나 파리로 갔다.

이후 한 달 만인 3월 19일, 차르 알렉산드르 3세가 차이콥스키에게 블라디미르 서훈을 내린다며 소환했다. 여름에는 내내 카미안카와 모스크바 인근에서 〈모음곡 제3번〉과 〈콘서트 판타지아〉를 작업했다. 10월에는 〈예브게니 오네긴〉이 상트페테르부르크에서도 처음 상연되었다. 11월 23일에는 스위스 다보스에서 폐결핵으로 요양 중인 코테크를 방문했다. 그때 받은 다보스의 인상은 썩 좋지 않았다. 차이콥스키는 사촌 누이 안나 메르클링에게 다음과 같이 편지했다.

> 전반적으로 다보스가 마음에 들지 않아요. 훌륭한 치료 환경은 높이 살 만해요. 그저 놀라울 따름이죠. 깨끗한 산 공기를 마시고 병든 폐를 고친 기적에 대해 들었어요. 고도가 아주 높아서 환자들이 쉽고 편하게 맑은 공기를 마실 수 있어요. 오늘은 된서리가 내렸어요. 그래도 많은 폐병 환자가 밖으로 나왔어요. 더 놀라운 것은 담요도 덮지 않고 몇몇은 코트도 벗은 채였어요. 건강한 사람은 여기 살고 싶지 않을 것입니다. 어쨌든 나는 두려움과 비밀스러운 걱정을 이길 수가 없네요.
> — 1884년 11월 24일, 차이콥스키가 안나 메르클링에게 보낸 편지 중

차이콥스키가 다보스에서 받은 인상은 토마스 만이 『마의 산』에서 묘사한 것과 똑같다. 환자들이 추운 날에도 밤이나 낮이나 누에고치처럼 담요로 몸을 돌돌 말고 테라스에 나와 찬 공기를 마시는 곳! 『마의 산』의 주인공 한스 카스토르프도 차이콥스키처럼 사촌의

병문안을 위해 이레 동안 머물기로 작정하고 이곳에 왔다. 멀쩡하던 그가 이 요양소에서 7년을 머물다가 제1차 세계대전에 징집되어 나가게 되는 이야기가 끝없이 깊은 사색으로 펼쳐진다. 그러나 차이콥스키는 카스토르프와 달리 정확히 이레 만인 11월 29일에 다보스를 떠나 취리히를 거쳐 파리로 갔다.

나는 앞서 언급한 바이올리니스트 코파친스카야가 쿠렌치스에게 보내는 편지를 보고 코테크가 다보스에서 죽은 것을 알았다. 차이콥스키가 다녀간 이듬해 봄이었다. 코파친스카야는 이렇게 적었다.

> 코테크 자신이 이 곡을 한 번밖에 연주하지 못했다니 안되었요. 아마 차이콥스키와의 관계가 어색했던 모양이에요. 코테크가 결핵으로 다보스에서 죽음을 맞게 되었을 때 차이콥스키에게 한 번만 찾아와 달라고 부탁했어요. 이 경험이 차이콥스키를 뒤흔들었어요. 그는 직후에 〈만프레드〉를 쓰기 시작했죠. 파멸과 죄책감과 죽음의 작품 말이에요.
>
> — 파트리치아 코파친스카야, 차이콥스키의 〈바이올린 협주곡〉 음반 해설 중

방랑하는 만프레드

차이콥스키의 번호 없는 교향곡 〈만프레드〉는 그가 아닌 러시아 5인조 중 한 사람이 썼을 법한 작품이다. 바이런의 극시 『맨프레드』를 음악으로 쓸 생각을 처음 한 사람은 스타소프였다. 그는 1867년

알프스를 헤매는 만프레드

1886년에 초연한 번호 없는 교향곡 〈만프레드〉는 〈교향곡 제4번〉과 〈교향곡 제5번〉 사이에 위치한다. 러시아 5인조의 리더인 발라키레프의 권유로 쓰게 된 이 작품은 영국 낭만주의 시인인 바이런의 극시 『맨프레드』에 기초한 것이다. 처음에는 작곡의 의지가 별로 없었지만 스위스를 여행하는 동안 바이런의 시를 다시 읽으면서 인생과 세상에 대한 회의에 빠져 알프스를 헤매는 주인공에 심취했다. 이 그림은 영국 화가 존 마틴이 1837년에 그린 〈융프라우의 맨프레드〉이다.

에 베를리오즈에게 제안했지만 인연이 닿지 않았다. 1830년, 〈환상 교향곡〉이라는 획기적인 음악을 낳았던 베를리오즈는 셰익스피어의 『헛소동』에 붙인 오페라 〈베아트리스와 베네딕트〉를 끝으로 1869년에 세상을 떠났다. 1882년, 러시아 5인조의 리더였던 발라키레프는 15년 묵은 스타소프의 생각을 차이콥스키에게 권했다. 스타소프의 생각을 바탕으로 발라키레프가 차이콥스키에게 보낸 작품의 얼개는 다음과 같다.

1악장. 프로그램을 정하기 전에 이야기할 것은 베를리오즈의 두 교향곡(〈환상 교향곡〉과 〈이탈리아의 헤럴드〉)처럼 자네가 쓸 곡도 '고정 악상'이 있어야 하네. 만프레드 자신을 드러내는 고정 악상이 매 악장에 스며야 하지. 다음이 첫 악장의 프로그램이네.

만프레드는 알프스산맥을 헤맨다. 그의 인생은 산산이 조각났지만 그는 풀리지 않는 삶에 대한 질문에 몰두한다. 그에게 남은 것은 기억뿐이다. 이상적인 아스타르테의 모습이 머릿속을 떠나지 않고 그는 헛되이 그녀를 부른다. 절벽의 메아리만 그 이름을 되뇐다. 추억과 생각이 그를 갉아먹는다. 그는 잊고 싶지만 누구도 그렇게 해 줄 수 없다(올림바단조: 2주제-라장조와 올림바장조).

2악장. 첫 악장과 다른 분위기. 프로그램: 알프스 사냥꾼의 생활, 단조로운 나날, 대자연, 한 원로. 목가적 아다지오(가장조). 만프레드는 이런 생활을 끝내고 전혀 다른 방향으로 자신을 몰아간다. 물론 처음에는 사냥의 선율이 나오지만 하찮은 곡조로 흘러서는 안 된다. 하느님께서 저속한 독일 팡파르나 사냥꾼의 노래로부터 구하시기를!

3악장. 환상적 스케르초(라장조). 알프스 요정이 무지개 물방울이 되어 나타난다.

4악장(피날레). 올림바단조, 거칠고 고삐 풀린 알레그로. 지옥에 있는 아리마네스의 지하 궁전. 만프레드가 도착해 아스타르테와 재회하기를 바란다. 아스타르테의 등장은 지옥의 난잡한 모습과는 반대다(여기서는 내림라장조, 첫 악장에서는 라장조). 악상이 기억처럼 흘러가는 즉시 만프레드는 고통에 사로잡힌다. 그러나 여기서는 똑같은 악상이 완전한 형태로 나타나야 한다. 음악은 빛나고 공기처럼 투명하고 이상적이고 순수하다. 마침내 복마전으로 돌아와 해가 지고, 만프레드도 죽는다.

— 1882년 10월 10일, 밀리 알렉세예비치 발레키레프가 차이콥스키에게 쓴 편지 중

처음 편지를 받았을 때 차이콥스키는 전혀 내키지 않아 고사했다. 흥미로운 것은 발라키레프의 프로그램이다. 그는 이토록 상세한 줄거리에 각 악장의 조성과 고정악상 사용까지 설명하면서 왜 직접 작곡하지 않았을까? 그는 마치 『마의 산』에 등장하는 카스토르프의 멘토이자 친구 세템브리니처럼 자기 생각을 후배에게 강요한다. 사실 발라키레프는 이 시기에 정신 질환을 앓았다. 그는 모든 일을 내려놓고 칩거했다. 사람들은 그가 만년의 고골처럼 악보를 전부 태워 버리지 않을까 걱정했지만, 다행히 그는 집 안에 악보를 차곡차곡 쌓아 두었다. 차이콥스키에게 재차 작곡을 권할 때는 치유된 상태였지만 이때도 발라키레프는 직접 쓰지 않고 자신은 오페

라 〈타마라〉에 몰두했다. 만프레드라는 방랑의 인물을 〈예브게니 오네긴〉의 작곡가에게 끝내 양보한 것인가? 차이콥스키는 〈만프레드〉를 작곡할 운명이었나?

차이콥스키가 완성한 〈만프레드〉의 프로그램과 조성은 발라키레프가 말한 것과는 조금 다르다. 2악장과 3악장의 순서를 바꾸었고, 조성도 더 통일성을 주었다. 차이콥스키는 1885년 5월부터 9월까지 모스크바와 가까운 마이다노보에서 이 곡을 작업하며 온 힘을 기울였다. 주위 사람들에게 이보다 더한 강도로 일해 본 적이 없다고 거듭 말했다.

완성한 뒤 초연까지 이 곡에 대한 차이콥스키의 심경은 복잡했다. 지인에게 보낸 편지에서는 자신감을 피력했다가도 일기에서는 혐오스럽다고까지 자학했다. 1886년 3월 25일, 초연 직후 폰 메크 부인에게 다음과 같이 편지했다.

> 스스로 매우 뿌듯합니다. 이 곡이 제가 쓴 최고의 교향악이라고 생각합니다. 훌륭한 연주였지만 제 생각에 청중은 잘 이해하지 못하는 듯했고, 다소 냉정했습니다. 그래도 한 차례 기립 박수를 받았습니다.
> — 1886년 3월 25일, 차이콥스키가 폰 메크에게 보낸 편지 중

1888년 10월 3일, 콘스탄틴 콘스탄티노비치 대공에게 보낸 편지에서는 자기비판을 종합했다. 요약하면 1악장을 제외한 나머지는 버려야 마땅하다는 것이었다. 특히 4악장을 부끄러워했다. 1악

장은 만족스러우며, 그것 하나로 교향시의 가치가 충분하다고 말했다. 이 무슨 변덕인가.

확실히 파우스트이자 탄호이저이며 햄릿이기도 한 시대의 우울한 자화상을 다룬 1악장이 다른 악장을 압도하기는 한다. 그렇다고 3악장의 눈부신 무지개 선율을 포기할 수 있을까? 나는 다보스의 토마스만길에서 바위와 얼음을 뚫고 눈 사이로 쏟아지던 폭포를 떠올렸다. 작지만 우렁찬 기세에 뿜어 나온 물방울이 무지개를 이룬다. 계곡 아래로 흘러 어디쯤에서 라인강의 젖줄과 만날지 모른다. 바이런과 차이콥스키가 보았던 알프스 요정이 깃들었을 그런 폭포다. 다보스의 빙산이 베수비오 화산과 엎치락뒤치락하는 듯한 1악장과 4악장은 차이콥스키의 자화상이며, 그와는 다른 평범한 모습이 2악장에 투영되어 있다.

어쩌면 〈만프레드〉는 극음악이 되어야 했을지도 모른다. 차이콥스키를 계속 소진하게 했던 문제다. 교향곡은 낡은 형식이다. 러시아에서 오페라는 성공적인 사업 모델이 아니었다. 다른 나라에서 인정받고 연주될 가능성이 매우 낮았고, 러시아에서도 모스크바와 상트페테르부르크 양쪽에서 성공하기는 버거웠다. 늘 초연이 성공하면 그만이었다. 폰 메크 부인의 안정적인 지원이 없었더라면 차이콥스키가 지속하기 어려웠을 것이다. 마흔 살이 넘은 차이콥스키는 계속 쳇바퀴를 돌렸다. 두 개의 교향곡을 수정하고 〈대장장이 바쿨라〉를 〈체레비츠키〉로 바꾸었다. 교향곡과 오페라라는 두 마리 토끼를 잡기 위해 안간힘을 다한 결과가 〈만프레드〉였다.

니즈니노브고로드의 착한 카르멘

〈만프레드〉를 완성한 날 차이콥스키는 〈예브게니 오네긴〉의 타티아나와 〈마제파〉의 마리야를 불렀던 소프라노 에밀리야 파블롭스카야에게 이렇게 썼다. "막 교향곡을 끝냈다오. 오페라를 쓰기까지 한 시간도 쉴 수 없소."

그녀를 위한 오페라 〈차로데이카〉를 말한 것이다. 차이콥스키는 연극 원작자 이폴리트 슈파진스키로부터 〈차로데이카〉의 대본을 받아 들었다. 미모로 남자를 홀리는 요녀를 뜻하는 '차로데이카'는 영어로는 'enchantress' 또는 'sorceress'으로 옮길 수 있는데, 이를 '여자 마법사'나 '마녀'라고 하면 엉뚱한 이미지가 그려진다. 극 중 술집 주인 나스타샤를 가리킨다. 매혹적인 여자, 마녀, 여자 마법사 등 다양한 이미지의 제목이 섞인 탓에 가뜩이나 알려지지 않은 걸작이 더욱 표류한다. 난 원어를 쓸 것이다.

차이콥스키는 그의 아홉 번째 오페라인 〈차로데이카〉 1막을 카미안카에 있는 여동생 집에서, 나머지는 마이다노보에서 썼다. 그에게 〈만프레드〉 작곡을 권한 발라키레프의 고향이기도 한 오카강변 니즈니노브고로드에 있는 나스타샤의 술집으로 가 보자. 때는 15세기.

1막. 젊은 과부 나스타샤는 여인숙 주인이다. 그녀의 숙부 포카와 떠돌이 수도승 파이시, 나스타샤의 친구인 폴랴가 술집에서 어울린다. 그들은 나스타샤를 쿠마(대모)라는 애칭으로 부른다. 유리

〈차로데이카〉의 무대인 니즈니노브고로드

차이콥스키의 아홉 번째 오페라인 〈차로데이카〉는 오카강이 가로지르는 니즈니노브고로드의 한 술집을 배경으로 한 여자를 두고 부자가 질투하는 비극적 운명을 그린 작품이다. 니즈니노브고로드는 작가 막심 고리키의 고향으로도 유명하다.

와 사냥꾼 주란이 곰 사냥에서 돌아온다. 쿠마는 남몰래 흠모하는 유리를 반긴다. 주정꾼 루카시가 유리의 아버지 니키타 쿠를랴티예프 대공이 여인숙의 불온한 소식을 조사하러 수하 마미로프와 오는 중이라고 알린다. 쿠를랴티예프 대공은 침착하고 친절하게 맞이하는 미모의 안주인에게 한눈에 반한다. 그녀는 대공에게 술과 춤을 권해서 마미로프의 화를 돋운다.

2막. 쿠를랴티예프 대공의 저택 정원. 대공비 예프락시아가 마미로프의 동생인 네닐라로부터 남편이 매일 쿠마를 만나러 간다는 이야기를 듣는다. 아들 유리는 문제의 원인을 밝히려고 파이시에게 쿠마를 감시하라고 명한다. 이어 대공과 대공비가 불같이 싸운다. 유리는 대공의 첩자를 쫓아 정원으로 몰려온 화난 군중을 진정시킨다. 군중은 그를 벌하라고 요구한다. 파이시가 돌아와 대공이 쿠마에게 갔다고 전하자 유리는 어머니가 슬피한 이유를 알아챈다. 그는 아버지를 홀린 요녀를 죽이겠다고 맹세한다.

3막. 쿠를랴티예프 대공이 쿠마의 오두막에서 그녀에게 구애한다. 그러나 쿠마는 그에게 굴복하느니 죽겠다고 선언한다. 그가 가자 폴랴와 포카가 그녀에게 유리의 위협을 경고한다. 그러나 쿠마는 유리를 두려워하지 않는다. 주란과 도착한 유리는 잠든 그녀를 향해 칼을 빼 들지만 칠 수 없다. 그는 쿠마의 결백을 알고 서로 끌어안는다.

4막. 강변 숲속에서 사냥 나팔 소리가 울린다. 사악한 마법사 쿠드마가 사냥꾼을 피해 동굴로 들어간다. 주란은 유리를 만나 그가 여기서 쿠마와 함께 도망갈 것이라는 사실을 알게 된다. 그들이 다시 사냥터로 간 뒤 파이시와 대공비가 도착해 쿠드마에게 쿠마를 죽일 독약을 얻는다. 소지품을 가지고 강가에 도착한 쿠마는 대공비를 몰라보고 그녀가 건넨 독약을 받는다. 쿠마는 때마침 도착한 유리의 품에서 죽는다. 유리는 기뻐하는 어머니를 저주한다. 대공이 쿠마와 유리를 쫓아 등장한다. 그는 아들이 쿠마를 숨겼다고 생각하고 질투심에 유리를 죽인다. 유리의 시신이 떠내려간다. 천둥 번개 치는 숲속에 마법사의 웃음소리가 울리는 가운데 대공은 미쳐 간다.

대공의 아들과 그를 사랑하는 여인의 엇갈린 운명이 아당의 발레 〈지젤〉을 연상시킨다. 한 여자를 두고 부자가 벌인 질투의 비극은 베르디의 〈동 카를로〉에도 나온다. 전체적인 음울한 분위기와 격정은 분명 〈일 트로바토레〉와 닿아 있다. 연적을 독약으로 죽게 하는 대공비는 백설공주의 계모와 경쟁해야 한다. 밀고자 탓에 파국을 맞는 뼈대는 〈오텔로〉가 아닌가. 그러나 서곡이 시작되자마자 잔혹 동화나 베르디는 잊힌다.

〈차로데이카〉는 차이콥스키가 오랫동안 동경한 작품을 향한 도전이다. 그렇다, 그것은 바로 비제의 〈카르멘〉이다. 클라리넷과 바순이 굽이굽이 엮어 가는 오카강의 물줄기는 니즈니노브고로드의 전설을 다룬 어떤 이야기 못지않게 감동적으로 만든다. 이는 바로 1막에서 나스타샤가 부르는 아리오소 선율과 같다.

니즈니에서 굽어보니 깊은 산속에서 우리 젖줄 어머니 볼가로 흘러오네.

금빛 모래사장과 푸른 풀밭에서 볼가는 누이 오카를 끌어안네.

슬픔과 고통은 잊힙니다!

사방이 얼마나 넓은지! 끝이 없습니다!

보시면 감탄하실 것입니다.

마음이 창공을 향해 열리는 느낌이지요.

자유롭고 행복한 새처럼 여러분 영혼이 그곳으로 날아가고 싶을 것입니다.

〈예브게니 오네긴〉, 〈오를레앙의 처녀〉, 〈마제파〉의 여주인공들이 그랬듯이 나스타샤도 고향 산천을 사랑하는 고운 마음씨를 지녔다. 차이콥스키의 천성이기도 하다.

1887년 1월 31일, 차이콥스키는 〈대장장이 바쿨라〉를 〈체레비츠키〉라는 제목으로 재공연했다. 지휘자 이력의 시작이기도 한 무대는 성공적이었지만 2월에 한 두 차례 추가 공연으로 만족해야 했다. 〈체레비츠키〉가 망각의 늪으로 빠져든 1887년 11월 1일에는 새 오페라 〈차로데이카〉를 마린스키극장 무대에 올렸다. 결과는 최악이었다. 공연 한 달 뒤 그는 작곡가 미하일 이폴리토프 이바노프에게 이렇게 편지했다.

〈차로데이카〉를 무대에 올리느라 진이 빠졌지만 어떤 기쁨도 없었네. 청중과 전혀 맞지 않았거든.

― 1887년 12월 1일, 차이콥스키가 이폴리토프 이바노프에게 보낸 편지 중

그러나 차이콥스키는 함께 작업했던 대본 작가 슈파진스키의 아내 율리야에게 〈차로데이카〉 공연 직후 보낸 편지에서는 성공을 확신했다.

> 두렵지 않습니다. 사람들도 익숙해질 것입니다. 언젠가 레퍼토리에 확고한 발판을 얻을 것입니다. 일단 청중의 귀에 익숙해지면요.
> — 1887년 11월 9일, 차이콥스키가 율리야 슈파진스카야에게 보낸 편지 중

마린스키극장에서 실패를 맛본 〈차로데이카〉는 3년 뒤인 1890년 볼쇼이극장에서 다시 공연되었다. 여기서도 단 1회 공연으로 끝났다. 차이콥스키 사후 1916년에 올린 두 번째 공연은 대성공을 거두었지만 역시 레퍼토리로 남지는 못했다.

〈차로데이카〉를 들을 방법은 1954년의 볼쇼이극장 녹음과 1978년의 멜로디야 녹음 두 가지뿐이다. 새 음반이 간절하다. 영상은 니즈니노브고로드오페라단의 모스크바 공연이 유일하다. 좋은 무대이기는 하지만 나이 든 배역은 몰입감을 떨어트리고, 오늘날의 감상자가 원하는 수준의 화질과 음질과도 거리가 아주 멀다.

알렉산드르 라자레프가 지휘하고 알렉산드르 티텔이 연출한 2012년 볼쇼이 홍보 영상은 제작 과정과 주역 인터뷰를 곁들였다. 마미로프 역의 블라디미르 마토린이 말한다. 〈체레비츠키〉의 런던 무대에서 추브 역을 맡았던 그 유쾌한 바리톤이 이번에는 이야고 같은 괴물이 되었다.

주역은 아니고 조역입니다. 그러나 어릴 때부터 작은 역할은 없다고 배웠습니다. 줄곧 그렇게 생각해 왔습니다. 모든 사건은 대공비가 알기 싫어하는 것을 마미로프가 이야기했기 때문에 일어납니다. 말 그대로 싹 쓸어 버리죠. 배우로서 많은 것이 요구됩니다. 마미로프가 그저 악한이고 간신인가, 아니면 자기 일을 확신하는 도덕적인 사람인가?

— 블라디미르 마토린의 인터뷰 중

바그너의 〈발퀴레〉를 보는 듯이 숨 막히는 드라마다. 2014년 오스트리아의 빈강변극장은 아스미크 그리고리안을 타이틀롤로 기용한 빼어난 무대를 보여 주었다. 절제된 의상과 세련된 무대 배경의 전막을 간추린 유튜브 홍보 영상은 첫 군중 장면 음악을 사용했다. 떠들썩하고 순박한 시골의 유쾌한 술자리다. 프랑스어로 대화하는 상트페테르부르크의 황실 무도회와는 다른 세상이다. 나스타샤와 유리의 이중창을 그린 3막의 피날레와, 질투심 탓에 아들을 죽이고 미쳐 버린 대공을 보여 주는 4막의 피날레 또한 차이콥스키의 최고 장면이다. 나는 볼쇼이이든 빈이든 적어도 하나는 꼭 다시 보아야겠다!

교향곡과 극음악의
연금술

〈고향곡 제5번〉의 왈츠를 들으며

지휘자로 처음 유럽 순회 연주길에 오른 1888년은 차이콥스키에게 특별한 해였다. 1월 5일, 그는 라이프치히 게반트하우스 무대에 섰고, 여기서 브람스와 에드바르 그리그와 인사했다. 그는 브람스를 "인자한 수염을 기른 러시아 사제" 같았으며 고매한 인품이었다고 기억했다. 그리그는 그보다 훨씬 친밀했고, 둘은 "정신적인 우정"을 나누었다. 젊은 말러도 라이프치히에 있었다. 그는 이해에 첫 교향곡을 발표할 것이다. 1월 28일, 함부르크에서는 뷜로의 연주도 들었다. 2월 4일에는 베를린에서 약혼녀였던 아르토와 재회했다. 차이콥스키는 〈여섯 개의 프랑스 노래〉를 그녀에게 헌정했다. 2월 8일에는 베를린필하모닉협회에서 지휘했다. 2월 19일부터 21일까지 프라하에서 지휘하며 안토닌 드보르자크를 만났다. 3월에는 파리에서 세 차례 연주하며 샤를 구노, 들리브, 폴린 비아르도 가르시아와 교우했다. 3월 20일, 런던 연주를 끝으로 흑해 연안으로 돌아갔다.

모차르트의 그랜드 투어를 연상시키는 이 연주 여행에서 차이콥스키가 지휘한 곡은 다음과 같다. 〈모음곡 제1번〉과 〈모음곡 제3번〉, 〈현을 위한 세레나데〉, 〈피아노 협주곡 제1번〉, 환상 서곡 〈로미오와 줄리엣〉, 〈안단테 칸타빌레〉, 〈1812년 서곡〉, 〈바이올린 협주곡〉, 〈백조의 호수〉 2막, 〈교향곡 제4번〉, 〈여섯 개의 로망스〉. 그리고 브람스의 〈이중 협주곡〉과 바그너의 〈뉘른베르크의 마이스터징거〉를 들었다. 선배들과 겨루려면 아직 더 나아가야 했다.

이해 여름 차이콥스키는 〈교향곡 제5번〉을 썼다. 이 곡은 내가 라디오 진행을 할 때 베토벤의 〈교향곡 제3번 '영웅'〉, 브람스의 〈교향곡 제1번〉과 함께 가장 많이 방송한 교향악이다. 두 편의 영화가 〈교향곡 제5번〉 2악장의 향수와 그리움을 값지게 표현했다. 그리어 가슨과 로널드 콜먼이 주연한 고전 〈마음의 행로〉와 알레한드로 곤잘레스 이냐리투 감독의 〈버드맨〉이 그것이다. 모두 기억을 저편에 두고 실존을 미래로 옮기는 데 이 음악을 사용했다. 〈교향곡 제5번〉의 가장 값진 성과는 3악장 왈츠다. 어떤 독일 작곡가도 교향곡에 왈츠를 넣을 생각을 하지 못했다. 차이콥스키 뒤에 말러가 '렌틀러'라는 춤곡을 넣었다.

수많은 연주 가운데 예브게니 스베틀라노프가 지휘하는 러시아 국립교향악단이 1985년에 차이콥스키음악원 대강당에서 한 공연이 각별하다. 피날레에서 스베틀라노프는 마치 국민의례를 하듯 부동자세로 섰다. 그야말로 차이콥스키를 향한 마땅한 예우다. 잔재주가 아니라 교향악의 우람한 실존을 보여 주는 진정한 마에스

티플리스에서 지낼 때의 차이콥스키

1888년, 차이콥스키는 지휘자로서 러시아를 벗어나 유럽 순회 연주길에 올랐다. 라이프치히,
함부르크, 베를린, 프라하, 파리, 런던을 돌며 〈모음곡 제1번〉, 〈피아노 협주곡 제1번〉, 〈교향곡
제4번〉, 〈백조의 호수〉 2막 등을 연주했다. 이때 브람스를 비롯하여 그리그, 말러, 드보르자크,
구노 등을 만나 교유하기도 했다. 연주 여행을 마친 다음에는 러시아가 아닌 동생이 있던 흑
해 연안의 티플리스로 돌아갔다. 티플리스는 카미안카 못지않게 차이콥스키에게 좋은 휴식
처가 되어 주었다.

트로다.

다니엘 바렌보임이 아랍과 이스라엘 젊은이의 연합 앙상블 이스트웨스턴디반오케스트라를 스위스 제네바의 빅토리아홀로 데려와 이 곡을 연주한 적이 있다. 차이콥스키가 자주 왔던 곳이고, 국제 외교의 중심지라는 점에서 제네바의 의미는 작지 않다. 정치가 할 수 없는 일을 자신의 음악으로 보여 준 무대를 '세계인' 차이콥스키가 보았다면 흐뭇했으리라!

지휘자 아르맹 조르당의 아들 필리프 조르당은 새로 지은 파리필하모니에서 차이콥스키 교향곡 전곡을 지휘했다. 오래전 글라인드본에서 투우사 흉내를 내며 〈카르멘〉을 지휘한 젊은 지휘자가 이제는 정상의 무대에서 아버지보다 더 멀리 가려 한다. 비제도 그를 힘껏 응원하리라.

공주가 잠든 숲에서

차이콥스키의 작업 속도는 만년으로 갈수록 빨랐다. 〈교향곡 제5번〉에 착수하기 직전인 1888년 5월 25일에 그는 마린스키극장 감독인 이반 프세볼로시스키로부터 〈잠자는 숲속의 미녀〉를 발레로 만들어 달라는 제안을 받았다. 대본은 7월 15일에 받았다.

1888년 11월과 12월, 차이콥스키는 〈교향곡 제5번〉을 초연하는 동안 발레를 계속 작곡했다. 이어 1889년 1월부터 3월까지 두 번째 유럽 연주 여행을 떠났다. 이번에는 〈교향곡 제5번〉을 프로그램에 더해 독일, 스위스, 프랑스, 영국에서 호평을 들었다. 특히 함부르크에서 브람스와 재회했다. 브람스는 연습 때 들은 〈교향곡 제5번〉이 매우 좋았다고 칭찬하면서도 4악장에 대한 평가는 유보했다. 그 영향이었을까? 차이콥스키는 함부르크 초연 뒤에 4악장을 축소했다. 그로서는 선배에게 한 수 배운 것이지만 브람스도 자신이 네 개밖에 쓰지 못한 교향곡을 러시아의 후배가 다섯 개나 쓴 것이며(〈만프레드〉까지 포함하면 여섯 개), 자신은 하나도 쓰지 못한 오페라에서 후배가 거둔 성과에 적잖이 놀랐을 것이다.

전해와 마찬가지로 이번에도 연주 여행을 마친 차이콥스키는 상트페테르부르크나 모스크바가 아닌 흑해 연안 티플리스로 돌아갔다. 티플리스는 현재 조지아의 트빌리시다. 아나톨리는 아버지의 뜻에 따라 공무원이 되었고, 티플리스에 부임한 뒤 빠르게 승진하여 부지사 자리에까지 올랐다. 차이콥스키는 동생이 오기 전부터 티플리스를 매우 좋아했다. 유럽과 아시아가 만나는 이곳은 그에게 짜릿한 즐거움을 주었다. 그런 곳에 동생이 고위직으로 왔으니 차이콥스키로서는 여동생이 있는 카미안카 못지않은 휴양지를 얻은 셈이었다. 차이콥스키로부터 〈모음곡 제2번〉을 헌정받았던 프라스코브야도 아주버니를 반겼음은 말할 것도 없다. 아나톨리 부부의 다섯 살 난 외동딸 타티야나도 삼촌을 좋아했다.

아나톨리뿐만 아니라 차이콥스키의 또 다른 동생인 이폴리트도 흑해 안쪽 아조프해 연안에 살았다. 트빌리시에서 모스크바로 가는 길에 타간로크에 있는 이폴리트의 집을 지나게 되었다. 푸른 바다가 보이는 해안에 자리한 이폴리트의 붉은 벽돌집도 현재 차이콥스키박물관으로 쓰이고 있다. 차이콥스키는 따뜻한 남국에서 〈잠자는 숲속의 미녀〉를 계속 작곡했다.

1889년 9월 1일, 차이콥스키는 〈잠자는 숲속의 미녀〉 전막을 완성했다. 원작자인 샤를 페로는 『잠자는 숲속의 미녀』 외에도 『신데렐라』, 『장화 신은 고양이』 등의 동화로 유명한 17세기 작가다. 월트 디즈니의 원조인 셈이다. 발레 〈잠자는 숲속의 미녀〉의 줄거리는 어린이들이 아는 것과 크게 다르지 않다.

오로라 공주의 생일날, 잔치에 초대받지 못한 악한 마녀 카라보스가 저주를 한다. 공주가 자라 물레 바늘에 손가락이 찔려 영원한 잠에 빠질 것이라고. 라일락 요정은 다른 요정의 저주를 바꿀 수는 없지만 대신 공주가 100년 뒤 젊은 왕자의 입맞춤으로 깨어날 것이라며 저주를 누그러뜨린다.

카라보스의 저주 탓에 왕국에서는 물레 바늘을 모두 없앴다. 그래도 정해진 운명을 피할 수는 없는 법. 오로라 공주의 스무 번째 생일날 노파로 변장한 카라보스가 공주에게 물레 바늘을 건넨다. 좋다고 놀다가 손가락이 찔린 철부지 공주. 라일락 요정이 잠에 빠진 그녀를 안으로 옮기게 한다. 안개가 일고 나무와 덤불이 성을 완전히 가린다. 궁전의 모든 사람들이 100년 동안 잠에 빠진다.

100년 뒤, 젊은 왕자 데지레가 사냥을 나왔다. 라일락 요정은 그에게 잠자는 숲속의 미녀 이야기를 해 주고 마법으로 그녀의 환영을 불러낸다. 라일락 요정은 오로라 공주에게 반한 왕자를 배에 태우고 마법의 숲을 지나 침묵의 성으로 들어간다. 왕자가 잠자는 숲속의 미녀에게 입을 맞추자 저주가 깨지고 모두가 깨어난다.

　이 작품은 아마도 차이콥스키의 극음악 가운데 가장 갈등 요소가 적지 않나 싶다. 사냥 나온 왕자는 멧돼지 한 마리 잡지 않고 입맞춤 하는 수고만으로 잠든 숲에서 가장 아름다운 ‘새벽Aurora’ 공주를 얻으니 말이다.

　그러나 발레의 막이 오르는 순간 모두가 마법에 사로잡힌다. 1983년 영화 〈안나 파블로바〉의 첫 장면이 그것이다. 어린 안나는 세탁 일을 하는 어머니와 프티파가 만든 〈잠자는 숲속의 미녀〉를 보러 갔다. 엄마는 딸에게 “너도 저 요정들처럼 춤추고 싶은 거지” 라고 묻는다. 안나는 “아니요, 엄마, 저는 요정이 아니라 저 공주가 되고 싶어요”라고 답한다.

　차이콥스키는 이번에도 한 계단 더 올라갔다. 그는 폰 메크 부인 에게 자신했다.

> 이 발레 음악은 제 작품 중 최고가 될 것입니다. 주제는 너무나 시 적이고, 음악과 잘 맞습니다. 작곡하면서 아주 몰입했고, 열과 성을 다한 결과는 늘 보상받습니다.
>
> — 1891년 8월 6일, 차이콥스키가 폰 메크에게 보낸 편지 중

　그런데 차이콥스키의 음악은 여기서 끝나지 않는다. 프세볼로시스키는 대본에 왕자와 공주의 결혼 피로연을 더했다. 금과 은, 사파이어, 다이아몬드 요정에 이어 동화의 주인공들이 하객으로 등장한다. 장화 신은 고양이와 흰 고양이, 신데렐라와 포르투네 왕자, 파랑

〈잠자는 숲속의 미녀〉의 한 장면

"이것은 제 생애 어떤 것보다도 뛰어난 작품이 될 것이라 생각합니다"라는 차이콥스키의 말처럼 〈잠자는 숲속의 미녀〉는 그가 남긴 세 편의 발레곡 중 그의 생전에 유일하게 성공을 거둔 작품이다. 세월이 흐르면서 전 세계 발레단의 필수 레퍼토리로 자리매김했다. 20세기 초 '발레 뤼스'라는 발레단을 이끌던 디아길레프는 이 작품을 45분으로 단축한 자신만의 버전을 만들기도 했다.

새와 플로린 공주, 빨간 두건과 늑대, 엄지 톰과 형제들이다. 이어서 오로라 공주와 데지레 왕자가 춤을 춘다. 로마, 페르시아, 인도, 아메리카, 터키에서 온 손님들이 사라방드를 춘다. 연회에 참석한 모든 이들이 행진한다. 마지막으로 라일락 요정이 결혼을 축하한다. 동화가 늘 그렇듯 모두 영원히 행복하게 잘 산다.

놀이동산의 하이라이트는 퍼레이드다. 어느 테마파크이든 자신들의 자산을 총동원한 행진에 많은 공을 들인다. 그 원조가 〈잠자는 숲속의 미녀〉다. 3막의 처음에 등장하는 금과 은, 사파이어, 다이아몬드의 춤은 훗날 발란신이 〈보석〉을 안무하는 데 결정적인 영향을 미쳤다. 페로의 다른 동화 속 등장인물은 차이콥스키의 다음 발레곡인 〈호두까기 인형〉의 '성격 춤곡'과 경쟁한다.

이 발레의 또 다른 주인공은 라일락 요정이다. 라일락의 모티프는 〈백조의 호수〉 가운데 오데트의 모티프처럼 전곡의 요소요소를 휘감는다. 그러나 백조의 우울한 멜로디와 달리 여기서 라일락의 연보랏빛 선율은 향기가 느껴질 정도다. 러시아에서 가장 사랑받는 꽃 가운데 하나가 라일락이다. 영화 〈안나 파블로바〉에서도 보라색 꽃이 만발한 공원 장면이 눈길을 사로잡는다. 마제파의 친구 코추베이의 집터도 세월이 무상하게 라일락으로 덮여 있지 않았나! 화가 미하일 브루벨이 즐겨 그린 꽃이기도 하며, 모스크바의 표도르 샬랴핀박물관에도 아름드리 라일락 나무가 서 있다. 라흐마니노프가 연인으로부터 받은 선물을 사촌인 아내에게 들키지 않으려고 친구 샬랴핀의 집에 가져다 놓은 것이다.

2020년 1월 14일 저녁 7시, 내가 마린스키극장에서 본 마지막 공연은 〈잠자는 숲속의 미녀〉였다. 첫날 〈호두까기 인형〉을 볼 때도 한없이 촌놈이던 나는 이날도 어머니 손에 이끌려 처음 극장에 온 어린 안나처럼 마냥 신기하고 즐겁고 감동했다.

마린스키극장이 다섯 차례 공연에서 내게 마련해 준 좌석은 단원 가족석이었다. 정식 고정 좌석이 아니라 여유 공간에 임시로 의자를 놓은 것인데 위치는 좋았다. 내 옆에는 군무를 추는 발레리노의 아내와 어린 딸이 앉았다. 놀라운 것은 마린스키극장의 입장 연령이 만 여섯 살 이상이라는 점이다. 우리나라 같으면 아수라장이 되었을 것이다. 이날 분홍색 발레복을 입은 많은 소녀들이 극장에 왔지만 관람 분위기는 최고였다. 엄마는 여섯 살도 안 되어 보이는 딸에게 세 번째에 선 무용수가 아빠라고 가리킨다. 부동자세 같지만 주역의 춤이 바뀔 때마다 반대로 몸을 트는 집중력과 균형감이 필요하다. 내 옆 소녀가 어린 안나만큼 감동했을까?

이틀 전 상트페테르부르크 예술광장의 필하모닉홀에서도 나는 오케스트라 단원을 위한 특별석을 배정받았다. 바로 악단 뒤에 놓인 교회 의자처럼 긴 좌석에 앉은 몇몇 청중이 연주 전 단원과 대화를 나누었다. 유리 하투예비치 테미르카노프가 지휘하는 상트페테르부르크필하모닉은 말러의 〈죽은 아이를 그리는 노래〉와 브람스의 〈교향곡 제4번〉을 연주했다. 바리톤 마티아스 괴르네를 초대해 얼마 전 타계한 마리스 얀손스를 추모한 공연이었다.

마리스의 아버지 아르비드 얀손스는 이 홀에서 예브게니 알렉산드로비치 므라빈스키를 보좌했다. 라트비아 태생의 유대인인 탓에 소련 시절 이동이 제한되었던 소년은 아버지와 떨어져 지내다가 겨우 이곳에 와서 지휘자의 꿈을 키웠다. 최고의 지휘자로 암스테르담과 뮌헨, 빈과 베를린을 오간 만년이었지만, 마리스가 2019년 12월 1일 세상을 떠날 때 도시는 상트페테르부르크였다.

나는 홀을 나오며 얀손스가 지휘했던 2012년 빈신년음악회를 떠올렸다. 슈트라우스 일가의 축제에 그는 왈츠를 교향악의 수준으로 끌어올린 차이콥스키를 추가했다. 〈잠자는 숲속의 미녀〉 가운데 '파노라마'와 '왈츠'가 그것이다. 〈스페이드의 여왕〉으로 그를 만나러 가기 전에 작별을 고한다. "안녕히, 마리스 아르비도비치!"

모차르트에게 헌정하다, 〈스페이드의 여왕〉

만년의 차이콥스키는 젊은 작가 체호프와 알고 지냈다. 체호프의 고향은 차이콥스키도 잘 아는 타간로크였다. 타간로크에 있는 차이콥스키박물관은 체호프의 생가에서 멀지 않다. 그러고 보면 모스크바에 두 사람의 박물관이 나란히 있는 것도 우연은 아니다. 말러와 동갑인 체호프의 재치 있는 단편은 차이콥스키를 크게 만족시켰다. 체호프가 모데스트에게 쓴 편지를 보면 그럴 만도 하다.

한두 주 뒤에 출판될 제 책을 표트르 일리치에게 헌정할 것입니다. 저는 표트르 일리치가 사시는 댁 앞을 밤낮으로 지킬 준비가 되어 있습니다. 제 존경심의 표시로요. 순위를 매기자면 러시아 예술에서 그분은 레프 톨스토이 다음에 오실 것입니다. 톨스토이는 오랫동안 사다리 꼭대기에 계시죠. 세 번째는 레핀을 꼽을 것입니다. 저 자신으로 말할 것 같으면 아흔여덟 번째입니다.

— 1890년 3월 28일, 안톤 체호프가 모데스트에게 보낸 편지

이때 이탈리아 피렌체에서 다음 작품에 매진하던 차이콥스키는 동생으로부터 체호프의 재담을 전해 듣고 매우 기뻐했다. 차이콥스키가 좀 더 활동했다면 체호프의 작품이 음악이 되었을지 모르겠다. 그러나 이때 차이콥스키는 다시 한 번 푸시킨으로 돌아갔다. 〈예브게니 오네긴〉 못지않게 자전적인 작품처럼 느껴졌을 〈스페이드의 여왕〉을 작곡했던 것이다. 영화 〈차이콥스키〉을 보면 〈스페이드의 여왕〉을 작곡하는 동안 차이콥스키가 주인공 백작 부인의 망령에게 쫓기는 듯한 장면을 볼 수 있다. 이 작품을 알려면 무도회, 결투와 함께 러시아를 이해하는 마지막 키워드인 카드 게임에 대한 설명이 필요하다.

낭비벽 심한 노름꾼이며 사교계 망나니이던 알렉산드르 니콜라예비치 갈리친 공작은 자신의 아내 마리야 가브릴로브나를 모스크바의 가장 두드러진 귀족 중 한 명인 레프 키릴로비치 라주몹스키 백작에게 카드 게임에 진 대가로 넘겨야 했다.

— 유리 로트만,『러시아 문화에 관한 담론』중

아내를 내기에 걸 정도로 도박에 미친 러시아 상류사회의 일그러진 풍속을 보여 주는 대목이다. 로트만도 알고 있었겠지만 갈리친

가문과 라주몹스키 가문은 베토벤을 놓고도 경쟁했다.

갈리친 공작의 부인을 내기로 딴 레프 키릴로비치 라주몹스키는 빈 주재 러시아 대사였던 안드레이 키릴로비치의 동생이었다. 안드레이는 베토벤에게 현악사중주 세 곡을 위촉해 가문의 이름으로 불리게 했고, 〈교향곡 제5번〉과 〈교향곡 제6번 '전원'〉까지 헌정받은 음악 애호가였다. 차이콥스키가 밀류코바와 결혼할 때 주례를 본 신부도 라주몹스키 가문 사람이었다.

베토벤의 〈현악사중주 제8번 '라주몹스키'〉 3악장에는 매우 유명한 러시아 선율이 사용되어 있다. 그러나 무소륵스키의 오페라 〈보리스 고두노프〉에 나오는 같은 가락과 비교하면 베토벤이 곡의 진가를 몰랐다는 생각이 든다. 차이콥스키가 〈마제파〉 가운데 '폴타바 전투'를 이 음악으로 장식한 것을 베토벤이 들었다면 머쓱했을 것이다.

갈리친 가문도 라주몹스키 가문에 뒤지지 않았다. 알렉산드르 니콜라예비치 갈리친의 친척 니콜라이 보리소비치 갈리친도 베토벤에게 현악사중주 세 곡을 위촉했다. 그 결과물이 후기 현악사중주 여섯 곡 가운데 세 곡인 〈현악사중주 제12번〉, 〈현악사중주 제13번〉, 〈현악사중주 제15번〉이다. 니콜라이가 갈리친 공작에게 부인 대신 자신의 베토벤 현악사중주를 내기에 걸라고 했으면 무엇이라 했을까? 참고로 갈리친 공작은 동성애자였으니 머릿속이 복잡했을 것이다.

차이콥스키는 〈예브게니 오네긴〉에서 무도회와 결투의 모든 것을 보여 주었고, 〈스페이드의 여왕〉에서는 카드 게임의 핵심을 탐

구했다. 음악은 단연 최고다. 이 곡은 차이콥스키가 평생 가장 존경했던 모차르트에게 헌정한 것이다. 특히 〈스페이드의 여왕〉에서 망령에 사로잡힌 광기의 주인공 게르만은 모차르트의 〈돈 조반니〉에서 석상과 결투하는 호색한 돈 조반니를 떠오르게 한다.

스페이드의 여왕에 홀려

서곡부터 음울한 상트페테르부르크의 겨울밤이 짙게 드리운다. 막이 오르면 모처럼 화창한 날 공원에서 사람들이 산책을 하고 아이들이 군대놀이를 하고 있다. 어린이의 합창은 당연히 비제의 〈카르멘〉으로부터 영향을 받은 것이다. 프로이센 · 프랑스전쟁이나 러시아 · 튀르크전쟁 등이 이어지면서 전쟁이 동심에 투영된 결과다.

아이들 뒤로 젊은 사관 장교들이 등장해 이야기를 나눈다. 게르만은 친구인 톰스키에게 이름도 모르는 처녀를 사랑한다고 털어놓는다. 그때 엘레츠키 공작이 등장해 약혼을 알린다. 친구들이 상대를 궁금해할 때 마침 약혼녀 리자가 할머니 백작 부인과 들어온다. 엘레츠키가 리자를 친구들에게 소개하자 게르만은 얼어붙는다. 톰스키는 게르만이 짝사랑하는 대상이 리자임을 직감한다.

엘레츠키 공작이 백작 부인과 리자를 데리고 나가자 톰스키는 백작 부인의 비밀을 들려준다. 부인은 한때 파리 사교계를 주름잡았다. '모스크바의 비너스'라 불린 그녀는 카드에 빠져 큰돈을 잃었다. 그녀를 가엾게 여긴 생제르맹 백작은 자신과 하룻밤을 보내는 대가

〈스페이드의 여왕〉의 한 장면

〈예브게니 오네긴〉에서 무도회와 결투의 핵심을 보여 주었던 차이콥스키는 열 번째 오페라 〈스페이드의 여왕〉에서는 카드 게임의 핵심을 보여 주었다. 노름에 정신이 팔린 게르만이 백작 부인의 망령에 사로잡혀 비극적인 최후를 맞는다는 이야기는 모차르트의 〈돈 조반니〉에 등장하는 욕망의 화신 돈 조반니를 연상시킨다. 〈스페이드의 여왕〉의 빈 초연을 지휘했던 말러는 "이 오페라는 차이콥스키의 전작 가운데 가장 성숙하고 예술적으로 탄탄하다"라고 평가했다.

로 어떤 게임도 이기는 세 가지 패를 알려 주겠다고 제안했다. 지푸라기 잡는 심정으로 거래를 받아들인 부인은 잃었던 판돈을 되찾았다. 그녀는 카드의 비밀을 남편과 한 청년에게 알려 주었는데, 어느 날 유령이 찾아와 다음 번 패를 알려 달라는 사람이 죽음의 사자라고 예고했다. 이야기를 들은 친구들은 게르만에게 세 번째 행운아가 되라고 부추긴다. 모두 소나기를 피해 나간 사이 게르만은 리자를 얻지 못하면 죽겠다고 노래한다.

리자는 친구 폴리나의 노래를 듣다가 우울해진다. 폴리나가 밝은 노래로 분위기를 바꾸어도 리자의 기분은 나아지지 않는다. 폴리나가 나가자 리자는 처지를 한탄한다. 공작의 아내가 될 그녀는 약혼자보다 보잘것없는 사관 게르만에게 마음을 빼앗겼다. 발코니에 숨었던 게르만이 들어와 사랑을 고백한다. 거부하는 리자의 목소리는 단호하지 못하다. 인기척을 들은 백작 부인이 왔다가 영악하지 못한 손녀를 책망하고 나간다. 게르만이 더욱 매달리자 그녀도 속마음을 털어 놓는다.

2막은 가면무도회로 시작한다. 친구들은 우울하던 게르만이 활력을 찾은 이유를 궁금해한다. 반면 옐레츠키 공작은 약혼녀의 어두운 표정을 걱정한다. 그의 애틋한 사랑의 아리아에서 〈예브게니 오네긴〉의 그레민 공작을 떠올리지 않을 수 없다.

두 사람이 나가자 게르만이 리자의 편지를 들고 나타난다. 연극이 끝난 뒤 밀회를 약속하는 내용이다. 게르만은 백작 부인의 비밀패를 캐서 리자와 멀리 떠날 꿈에 부푼다. 극 중 극인 〈양치기 소녀의 지조〉가 공연된다. 오페라가 전반적으로 〈돈 조반니〉를 모델로

했다면 이번에는 모차르트의 밝은 면을 예찬한다.

연극이 끝나고 리자는 게르만에게 백작 부인의 방에서 자신의 방으로 통하는 문 열쇠를 주며 밀회를 기약한다. 파티가 성대하게 막을 내린다.

게르만이 방에 걸린 백작 부인의 초상을 보는 동안 부인이 들어온다. 무도회에서 돌아와 잠자리에 들 준비를 하던 부인 앞에 게르만이 나타나 카드의 비밀을 캐묻는다. 두려움에 질린 노인은 자리에 쓰러져 죽고 만다. 소리를 듣고 들어온 리자는 게르만이 카드의 비밀을 알아내려고 거짓 사랑을 했다며 오열한다.

3막은 게르만의 방. 게르만은 리자의 사과 편지를 읽는다. 감정이 격해 오해했으니 오늘 밤 운하에서 만나자는 내용이다. 바람이 창문을 열치며 촛불이 꺼지자 백작부인의 유령이 방에 들이닥친다. 망령은 게르만에게 리자를 위한 것이라며 카드의 비밀은 3, 7, 1이라고 알려 준다.

운하에서 기다리던 리자가 게르만에 대한 복잡한 심경을 비통하게 노래한다. 〈마탄의 사수〉를 강하게 연상시키는 곡이다. 게르만이 리자에게 함께 도망치자며 할머니의 비밀을 알아냈으니 도박장으로 가야 한다고 뛰쳐나간다. 망연자실한 리자는 운하에 뛰어든다.

마지막 카드 판이 벌어진다. 파혼한 엘레츠키 공작이 게르만을 기다린다. 마지막 패가 '1'이라고 외치는 게르만에게 엘레츠키 공작은 네 카드는 '스페이드의 여왕'이라고 되받는다. 말도 안 된다며 쳐다본 카드에는 백작 부인의 얼굴이 비웃듯이 쳐다본다. 광기에 사

〈스페이드의 여왕〉의 두 주역과 함께

1890년에 초연된 〈스페이드의 여왕〉에서 게르만 역을 맡은 니콜라이와 리자 역을 맡은 메데
아와 함께 찍은 것이다. 차이콥스키와 매우 가까웠던 니콜라이와 메데아 부부는 차이콥스키
의 마지막 오페라 〈이올란타〉에서도 함께 호흡을 맞추었다.

로잡힌 게르만은 엘레츠키 공작과 리자에게 용서를 구하며 목숨을 거둔다. 애도하는 합창으로 막이 내린다.

 열 번째 오페라인 〈스페이드의 여왕〉에서 차이콥스키의 창작력은 승리의 패를 쥔 듯이 거칠 것이 없었다. 그렇지만 나는 이 작품에 대해 피할 수 없는 의문을 갖는다. 왜 차이콥스키는 푸시킨의 이야기를 그대로 쓰지 않았는가? 원래 니콜라이 클레놉스키가 오페라로 쓰려다가 지지부진해지자 차이콥스키와 모데스트 형제가 함께 대본 작업을 했다. 둘은 푸시킨의 작품을 난도질했다.

 푸시킨 시에 대한 가장 믿을 만한 주석인 오페라 〈예브게니 오네긴〉과 달리 〈스페이드의 여왕〉은 모독이라 할 만큼 소설을 왜곡했다. 게르만이 노름에 팔려 백작 부인의 비밀을 알아내려다 비극적인 최후를 맞는다는 것 외에 다른 이야기는 푸시킨의 작품과 무관하다. 먼저 오페라에서는 리자가 백작 부인이 아끼는 손녀로서 귀족과 약혼했다. 그러나 푸시킨의 리자는 백작 부인의 양녀로 거의 하녀와 다를 바 없는 대접을 받는다. 사교 모임에서 아무도 그녀에게 관심이 없다. 리자는 백작 부인의 노망을 말없이 감내하느라 힘겨워한다.

 소설에서 게르만은 처음부터 리자를 좋아한 것이 아니며, 사실 뒤에도 그녀에게는 무관심하다. 그는 친구에게 들은 백작 부인의 필승 카드 패를 알아내려고 리자를 철저히 이용할 뿐이다. 그는 백작 부인에게 접근하려고 남들이 거들떠보지도 않는 양녀 리자를 사랑하는 척 줄곧 연애편지를 보낸다. 리자는 게르만이 자신을 사랑한다고 오해한다. 그러나 그것은 게르만에게 철저히 놀아난 결과다. 백작 부인이 협박당하다가 돌연사한 뒤에야 리자는 자신이 게르만에게 속았음을 알고 마음을 정리한다.

소설에서 가장 손에 땀을 쥐게 하는 부분은 백작 부인이 집을 비운 사이 게르만이 리자의 조언대로 집에 숨어드는 장면이다. 리자는 모르는 집에 처음 들어올 게르만이 눈을 감아도 문제없을 만큼 상세하게 내부를 설명한다. 추리소설을 읽는 듯한 아슬아슬한 침입이 끝나면 게르만은 뜻하지 않게 노부인이 옷을 갈아입고 가발 벗는 장면을 목격한다. 차이콥스키는 이 짜릿한 침입 장면을 작곡하지 않았고, 대신 소설에 없는 〈양치기 소녀의 지조〉를 극 중 극으로 삽입했다.

차이콥스키의 멋대로이기는 하지만 고대 그리스의 〈다프니스와 클로에〉를 묘사한 '인테르메초'는 그 자체로 완성도가 높다. 차이콥스키는 이 인테르메초를 모차르트풍으로 작곡했으니, 훗날 스트라빈스키의 〈풀치넬라〉에 영감을 준 것이 분명하다. 차이콥스키의 〈로코코 변주곡〉이 하이든의 첼로 협주곡을 모델로 한다면, 〈스페이드 여왕〉의 인테르메초는 〈피가로의 결혼〉 예찬이다. 실제로 우리는 곡 가운데 파파게노의 선율을 떠올릴 수 있다.

백작 부인의 망령이 게르만에게 비밀을 일러 주는 장면은 차이콥스키의 오페라와 푸시킨의 소설이 드물게 일치하는 부분이다. 거래 조건 또한 양쪽 다 게르만이 리자와 결혼하는 것이다. 그러나 소설에서는 애당초 백작 부인이 리자를 딸처럼 여기지 않았고, 게르만도 그녀를 진심으로 사랑하지 않았기 때문에 긴장감이 생긴다. 독자는 과연 게르만이 거짓 사랑의 대가로 카드의 비밀을 얻어 승리한다면 백작 부인과 한 약속을 지키기 위해서라도 리자와 결혼할까 궁금해한다. 그러나 리자에게 애정이 없는 백작 부인이 두 사람의 행복을 바랐을 리 없다. 그녀는 마지막 순간 게르만에게 파멸을 가져다주었다. 약속된 '1'이 아니라 '스페이드의 여왕'이 되어 나락으로 몬 것이다. 그러니 오페라에서처럼 백작 부인이 리자를 사랑했다면 게르만이 이기도록 도와야 했다는 모순이 생긴다. 이런 경우의 수를 차이콥스키가 정말 몰랐을까?

푸시킨의 게르만은 유령에게 배운 패로 도박사 체칼린스키를 상대한다. 그는 하루에 한 패씩 판돈을 두 배로 올려 가며 도박을 하다가 사흘째에 헛발을 디디며 앞선 대박을 물거품으로 만든다. 차이콥스키의 게르만은 리자의 약혼자였던 옐레츠키 공작과 카드 게임을 하다가 진다. 옐레츠키 공작은 백작 부인이 원했던 리자의 혼처다. 이것으로 게르만이 돈 조반니처럼 천벌을 받았다고 보면 위의 모순은 어느 정도 해소된다. 백작 부인이 자기 뜻을 따르지 않은 손녀를 담보로 게르만을 혼내 준 것이기 때문이다. 그러나 차이콥스키가 했다기에는 너무 조잡한 수다.

오페라에서는 두 주인공을 자살로 몰아가는 것과 달리 푸시킨은 미쳐 버린 게르만을 요양원으로 보낸다. 꿋꿋한 리자는 백작 부인 집사의 친절한 아들과 결혼하여 행복한 가정을 일군다. 리자에게 우울한 노래를 불러 주었던 친구 폴리나는 소설의 마지막 줄에야 처음 등장한다. 공작 딸인 그녀는 게르만의 친구 톰스키와 결혼한다.

대본에 대한 모데스트의 만족감, 자신의 음악에 대한 차이콥스키의 자신감을 놓고 보면 그들은 정말 스페이드의 여왕에게 홀린 것이 아닌가 싶다. 음악은 승리했지만 푸시킨이 살았다면 일말의 동의도 하지 않았을 것이다.

말러의 차이콥스키

차이콥스키가 그랬다고 연출가까지 작품을 제멋대로 다루어도 되는지 모르겠다. 최고의 지휘자 얀손스는 작고 직전까지 차이콥스키의 〈스페이드의 여왕〉에 몰두했다. 그리하여 2016년에는 슈테판 헤르하임의 연출로 네덜란드국립오페라 창단 50주년 기념작으로 무대에 올렸고, 2018년에는 한스 노이엔펠스의 연출로 잘츠부르크 축제 무대에서 선보였다.

스타 연출가 헤르하임은 차이콥스키의 동성애 성향에 매달렸다. 공연 내내 배역과 무관한 배우 차이콥스키를 등장시킨다. 실제로 피아노 반주도 하는 차이콥스키는 무도회가 끝나는 2막에서 남장 여제와 맞닥뜨리고 기겁한다. 서재에 걸린 초상화 속 인물은 폰 메크 부인이었다가 예카테리나 여제였다가 계속 바뀐다. 헤르하임은 차이콥스키를 갈리친 공작과 착각했나? 〈스페이드의 여왕〉과 차이콥스키의 동성애 성향이 무슨 상관인가? 심지어 헤르하임은 게르만과 친구들 외의 모든 남성들을 차이콥스키로 분장시킨다. 비중이 엇비슷한 차이콥스키 역과 옐레츠키 공작을 구분할 수 없으니 혼란만 커진다.

노이엔펠스의 연출도 만행에 가까울 정도다. 2006년, 베를린도 이치오페라의 〈이도메네오〉를 연출할 때는 마호메트의 목을 베는 무리수를 둠으로써 소요를 우려한 극장이 공연을 아예 취소하기까지 했다. 2010년, 바이로이트축제 무대에 올린 〈로엔그린〉에서 군중을 쥐 떼로 묘사하여 야유를 한 몸에 받았던 이도 그다.

노이엔펠스의 여제는 데미언 허스트풍의 보석 공예 해골이다. 그래도 잘츠부르크축제 무대에서 마음에 드는 장면은 백작 부인의 침소다. 베테랑 한나 슈바르츠는 혼자 〈오즈의 마법사〉에 나오는 도로시 같은 옷을 입었는데, 잠자리에서 주황색 가발을 벗자 대머리가 드러난다. 눈살을 찌푸리는 관객도 있을지 모르지만 이것이 정확히 푸시킨의 소설에 나오는 모습이다. 내가 보기에 헤르하임과 노이엔펠스 모두 얀손스가 온 힘을 다한 마지막 공연에 폐를 끼친 셈이다.

얀손스가 숭배한 말러는 차이콥스키와 특별한 인연을 맺었다. 1891년, 서른한 살의 말러는 함부르크오페라극장을 이끌었다. 함부르크는 차이콥스키가 독일에서 베를린 다음으로 자주 방문한 도시였다. 음악총감독은 〈피아노 협주곡 제1번〉을 초연한 뷜로였다. 극장장인 베른하르트 폴리니도 차이콥스키 팬이었다. 폴리니는 1892년 2월, 〈예브게니 오네긴〉의 독일 초연에 작곡가를 초대했다. 독일어로 공연한 탓에 지휘는 말러가 맡았다. 차이콥스키는 조카 다비도프에게 편지했다.

여기 지휘자는 그저 그런 이류가 아니고 정말 천재란다. 타오르는

차이콥스키의 작품을 지휘했던 젊은 말러

말러는 함부르크오페라극장의 지휘자로 있던 1892년에 차이콥스키의 〈예브게니 오네긴〉의
독일 초연을 지휘했다. 열 달 뒤에는 〈이올란타〉의 러시아 밖 초연을. 차이콥스키가 사망한 뒤
열린 추모 음악회에서는 〈교향곡 제6번 '비창'〉을, 1902년에는 〈스페이드의 여왕〉을 빈에서
초연하는 등 차이콥스키의 작품에 남다른 애정을 보였다. 차이콥스키 역시 젊은 말러를 천재
라고 극찬했다.

열정으로 (〈예브게니 오네긴〉) 첫 공연을 지휘했지. 어제는 그가 지휘하는 바그너의 〈탄호이저〉를 들었는데 놀라웠어. 성악가, 악단, 폴리니, 무대감독, 지휘자(이름이 말러야) 모두 〈예브게니 오네긴〉을 좋아해. 하지만 청중이 그렇게 즉시 사로잡힐지는 모르겠어.

— 1892년 1월 19일, 차이콥스키가 블라디미르 다비도프에게 쓴 편지 중

차이콥스키의 걱정처럼 〈예브게니 오네긴〉에 대한 함부르크 청중의 반응은 미지근했지만 말러는 열 달 뒤 차이콥스키의 마지막 오페라인 〈이올란타〉의 러시아 밖 초연을 지휘했다. 1893년 11월 18일, 상트페테르부르크의 나프람니크가 12일 전에 세상을 떠난 차이콥스키를 추모하는 음악회에서 〈교향곡 제6번 '비창'〉을 지휘할 때, 함부르크의 말러도 〈이올란타〉를 무대에 올렸다. 말러는 추모의 뜻으로 〈예브게니 오네긴〉의 '편지 장면'과 환상 서곡 〈로미오와 줄리엣〉을 함께 연주했다.

1897년, 빈의 궁정오페라극장 감독으로 부임한 말러가 가장 먼저 연주한 작품들 중에서도 〈예브게니 오네긴〉은 빠지지 않았고, 1902년에는 〈스페이드의 여왕〉을 빈에서 초연했다. 그는 막스 칼베크라는 비평가에게 보낸 편지에서 이 오페라가 차이콥스키의 전작 가운데 "가장 성숙하고 예술적으로 탄탄하다"라고 평가했다. 1910년 3월 5일, 〈스페이드의 여왕〉은 말러의 지휘로 미국에서는 처음으로 뉴욕 메트로폴리탄오페라극장 무대에 올랐다.

작지만 탄탄한 모스크바국립스타니슬라프스키네미로비치단첸코극장이 거장 라자레프의 지휘로 〈스페이드의 여왕〉을 공연한 영

상을 유튜브에 올려 주어 고맙다. 헤르하임이 콧수염 난 여장 남자 차르를 등장시키고, 노이엔펠스가 해골을 들이미는 장면에서 라자레프의 단짝 연출가 티텔은 굳이 그럴 필요를 느끼지 않는다. 무대 위 모든 이들이 객석의 11시 방향을 처다보는 것만으로 여제의 등장을 알 수 있다. 제정러시아의 엘리자베타 여제이든 또는 영국의 엘리자베스 2세이든 더는 중요하지 않다는 뜻이다.

마린스키여
영원하라

또 하나의 걸작 발레곡

함부르크에서 말러의 연주를 보고 돌아온 직후인 1892년 3월에 차이콥스키는 〈호두까기 인형〉을 완성했다. 마린스키극장 감독 프세볼로시스키의 의뢰를 받은 지 약 1년 만이었다. 1881년, 모스크바 볼쇼이극장 감독으로 부임한 프세볼로시스키는 1885년에 이미 차이콥스키에게 푸시킨의 〈대위의 딸〉을 오페라로 쓰라고 제안했지만 이루어지지 못했다. 프세볼로시스키는 1886년에 상트페테르부르크의 마린스키극장도 책임지게 되었다. 1888년에 그가 위촉하여 빛을 본 발레가 〈잠자는 숲속의 미녀〉이었고, 이제 〈호두까기 인형〉이라는 또 하나의 걸작 발레 작품이 탄생했다. 차이콥스키의 마지막 무대 작품인 〈이올란타〉 또한 프세볼로시스키의 책임 아래 진행되었다.

러시아 발레 문화 발전에 큰 업적을 세운 프세볼로시스키에게는 누구보다 발레 마스터인 프티파가 있었다. 1818년, 마르세유에서 태어난 프티파는 차이콥스키가 만년에 교류한 인물 가운데 가장 나이가 많았고, 심지어 그보다 17년이나 더 살면서 차이콥스키의 만년 걸작을 알리는 데 크게 기여했다. 프티파가 상트페테르부르크의 발레 마스터가 된 것은 1871년의 일이지만 차이콥스키와는 1886년에야 처음 만났다. 그러고 보면 〈백조의 호수〉로 재미를 보지 못한 차이콥스키가 프티파와 만나면서 〈잠자는 숲속의 미녀〉와 〈호두까기 인형〉을 작곡한 것이다. 프티파가 아니었다면 차이콥스키도 발레 작곡가로서의 위상이 오늘날과 같지 못했을 것이다. 프티파가 길러 낸 황실발레학교의 제자들이 결국 20세기 발레의 모든 것이기 때문이다. 미하일 포킨, 안나 파블로바, 타마라 카르사비나, 바츨라프 니진스키는 언어의 한계를 온몸으로 극복한 영웅들이었다.

〈호두까기 인형〉의 줄거리를 뜯어볼 필요는 없을 만큼 음악이 문학을 완전히 넘어섰다. 크리스마스를 맞이하여 드로셀마이어 삼촌은 아이들에게 선물을 준다. 주인공 클라라는 호두까기 인형을 받는다. 밤이 깊어 쥐 떼가 행복한 크리스마스를 방해한다. 클라라는 호두까기 인형의 도움으로 크리스마스를 악몽으로부터 구해 낸다. 〈오즈의 마법사〉와 〈이상한 나라의 앨리스〉의 뿌리인 셈이다.

차이콥스키의 많은 음악이 민요를 토대로 한다. 모스크바음악원에 부임한 지 얼마 되지 않은 1868년부터 1869년 사이에 그는 러시아 민요들을 편곡하여 〈50개의 러시아 민요집〉으로 선보였다. 전곡의 길이가 30여 분에 불과한 짧은 곡들이지만 그 의미는 적지 않다.

첫 두 오페라인 〈보예보다〉와 〈오프리치니크〉를 비롯하여 〈눈 아가씨〉의 춤곡이 상당수 여기에 뿌리를 둔다. 또한 〈교향곡 제2번〉

상트페테르부르크에 있는 마린스키극장

1860년에 글린카의 〈차르에게 바친 목숨〉을 공연하면서 문을 연 마린스키극장은 모스크바
의 볼쇼이극장과 더불어 러시아 최고의 발레, 오페라 공연 극장으로 꼽힌다. 내부로 들어서면
황금빛의 인테리어와 화려하게 드리운 커튼, 크리스털 벽장식 등이 탄성을 자아낸다. 마린스
키극장의 책임자이던 프세볼로시스키는 차이콥스키에게 〈잠자는 숲속의 미녀〉를 위촉하여
또 하나의 걸작 발레 작품을 탄생시켰다.

2악장의 '돌아라 물레, 나의 물레야'는 민요집의 제6곡이다. 〈체레비츠키〉에 나오는 러시아 춤곡은 민요집의 제11곡인 〈내 푸른 포도원〉을, 〈차로데이카〉의 아름다운 쿠마의 아리오소는 제21곡인 〈소리가 울리지 않네〉를 토대로 썼다. 〈현을 위한 세레나데〉의 4악장은 제28곡 〈푸른 초원에서〉와 제42곡 〈푸른 사과나무 아래〉를 담고 있다. 제47곡부터 제49곡까지 세 곡은 더 유명하다. 제47곡 〈바냐가 앉았네〉는 〈현악사중주 제1번〉의 안단테 칸타빌레에 담겼고, 제48곡 〈문 옆에서〉는 〈1812년 서곡〉에 나오며, 제49곡인 〈볼가강의 배 끄는 노래〉는 러시아 제2의 국가라 불릴 정도로 사랑받았다. 나는 제8곡인 〈문 옆의 흔들리는 소나무〉를 처음 들었을 때 숨이 멎을 듯했다. 이는 스트라빈스키의 출세작 〈불새〉의 피날레 선율이 아닌가!

나는 모스크바에서 상트페테르부르크로 가는 삽산에서 차창 밖 풍경을 영상으로 촬영했다. 끝없이 이어지는 자작나무 숲과 간간이 눈에 띄는 호수 위의 석양을 담았다. 그런데 아무리 낮이 짧은 러시아의 겨울이지만 벌써 해가 지는가? 그리고 내가 찍는 방향은 서쪽이 아니라 동쪽이다. 그것은 해가 아니라 달이었다. 창백한 보름달이 밤과 낮의 경계를 흐른다. 영상에 차이콥스키의 민요 〈문 옆의 흔들리는 소나무〉를 덧입히자 '겨울의 백일몽'이 되었다. 차이콥스키의 민요집을 녹음한 사람들은 그 가치를 잘 알았을 것이다. 우크라이나 태생의 발렌티나 리시차와 로제스트벤스키의 아내인 빅토리아 포스트니코바의 피아노 독주 전곡집에 들어 있다.

음악이 발달한 나라일수록 민요는 사라진다. 경작지가 숲을 잠식하듯이 작곡된 음악은 자연 발생한 민요를 흡수하고 스스로 그 자리를 차지한다. 풋풋한 흙 내음은 사라지지만 세련된 양식이 자리 잡는다. 헝가리의 벨러 버르토크는 시골을 돌아다니며 민요를 채록했지만, 자코모 푸치니는 그럴 필요가 없었다. 저잣거리에서 누구나 '여자의 마음' 같은 아리아를 부르면 민요는 설 자리가 없다.

러시아의 차이콥스키는 그 경계에 섰다. 그는 우크라이나 흑토처럼 아직 비옥한 민요를 발판 삼아 전 유럽으로부터 흡수한 세련된 양식을 자기 것으로 만들었다. 〈호두까기 인형〉에 이르면 인공미는 극에 달한다. 하늘에서 내리는 눈송이마저 만든 듯하다. 〈잠자는 숲속의 미녀〉에 이은 '캐릭터 퍼레이드'는 아이 어른 할 것 없이 사로잡는다. 차이콥스키는 아라비아와 중국의 춤까지 만들어 내며, 갈 잎의 노래와 러시아의 호곡을 잇는다.

'풀치넬라'의 경쾌한 리듬으로 행진을 마치면 요한 슈트라우스의 어떤 화려한 원무에 뒤지지 않는 '꽃의 왈츠'가 나온다. 사탕 요정이 등장할 때 차이콥스키는 첼레스타를 사용했다. 모스크바 차이콥스키박물관에 이 영롱한 악기가 전시 중이다. 아마도 봇킨스크에서 처음 만난 자동악기 오케스트리온의 소리를 떠올리지는 않았을까? 〈호두까기 인형〉 초연이 망했다는 사실은 믿기 힘들다.

> 〈호두까기 인형〉의 무대는 좋았습니다. 아낌없이 쏟아부었고 모든 것이 완벽하게 흘러갔습니다. 그렇지만 청중은 좋아하지 않았습니다. 지루해했죠.
>
> — 1893년 1월 13일, 《오데사 리플릿》에 실린 차이콥스키의 인터뷰 중

〈호두까기 인형〉의 한 장면
클라라가 크리스마스 전날 파티에서 호두까기 인형을 선물로 받는데, 그 인형이 꿈속에서 쥐
들을 물리치고 멋진 왕자로 변신하여 클라라를 과자의 나라로 데려간다는 내용의 〈호두까기

〈인형〉은 오늘날에는 연말이면 필수 관람 공연으로 꼽히지만, 1892년에 마린스키극장에서 초연되었을 당시에는 좋은 평가를 받지 못했다.

2020년 1월 11일, 마린스키극장에서 본 〈호두까기 인형〉도 훌륭했다. 심지어 이날 무대에서는 호두 까는 왕자를 우리나라의 김기민이 추었다. 초연을 망쳤기 때문인지 마린스키극장의 〈호두까기 인형〉은 1934년에 천재 안무가 바실리 바이노넨의 무대를 선보였다. 그로부터 80년이 넘었다. 누레예프의 안무를 사용하는 빈국 발레단이나 피터 라이트의 안무를 쓰는 코번트가든로열 발레단이나 발란신이 제작한 뉴욕시티발레단이나 모두 마린스키극장의 초연 무대를 지향한다. 민요가 전승되듯이 이들의 전통은 충실하게 계승된다. 모두 자신들이 적통이라고 생각한다.

그러나 그런 전통이 없는 발레단은 자기 안무를 만들어야 한다. 로잔발레단, 모나코왕실발레단, 취리히발레단이 그런 경우다. 이들 발레단은 차이콥스키와 프티파의 시나리오를 완전히 엎고 대개 안무가의 자전적인 이야기로 버무리고 심지어 음악의 순서도 바꾼다. 내가 아무리 크랑코의 〈예브게니 오네긴〉이나 마츠 에크의 〈줄리엣과 로미오〉 같은 발레를 '철학 없는 잡탕'이라고 싸잡아 비난해도 별 반향은 일으키지 못하리라. 다만 시간이 해결해 줄 것이다. 만일 모나코나 취리히의 새로운 안무가 상트페테르부르크나 뉴욕의 전통과 경쟁해 인정받는다면 레퍼토리가 될 것이다. 그렇지 않다면 차이콥스키에 잠시 기생했던 무대로나 기억될 것이다.

아무리 그래도 〈호두까기 인형〉이 초연 때 인정받지 못한 것은 이해가 안 된다. 어쩌면 그날 함께 무대에 올린 〈이올란타〉 때문에 사람들이 지친 것은 아닐까?

마지막 오페라 〈이올란타〉

〈스페이드의 여왕〉은 1890년 차이콥스키의 나이 쉰 살에 초연되었다. 게르만과 리자를 부른 성악가는 니콜라이 피그네르와 메데아 피그네르 부부였다. 각각 서른세 살과 서른한 살이었던 부부는 차이콥스키와 매우 가까웠다.

카잔 가까이에서 태어난 니콜라이는 이탈리아를 비롯한 전 유럽을 무대로 활동했고, 보로딘의 〈이고르 공〉, 다르고미시스키의 〈루살카〉, 안톤 루빈시테인의 〈데몬〉의 주역으로 노래했다. 피렌체에서 태어난 메데아 또한 열여섯 살에 베르디의 〈레퀴엠〉 독창을 부를 정도로 조숙했다. 그녀는 남편을 따라 1887년에 상트페테르부르크로 처음 왔다. 곧 차이콥스키는 그녀의 목소리를 아끼게 되었다. 〈스페이드의 여왕〉 초연 무렵 임신한 메데아가 무대에 설 수 없자 니콜라이도 대역과는 부르지 않겠다고 했다. 결국 피그네르 부부가 돌아올 때까지 오페라를 중지할 정도로 작곡가는 이들을 신뢰했다.

차이콥스키는 두 사람을 위해 다음 오페라를 준비했다. 90분가량의 짧은 〈이올란타〉는 발레 〈호두까기 인형〉과 한날 상연되었다. 모데스트가 〈스페이드의 여왕〉에 이어 〈이올란타〉의 대본을 맡았다. 원작은 덴마크 극작가 헨리크 헤르츠가 1845년에 쓴 희곡 『르네왕의 딸』이다.

중세 프로방스 깊은 산골의 비밀 정원. 기사 베르트랑은 알메리크에게 국왕의 딸 이올란타가 은둔한 이곳에 아무도 들이지 말라고 명한다. 공주는 앞을 보지 못하는데, 그 사실은 가까운 몇 사람만 안다. 아무도 그녀에게 빛과 색이 무엇인지 이야기해 주지 않아서 이올란타도 자신이 공주이고 맹인이라는 사실을 모른다. 아기 때 사고로 시력을 잃은 이래 무어인 의사인 이븐 자히아가 그녀를 돌보아 왔다. 자히아는 이올란타가 열여섯 살에 눈을 다시 뜨리라 예언한다.

이올란타는 보데몽의 백작 트리스탄과 정혼했지만 트리스탄은 그녀가 맹인인지 모른다. 막 열여섯 살이 지난 이올란타는 보는 것이 무엇인지 모르는 채 시와 음악에 젖어 행복한 나날을 보낸다. 알메리크가 베르트랑에게 왕과 의사가 곧 도착할 것이며, 트리스탄도 혼례를 위해 오는 중이라 알린다.

르네왕과 자히아가 도착했다. 의사는 왕에게 이올란타가 낫기 위해서는 먼저 자신이 맹인이라는 것과, 보는 것이 무엇인지 알아야 한다고 말한다. 왕은 딸이 불행해질까 두려워한다. 의사는 정신과 육체는 하나이므로 시력을 찾으려면 마음의 준비를 해야 한다고 강조한다. 왕은 고뇌하고 의사는 부적으로 공주를 재운다.

트리스탄이 친구 조프리 경과 도착한다. 트리스탄은 모르는 여인과 결혼하기는 싫다고 말한다. 그는 의무로 여기 왔을 뿐이다. 신비로운 정원에 끌린 트리스탄은 잠든 이올란타를 보자마자 사랑에 빠진다. 트리스탄이 부적을 떼자 공주는 잠에서 깬다. 이올란타는 낯선 손님에게 마실 것을 대접하고, 세 사람은 즐겁게 노래한다. 조프리가 계곡에 수비대를 배치하러 나가자 트리스탄과 이올란타는 이

〈이올란타〉의 실제 주인공인 욜랑드 공비

〈이올란타〉의 실제 주인공은 15세기 로렌에서 살았던 욜랑드 공비다. 차이콥스키는 헨리크 헤르츠의 희곡 『르네왕의 딸』을 바탕으로 마지막 오페라를 만들었다. 차이콥스키와 모데스트 는 원작에 과감하게 손을 대어 공주와 보데몽 백작을 적극적으로 운명을 개척하는 인물로 만 들었다.

야기를 나눈다. 트리스탄은 붉은 장미와 흰 장미를 구별하지 못하는 그녀를 보고 맹인임을 안다. 그는 빛과 색을 설명하지만 이올란타는 이해하지 못한다. 그는 그녀에게 사랑을 고백하며 그녀의 아버지를 찾아가 청혼하겠다고 말하고 떠난다.

이올란타는 베르트랑에게 손님의 이야기 탓에 혼란스럽다고 털어놓는다. 왕과 의사가 도착해 앞을 보지 못한다는 것이 무엇인지 이야기해 주자 그녀는 넋을 잃는다. 의사는 곧 치료되리라 말하고 데려간다.

알메리크가 트리스탄의 편지를 가져온다. 진실한 사랑을 찾았으므로 이올란타와 파혼하겠다는 내용이다. 르네왕이 당황했을 때 트리스탄과 조프리가 도착해 왕을 찾는다. 트리스탄은 이 정원에 사는 아가씨를 사랑한다고 말하고, 왕은 그녀가 자신의 딸이자 네 약혼녀인 이올란타라 말한다. 의사가 시력을 찾은 이올란타를 데려온다.

이 희곡의 주인공은 15세기 로렌의 실제 인물이었던 욜랑드 공비다. 앙주 공의 딸이던 그녀는 보데몽의 백작과 결혼해 로렌 지방을 상속했다. 희곡에서는 그녀가 비밀의 화원에서 잠자는 공주로 설정되어 있다.

차이콥스키와 모데스트는 마지막이 될 오페라 〈이올란타〉를 통해 〈오를레앙의 처녀〉의 무대였던 프로방스로 돌아갔다. 1431년, 열아홉 살의 잔 다르크가 화형대 위에서 삶을 마감했을 때 로렌의 욜랑드 공주는 두 살이 채 되지 못했다. 충격에 눈이 먼 것일까? 차이콥스키 형제는 〈스페이드의 여왕〉에 이어 다시 원작에 과감하게 손을 댔다. 이올란타의 처지와 시력 회복 조건은 그대로다. 그러나 그녀와 맺어질 보데몽 백작은 애초 정혼자가 아니었다. 차이콥스키 형제는 공주와 보데몽 백작을 정해진 운명에 이끌리는 대신 적극적으로 운명을 개척하는 인물로 바꾸었다. 〈스페이드의 여왕〉 때와 달리 이번에는 모데스트의 개작이 좀 더 설득력이 있다.

르네왕은 딸을 숨겨 둔 비밀의 정원에 침입하는 자는 사형에 처한다는 경고를 써 두었다. 부르고뉴의 공작 로베르와 그의 친구 보데몽 백작이 도착한다. 오페라에서 이올란타의 정혼자는 로베르다. 그러나 로베르는 한 번도 보지 못한 이올란타가 아닌 마틸드를 사랑한다. 왕의 경고문을 떠올린 로베르는 친구를 두고 친위대를 데리러 간다. 보데몽 백작은 이올란타의 아름다움에 반하며, 이올란타도 처음 맞는 손님에게 호감을 보인다. 보데몽 백작에게 빛과 색을 처음 들은 이올란타는 자신도 꼭 보고 싶다고 말한다.

그사이 돌아온 왕은 금지된 비밀을 안 딸을 보고 당황한다. 왕은 딸에게 치료를 받겠느냐고 묻는다. 그녀는 꼭 보고 싶다고 청한다. 의사가 그 정도로는 장담하지 못한다고 말하자 왕은 만일 공주가 눈을 못 뜨면 보데몽 백작은 죽는다고 선언한다. 이올란타는 너무 가혹하다며 반드시 낫겠다고 맹세한다. 공주가 치료받는 동안 보데몽 백작은 왕에게 청혼을 넣는다. 그러나 왕은 이미 혼처를 정했다고 거절한다. 그때 군대를 거느린 로베르가 돌아와 자신은 마틸드를 사랑하니 이올란타와 한 약혼을 취소해 달라고 청한다. 왕이 마다할 까닭이 없다. 치료를 마친 이올란타는 처음 보는 아버지와 연인의 얼굴을 목소리로 구분한다. 모두 감사의 합창을 한다.

　언뜻 보아 〈잠자는 숲속의 미녀〉나 〈백설공주〉처럼 뻔한 줄거리인 듯하지만 차이콥스키 형제는 원작에는 없는 정교한 인과관계를 설정했다. 단순한 예언이나 우연의 일치가 아니라 목숨이라도 걸 진정한 사랑만이 문제를 해결해 준다는 믿음이다. 예정대로 흘러갔던 〈잠자는 숲속의 미녀〉를 보완한 것이다. 그러고 보면 〈스페이드의 여왕〉에서 푸시킨의 원작을 훼손해 가며 두 주인공을 열렬히 사랑하는 사이로 만든 까닭도 이해할 만하다.

선한 기사님, 빛이 무엇이죠?

　〈스페이드의 여왕〉이 〈돈 조반니〉를 예찬했다면 〈이올란타〉는 〈마술피리〉와 상통한다. 순수한 사랑으로 어둠을 몰아내고 빛을 되찾는다는 믿음이야말로 계몽주의의 핵심이다. 서곡이 끝나고 막이 오르면 이올란타와 유모의 대화에서 차이콥스키는 현악 앙상블을 등장시킨다. 그는 마침 이 부분과 함께 〈현악육중주 '피렌체의 추억'〉을 작곡했다. 두 곡은 당연히 같은 느낌이다.

　이올란타는 자신을 측은히 여긴 유모가 우는 것을 알고는 눈이란 눈물을 흘리기 위해서만 있는 것이냐고 묻는다. 그러나 그녀는 애초에 눈의 기능을 상상조차 하지 못했으므로 천진난만하기만 하다. 또한 그녀는 손이 미치는 세상만 이해한다는 점에서 차이콥스키의 또 다른 영웅인 셰익스피어의 『템페스트』 주인공을 떠오르게 한다.

밀라노에서 태어난 뒤 어릴 때 무인도로 건너와 사람이라고는 아버지밖에 모르고 자란 미란다 말이다.

하지만 시작부터 이런 신파이면 곤란하다. 차이콥스키는 얼른 분위기를 바꾼다. 유모와 시녀들은 자장가를 불러 주며 온갖 들풀을 찬양한다. 〈예브게니 오네긴〉의 타티아나가 돈강 변에서, 〈오를레앙의 처녀〉의 잔이 로렌에서 사랑했던 바로 그 자연이다.

> 미나리아재비와 수레국화를 가져왔어요. 미모사와 장미, 패랭이도요. 은방울꽃과 은은한 봄의 백합, 향기 그득한 재스민도 받으세요.
> ─ 차이콥스키, 〈이올란타〉 중

주인공과 그 주변 인물은 여성이지만, 오페라 전체적으로는 남성이 압도적이다. 아버지 르네왕의 아리오소는 처연한 러시아 민요처럼 들린다. 마치 오래전 프로방스가 러시아 땅이었다가 잃기라도 한 것처럼 동토의 감수성으로 앞을 보지 못하는 딸을 가진 아버지의 심정을 털어놓는다.

이어지는 무어인 의사 이븐 하키아의 독백은 아라비아 문양이 담쟁이처럼 휘감듯이 점증하는 감정을 이어 간다. 빛이 어둠을 물리칠 것이라는 하키아의 확신 끝에 다시 르네왕의 모티프가 더해지면서 드라마를 고조시킨다. 의사의 존재감은 〈마술피리〉의 의인 자라스트로와 맞닿는다.

왕과 의사가 나간 자리에 로베르와 보데몽이 들어온다. 마틸드를 찬양하는 로베르에게 이올란타 따위는 안중에도 없다. 그는 이올란타가 앞을 보지 못하는 처지라는 것도 모르는 채 오만하게 콧대 높은 공주이리라 예단한다. 반면 보데몽은 감각이 아닌 영혼을 채우는 사랑을 기다린다. 차이콥스키는 이 러시아 테너에게 이탈리아나 독일보다는 프랑스 테너의 감성을 요구한다. 이곳은 프로방스 아니던가!

그런 보데몽의 눈에 이올란타는 천사와 같다. 이올란타에게 붉은 장미를 달라고 청했던 그는 그녀가 두 번, 세 번 흰 장미를 건네고 나서야 비극적인 현실을 알게 된다. 그런데도 그는 그녀에 대한 마음을 바꾸지 않는다. 그는 이올란타에게 '빛'이 무엇인지 알려 준다. 보데몽 역의 테너는 기교나 뽐내는 가수가 아니라 뚫을 듯한 빛을 만들어 내야만 한다.

이올란타: 선한 기사님, 빛이 무엇이죠?

보데몽: 영원한 자연이 주는 놀라운 선물이지요.

소중하고 성스러운 선물입니다.

무한한 원천으로 아름다움의 기쁨을 가져다줍니다.

태양, 하늘, 빛나는 별이 세상을, 우리 지상의 집을 채웁니다.

삼라만상을 말할 수 없는 아름다움으로요!

빛이 주는 기쁨을 모르는 사람은 삶을 사랑할 수 없습니다.

하느님의 세상이 검은색이라면 그분을 찬양할 수 없습니다.

암흑에는 빛이 없으니까요.

그분의 빛으로 보잘것없는 내 영혼이 당신을 보았습니다, 사랑스러운 아가씨.

당신의 꾸밈없고 가녀린 모습, 사랑스럽고 귀여운 표정을요.

그래요, 그것은 첫 창조입니다.

하느님이 세상에 주신 최고의 선물입니다.

— 차이콥스키, 〈이올란타〉 중

  길이가 길지 않고 복잡한 장면 전환이나 화려한 무대가 필요하지 않은 〈이올란타〉는 작은 극장에서도 인기 있는 레퍼토리다. 유튜브에도 여러 오페라단이 전곡을 올려 놓았을 정도다. 규모가 더 큰 극장은 이 곡을 차이콥스키의 원뜻대로 더블빌(두 편 동시 상영)로 공연했다. 마드리드왕립극장은 스트라빈스키의 〈페르세포네〉로 뒤를 이었고, 메트로폴리탄오페라극장은 버르토크의 〈푸른 수염 영주의 성〉을 묶었다.

  내게는 쿠렌치스가 지휘하고 피터 셀라스가 연출한 마드리드왕립극장 무대가 더욱 설득력 있었다. 셀라스는 스트라빈스키의 〈페르세포네〉가 지상과 지하를 오가는 계절 순환의 신화임을 간파했다. 러시아의 대표적인 연출가인 드미트리 체르냐코프처럼 원작을 비틀지 않고도 한 무대에 녹아드는 두 곡이다. 쿠렌치스는 〈이올란타〉의 마지막 합창에 들어가기 전에 차이콥스키의 다른 음악을 삽입한다. 〈성 요하네스 크리소스토무스 전례〉 가운데 '케루빔 찬가'가 그것이다. 신비로운 무반주 합창은 이올란타가 어둠에서 빛으로 나올 충분한 시간을 준다. 그 광채가 다 퍼진 뒤에 오는 피날레는 훨씬 밝지만 눈부시지 않다.

  2019년 10월, 그리스 태생의 쿠렌치스는 파리 생트샤펠성당을 정교회 성가로 채워 빛과 소리가 하나임을 보여 주었다. 영화 〈화이트 크로우〉에서 누레예프는 생트샤펠성당에 들어갔을 때 이렇게 말한다. "이곳에서 살고 싶어요!" 모두 어이없어했지만 누레예프는 정말 빛이 가득한 곳에 여전히 살아 있다.

나도 2017년 12월 24일에 생트샤펠성당에서 열린 크리스마스 음악회에 갔다. 그리스도의 가시면류관을 모신 왕실 예배당에서 파리의 중견 음악가들이 매년 여는 공연이다. 안토니오 비발디의 곡을 비롯하여 유명 성가곡을 엮은 공연은 충분히 만족스러웠다. 나를 실망시킨 것은 야간이라 기대했던 영롱한 스테인드글라스를 보지 못한 것이다. 아마 누레예프도 밤에 이곳에 왔다면 살고 싶지 않았을 것이다. 나는 다음 날 크리스마스 아침에 다시 생트샤펠성당에 갔다. 눈부신 아침 햇살을 받은 그곳은 정말 쿠렌치스의 음악이 없더라도 살고 싶은 곳이었다.

2016년, 파리오페라극장이 초연 때처럼 〈이올란타〉를 〈호두까기 인형〉과 함께 공연했는데, 〈호두까기 인형〉은 일반적인 E. T. A. 호프만의 이야기가 아니라 연출가 체르냐코프의 각색에 따랐다. 크리스마스이브에 클라라가 호두까기 인형의 도움으로 쥐의 왕과 싸워 이기는 대신 체르니야코프의 평소 관심사인 종말 이후의 세계를 그렸다. 어려서 체르노빌 참사를 본 세대인 체르냐코프는 볼쇼이극단의 〈루슬란과 류드밀라〉나 베를린국립오페라의 〈파르지팔〉 연출에서도 핵 재앙에 대한 경고를 담았다. 〈호두까기 인형〉에서도 영화 〈멜랑콜리아〉처럼 혜성과 지구 충돌에 대한 꿈을 꾼 여주인공이 이전과는 '다른 눈'으로 세상을 본다는 식으로 〈이올란타〉와 연

차이콥스키와 대본 작업을 한 모데스트

차이콥스키의 쌍둥이 동생 중 모데스트는 형제 가운데 차이콥스키와 가장 친했으며, 〈스페이드의 여왕〉과 〈이올란타〉의 대본 작업도 함께했다. 형이 죽은 뒤에는 클린의 집을 차이콥스키 박물관으로 만들었을 뿐만 아니라 형에 대한 첫 번째 전기를 쓰기도 했다.

결한다.

네트렙코와 피오트르 베차와를 주역으로 내세운 메트로폴리탄 오페라극장의 〈이올란타〉 연출은 군더더기 없다. 비밀의 정원을 영상으로 장식한 솜씨는 환상적이다. 이올란타의 정육면체 방은 필요에 따라 회전하며 극에 긴장감을 불어넣는다. 네트렙코는 당연히 기대할 수 있는 최선의 이올란타다. 그녀는 처음 서방에 나왔을 때 러시아인이라면 누구나 아는 〈이올란타〉를 아무도 모른다는 사실에 적잖이 놀랐다 한다.

차이콥스키의 마지막 무대는 이렇게 막을 내린다. 열한 개의 오페라 가운데 해피엔딩은 〈체레비츠키〉와 〈이올란타〉 둘뿐이다. 행진곡풍의 결말은 행복을 위해 내딛는 힘찬 걸음과도 같다. 1892년 12월 18일, 〈이올란타〉와 〈호두까기 인형〉 초연 다음 날, 차이콥스키는 아나톨리에게 편지했다.

오페라와 발레 모두 큰 성공이었어. 오페라는 특히 모두가 좋아했지. (…) 둘 다 무대도 굉장했단다.
— 1892년 12월 19일, 차이콥스키가 아나톨리에게 보낸 편지 중

그러나 앞서 보았듯이 공연은 성공하지 못했다. 사흘 뒤 아나톨리에게 보낸 편지에서는 언론의 부정적인 평가에 대해 언급했다.

그런 것은 전부 관심 없어. 처음 있는 일도 아니고. 그리고 언제인가는 딛고 일어설 것을 아니까. 그런 비평에 화내지 않을게. 그렇지

만 기분은 좋지 않아. 이런 상황에서는 당연하지. 오래 살면서 중요한 일에 몰두했는데, 기대했던 일이 벌어질 때 그것이 냉소와 반감을 불러온다면 우리 열망이 덧없게 느껴지지 않겠니.

— 1892년 12월 22일, 차이콥스키가 아나톨리에게 보낸 편지 중

차이콥스키는 언제나처럼 〈이올란타〉도 빛을 보리라 확신했다. 이듬해 함부르크에서 이 곡을 지휘한 말러는 막 〈교향곡 제3번〉 작곡에 착수했다. 각 악장의 부제는 다음과 같다. 판이 깨어나고 여름이 행진해 온다―들판의 꽃이 내게 말한 것―숲의 동물이 내게 말한 것―사람이 내게 말한 것―천사가 내게 말한 것―사랑이 내게 말한 것. 정확히 〈이올란타〉 이야기다. 글린카가 〈루슬란과 류드밀라〉를 쓴 이래 불과 반세기 만에 바야흐로 러시아가 독일, 아니 전 유럽에 영향을 미쳤다.

10

PYOTR ILYICH TCHAIKOVSKY

상실과 죽음

당신을 잊은 적이 없습니다

　토마스 만의 대작 『파우스트 박사』는 어느 작곡가의 성공과 파멸을 그린 이야기다. 독일 음악의 운명을 어깨에 짊어진 아드리안 레버퀸은 악마와 거래해 사랑을 잃고 창작력을 얻었다. 덕분에 젊은 작곡가는 승승장구한다. 저명한 비평가가 신인에게 이례적인 호평을 해 주는가 하면, 유력 출판사와 계약도 맺는다. 사실 이는 숨은 후원자 톨나 부인의 조건 없는 배려 덕분이었다.

　부인과 아드리안은 편지로 모든 이야기를 주고받았다. 부유한 미망인인 부인은 아드리안에게 필요한 지원을 아끼지 않았다. 아드리안의 작품이 곳곳에서 공연되도록 은밀히 주선했고, 그가 지나온 길을 마치 순례하듯 다녀갔다. 그렇지만 둘은 한 번도 만나지 않았다. 아드리안은 작곡하는 동안 그녀에게 받은 큰 에메랄드 반지를 왼손에 끼었다. 마치 다른 세상, 곧 마성魔性과 연결되는 예식을 치르는 듯했다. 아드리안은 부인의 초대에 딱 한 번 응해 그녀의 영지에 머문다. 물론 부인은 집을 비운 상태였다. 귀족의 여유로운 생활 속에 그는 악마의 땅처럼 피폐한 주민의 삶을 목격한다.

톨나 부인의 묘한 이야기는 반사적으로 차이콥스키와 폰 메크 부인을 떠오르게 한다. 만이 썼다기에는 누가 보더라도 너무 드러나는 설정이다. 그만큼 차이콥스키와 폰 메크 부인의 관계는 전무후무했다. 소설처럼 부인은 차이콥스키에게 우크라이나 브라일로프의 별장에 머물게 했다. 자신이 쓰지 않을 때 와도 좋다는 조건으로 말이다.

영화 〈차이콥스키〉에서 주인공은 별장 앞 강가에서 수영한다. 폰 메크 부인의 가족이 뱃놀이로 곁을 지나갈 때 그는 수초 사이에 숨어서 지켜본다. 영화는 차이콥스키와 폰 메크 부인의 영적인 대화를 아름답게 그린다. 기차 안에서 뒤척이던 차이콥스키가 〈오를레앙의 처녀〉에 쏟아진 혹평을 읽고 괴로워할 때 부인의 환영이 그를 위로한다. "그들이 사라져도 당신 작품은 영원할 것"이라는 말에 차이콥스키가 답한다. "나는 그보다 더는 악상이 떠오르지 않을까 두렵습니다." 이런 장면에서 악마와의 거래를 떠올리지 않는 작가가 있다면 그는 정말 유혹에 강한 사람이리라.

두 사람은 실제로 만났을 때 벌어질 감당할 수 없는 상황을 누구보다 잘 알고 있었다. 어쩌면 편지를 주고받는 내내 그 생각에 번민했을지 모른다. 백만장자 미망인과 그녀가 후원하는 아홉 살 어린 동성애자 천재의 만남은 자의이든 타의이든 행복하지는 못했으리라. 더 큰 고통을 피하기 위해 그들은 덜한 고통, 곧 만나지 않는 정신적 사랑을 택했다.

폰 메크 부인의 영지가 있던 브라일로프

폰 메크 부인은 차이콥스키로 하여금 브라일로프에 있는 자신의 별장을 편하게 이용할 수 있게 해 주었다. 두 사람은 서로 만나지 않는다는 전제 아래 예술가와 후원자로서 14년간 전무후무한 관계를 이어 갔다. 1890년, 부인으로부터 후원 중단을 통보받았을 때 차이콥스키는 서운하다는 말보다는 "당신을 잊은 적이 없습니다. 저 자신을 생각할 때 언제나 어쩔 수 없이 당신이 떠오릅니다"라는 말로 마지막 답장을 보냈다.

영화는 두 사람 간의 메신저였던 차이콥스키의 제자 브와디스와프 파홀스키를 잘 그렸다. 그의 아버지는 폰 메크 부인 집안의 일꾼이었다. 부인은 파홀스키의 음악 교육을 차이콥스키에게 의뢰했고, 졸업 뒤 그는 부인의 비서로 일했다. 훗날 부인의 건강이 악화했을 때 파홀스키가 대신 편지를 썼다.

1890년, 차이콥스키와 폰 메크 부인의 14년에 걸친 우정이 끝난 데는 파홀스키와 부인의 딸 율리야의 결혼이 결정적인 영향을 미쳤다. 파홀스키 부부는 폰 메크 가문의 큰 유산을 더는 차이콥스키와 나누고 싶어 하지 않았다. 마침 부인의 철도 사업도 난관에 부딪혔고, 차이콥스키도 2년 전부터 차르 알렉산드르 3세로부터 3000루블의 종신 연금을 받기 시작했다. 후원 삭감 통보를 받은 차이콥스키는 우정을 돈으로 사지 않았다는 마음을 담은 마지막 답장을 보냈다. 서운하다는 내용보다 마지막 몇 줄이 두 사람의 관계를 잘 요약한다.

과장하지 않고, 당신을 잊은 적이 없습니다. 그리고 단 1분도 잊지 않겠습니다. 저 자신을 생각할 때 언제나 어쩔 수 없이 당신이 떠오릅니다.

당신 두 손에 입을 맞춥니다. 알아주세요. 아무도 (당신처럼) 저를 이해하지 못했고, 누구도 (저처럼) 당신의 슬픔을 나누지 못합니다.
— 당신의 P. 차이콥스키.

저에 대해, 다음 할 일에 대해 편지하겠습니다. 성급한 악필을 제발 용서하세요. 너무 흥분해서 잘 써지지 않습니다.

— 1890년 10월 4일, 차이콥스키가 폰 메크 부인에게 보낸 편지 중

하지만 마지막 약속은 지키지 못했고, 이것으로 둘의 서신 왕래는 끝났다.

사랑의 사중주

차이콥스키의 여동생인 알렉산드라의 아들 블라디미르 다비도프는 날 때부터 외삼촌을 똑닮았다. 가족은 아기를 영어로 '베이비'라 불렀는데, 정작 블라디미르 자신이 '밥Bob'이라 잘못 발음해서 그것이 그대로 애칭이 되었다. 밥은 차이콥스키의 양아들이나 마찬가지였다. 삼촌은 자신과 닮은 조카를 상속자로 생각했고, 자신이 세상을 떠난 뒤 모두가 그를 자신처럼 여겨 주기를 바랐다. 그가 생애 후반에 그토록 카미안카를 자주 찾고 오래 머물렀던 이유는 바로 다비도프 때문이었다. 나이 차이와 무관하게 차이콥스키는 거의 연인을 대하듯 조카를 아꼈다. 그러나 다비도프가 성장할수록 애정의 무게추는 한쪽으로 치우쳤다. 그리움은 어쩔 수 없이 차이콥스키 차지였다.

1891년, 미국 순회공연을 앞두고 지병을 앓던 여동생이 죽었다. 차이콥스키로서는 이미 거액을 받은 터라 미국행을 포기할 수 있는 상황이 아니었다. 4월 17일, 프랑스 르아브르에서 브르타뉴호

를 탄 그는 아흐레 뒤인 4월 26일 뉴욕에 도착했다. 철강왕 앤드루 카네기가 희사한 새 콘서트홀의 개관 기념 공연에 초대받은 것이었다. 차이콥스키가 지휘한 곡은 〈모음곡 제3번〉과 〈피아노 협주곡 제1번〉이었다. 도시가 준 아름답고 독특한 인상에 비하면 연주는 평범했다.

차이콥스키는 볼티모어, 필라델피아, 워싱턴도 들렀다. 그러나 역시 가장 감동적인 곳은 나이아가라 폭포였다. 그는 이때의 경험을 일기에 상세하게 적었다. 워낙 광대하고 인파가 몰리는 탓에 그저 주위를 둘러보는 데 그쳤던 나에 비하면 차이콥스키는 말 그대로 모히칸족인 양 폭포의 구석구석을 누볐다. 배를 타고 급류가 흐르는 세자매섬에 오르기도 하고, 미국 쪽과 캐나다 쪽을 오가며 볼가강이나 센강의 폭과 비교하기도 했다. 그 압도적인 광경에 여동생의 죽음은 말끔히 잊은 것일까?

미국에서 친구들에게 보낸 들뜬 편지를 보면 차이콥스키는 모르핀과 술에 찌든 알렉산드라와 이미 오래전 마음속으로 이별했음을 알 수 있다. 열아홉 살 조카도 어머니의 예견된 죽음을 꿋꿋하게 견뎠다.

미국에서 돌아온 차이콥스키는 모데스트, 다비도프와 함께 여동생의 죽음을 애도하고 가족애를 나누었다. 남자만 셋이었지만 여성이 필요하지는 않았다. 폰 메크 부인에 이어 여동생까지 잃은 차이콥스키가 이 시기 조카에게 보낸 편지는 말 그대로 연서다.

연인에게 편지를 받은 젊은이처럼 나는 부끄러움 없이 네 손이 지나간 자리에 입을 맞추었다. 소중하고 멋진 친구, 사랑한다!

― 1891년 7월 20일, 차이콥스키가 다비도프에게 보낸 편지 중

베토벤이 조카 카를을 통해 이루지 못한 가정을 꿈꾸었듯이 차이콥스키도 자신의 외모 못지않게 예술적인 재능까지 닮은 조카 다비도프를 매우 아꼈다. 한편 형을 닮고자 모든 것을 따랐던 모데스트에게는 형과 같은 음악성이 없었고, 대신 그는 문학에 매진했다. 앞서 〈스페이드의 여왕〉과 〈이올란타〉의 대본을 원작과 다르게 바꾼 이유도 자신의 존재감을 높이기 위해서였다.

다비도프는 모데스트에게 두 삼촌의 동성애 성향을 알고 있다는 것과 자신도 그와 같다고 고백했다. 다비도프가 좋아하는 상대는 법률학교 동급생인 루돌프(루디) 북스회프덴이었다. 다비도프는 작은삼촌에게 보내는 편지에서 큰삼촌의 질투에 대해 언급했다.

저와 루디의 관계를 설명해 주는 만화를 생각했어요. 받침대가 있고, 루디가 그 위에 섰어요. 그 아래 불길이 타오르고 제가 거기에 끝없이 연료를 부어요. 연료에는 극장표, 저녁 메뉴판, 페트야 삼촌과 작은삼촌 작품 따위가 들었어요. 그것은 그렇고 페트야 삼촌은 이따금 울적했다가 부글부글하세요.

― 1891년, 다비도프가 모데스트에게 보낸 편지 중

다비도프와 루디의 관계는 오래전 법률학교 시절의 차이콥스키와 그가 사랑한 키레예프와 같다. 아니, 차이콥스키는 또다시 법률

학교 후배를 짝사랑하는 처지가 되었다. 큰삼촌은 조카를, 조카는 동급생을 사랑하고, 차이콥스키의 동생은 형이 자신을 조카처럼 생각해 주기를 바라는데 그 조카가 삼각관계를 자신에게 털어 놓는 상황이다. 이 완벽한 '사랑의 사중주'를 완성하는 데 여성 연주자는 필요하지 않았다.

레퀴엠을 쓰지는 않았지만

1893년 2월, 차이콥스키는 조카에게 헌정할 교향곡을 쓰기 시작했다. 아나톨리에게 보낸 편지를 보면 이번에도 작품이 목표로 하는 수준은 분명했다.

> 온통 새 작곡만 생각하고 있어. 이 작품에서 떨어지기가 어렵군. 내가 만든 최고의 곡이 될 거야. 가능한 한 이 교향곡을 빨리 끝내야 해. 다른 할 일이 많기 때문이야.
> ─ 1893년 2월 22일, 차이콥스키가 아나톨리에게 보낸 편지 중

차이콥스키는 5월 말에 영국으로 향했다. 6월 1일 런던필하모닉협회에서 〈교향곡 제4번〉을, 6월 12일 케임브리지에서는 〈프란체스카 다 리미니〉를 직접 지휘했다. 이튿날 케임브리지대학교 명예 음악 박사 학위를 받았다.

클린으로 돌아온 차이콥스키는 〈교향곡 내림마장조〉와 〈피아노

협주곡 제3번〉을 작곡했지만, 둘 다 미완성에 그쳤다. 뒤에 제자인 타네예프가 〈교향곡 내림마장조〉의 두 악장을 취합해 〈안단테와 피날레〉라는 이름으로 출판했다.

〈교향곡 제6번 '비창'〉은 아직 작업 중이었다. 8월 29일, 절친한 친구 아푸흐틴의 부음을 들었다. 푸시킨을 달달 외우고 차이콥스키에게 「운명」을 써 준, '세례자 요한' 같은 시인 친구였지만 만년에 차이콥스키는 다비도프에게 아푸흐틴을 경계하라고 주의를 주었다. 그는 동성애자 친구가 조카를 유혹할까 걱정했다. 그런 아푸흐틴이 죽고 이틀 뒤 차이콥스키는 〈교향곡 제6번 '비창'〉을 완성했다.

이 무렵 차이콥스키의 후원자이자 다비도프의 연대장이던 콘스탄티노비치 대공은 아푸흐틴의 시를 가지고 레퀴엠을 작곡해 보라고 권했다. 그러나 차이콥스키는 〈교향곡 제6번 '비창'〉에 이어 진혼곡을 쓰는 것이 자신에게 부정적인 영향을 미치지 않을까 여기고 사양했다.

레퀴엠을 쓰지는 않았지만 죽음은 이미 차이콥스키의 가까이에 와 있었다. 10월 22일, 그는 상트페테르부르크의 말라야모르스카야가 13번지에 있는 모데스트의 아파트에 도착했다. 표트르대제의 청동 기마상과 성이삭대성당이 지척에 있는 가장 번화한 거리다. 지금은 다른 사람이 살고 있지만 2층 창 옆에 차이콥스키의 생몰 연도를 적은 명판이 걸려 있다. 여기서 필하모닉홀까지는 15분이면 걸어갈 수 있다. 그곳에서 10월 28일 차이콥스키는 〈교향곡 제6번 '비창'〉을 직접 지휘해 초연했다. 이때 함께 연주한 곡은 모차르트의 오페라 〈이도메네오〉 가운데 발레 음악이다.

최후의 걸작 〈교향곡 제6번 '비창'〉 자필 악보
차이콥스키가 "내 작품 중 가장 진지한 것"이라고 말한 〈교향곡 제6번 '비창'〉은 1893년 10월
28일 상트페테르부르크의 필하모닉홀에서 차이콥스키 자신의 지휘로 초연되었다. 곡 전편에
흐르는 비애와 우울과 사무치는 고통은 곧 다가올 자신의 죽음을 알리는 부음이었을까? 초
연 이후 9일 만에 그는 콜레라로 세상을 떠나고 말았다.

11월 1일에도 차이콥스키는 여느 때와 같이 아파트와 음악당 사이에 있는 문학카페에 갔다. 푸시킨과 도스토옙스키가 단골로 드나들던 이곳에서 친구들과 식사한 다음 날, 참을 수 없는 복통이 찾아왔다. 의사는 콜레라로 진단했다. 설사와 구토가 반복되면서 장이 찢어지는 고통이 밀려왔다. 잠시 호전되는 듯했지만 콩팥이 망가져 독소를 걸러 내지 못하면서 폐와 심장까지 못 쓰게 되었다. 결국 차이콥스키는 11월 6일 (러시아 구력으로는 10월 25일) 새벽 3시에 숨을 거두었다.

11월 8일, 러시아 전역에 그의 죽음을 애도하는 예배가 열렸다. 장례식은 차르의 전폭적인 지원 아래 11월 9일 카잔성당에서 거행되었다. 필하모닉홀 건너편에 있는 카잔성당은 6000명을 수용할 수 있는 곳이다. 그러나 장례식 입장권을 사려는 사람이 6만 명이나 몰린 끝에 8000명만 들어갈 수 있었다. 차이콥스는 알렉산드르넵스키수도원의 티호빈 묘지 양지바른 곳에 영원히 잠들었다.

죽음 이후

11월 18일, 나프랍니크가 지휘한 차이콥스키 추모 음악회에서 〈교향곡 제6번 '비창'〉과 환상 서곡 〈로미오와 줄리엣〉, 그리고 레오폴드 아우에르의 협연으로 〈바이올린 협주곡〉이 연주되었다. 차이콥스키보다 한 살 많은 체코 출신의 지휘자 나프랍니크는 그동안 〈오프리치니크〉, 〈대장장이 바쿨라〉, 〈오를레앙의 처녀〉, 〈스페

이드의 여왕〉, 〈이올란타〉의 초연을 지휘하는 등 마린스키극장의
산증인이었다.

두 번째로 림스키코르사코프와 펠릭스 블루멘펠트가 나누어 지
휘한 음악회에서는 〈프란체스카 다 리미니〉와 〈교향곡 제4번〉이
공연되었다. 당시 열여섯 살이던 스트라빈스키는 두 공연을 모두
보며 한 해 전 〈루슬란과 류드밀라〉의 초연 50주년 기념 공연 때 차
이콥스키를 멀리서 본 추억을 떠올렸다.

〈교향곡 제6번 '비창'〉의 초연을 둘러싼 차이콥스키의 사인은 오
랫동안 논란거리였다. 끓이지 않은 물을 먹고 콜레라에 걸려 죽었
다는 설이 널리 받아들여졌다. 병상에 누운 엿새 동안 일어난 경련
과 복통, 설사, 신장 기능 정지 따위의 묘사는 읽기만 해도 매우 고
통스럽다. 차이콥스키는 어머니가 콜레라를 앓을 때 온욕을 했음에
도 살지 못한 것을 상기하며 의사의 목욕 처방을 따르지 않았다. 그
는 음악을 좋아하는 주치의 바실리 베르텐손이 〈탄호이저〉를 보러
가지 않고 자기에게 왔음을 미안하게 생각했다. 마지막에는 목욕도
했지만 이미 늦었다.

콜레라라는 설에 대한 반박도 나왔다. 물을 마신 시점에 대해서
도 많은 추측이 있지만 적어도 문학카페가 위생법을 어기고 끓이지
않은 물을 냈을 리 없다는 주장은 설득력 있다. 콜레라가 수인성 전
염병이라는 사실은 이미 39년 전에 밝혀졌다. 어머니의 전례를 두
려워해 목욕도 거절한 차이콥스키가 끓이지 않은 물이라는 것을 알
면서도 마셨을까? 림스키코르사코프는 일반적인 콜레라 환자가 죽
었을 때와 달리 차이콥스키가 죽었을 때는 모데스트의 아파트가 개

방되어 사람들이 자유롭게 문상을 했고, 술 취한 동료 교수 알렉산드르 베르즈빌로비치가 차이콥스키의 주검에 입을 맞추었다고 자서전에 썼다.

1979년, 알렉산드라 오를로바라는 소련 음악학자가 서방으로 건너와 유력한 설을 전했다. 스텐보크 페르모르라는 공작이 차이콥스키와 조카 다비도프가 불륜 관계라는 고발장을 차르에게 보냈다. 차르는 상원 검찰관 니콜라이 보리소비치 야코비에게 조사를 명했다. 큰 소란을 원하지 않은 야코비는 차이콥스키와 그의 법률학교 동창들을 서재로 불렀다. 다섯 시간 동안 열린 명예 재판 결과 차이콥스키는 자결을 강요받았다. 그는 비소를 먹는 방법을 택했는데, 그 증세가 콜레라와 비슷했다. 오를로바의 주장은 명예 재판이 10월 31일에 열렸다는 사실 때문에 힘을 얻었다. 차이콥스키의 행적이 비밀에 싸인 유일한 날이기 때문이다. 그러나 이 이야기가 오를로바에게 도달하는 데는 몇 다리를 걸쳤다. 야코비가 아내 엘리자베타 카를로브나에게, 그녀는 남편의 제자 알렉산드르 보이트로프에게, 보이트로프가 끝으로 오를로바에게 전한 말이다. 심증은 있지만 물증이 없기는 마찬가지다.

차이콥스키 전기를 쓴 데이비드 브라운은 이를 바탕으로 콜레라 사망설에 의혹을 제기했지만 포즈난스키는 당시 콜레라에 대한 보건 당국의 지침과 차이콥스키의 증상 등을 토대로 콜레라가 아니라는 의혹을 일축했다. 그는 나아가 차이콥스키의 직접적인 사인이 콜레라가 아니라 그로 인한 혈액 감염이었다고 추측한다. 과학수사대가 재구성한 듯한 과도한 추론은 다시 수수께끼로 묻히고 만다.

사실 나는 차이콥스키의 사인에 집착하지 않는다. 그는 죽을 때가 되어 죽었다. 몇 해 더 살아서 〈교향곡 내림마장조〉와 〈피아노 협주곡 제3번〉, 오페라 〈로미오와 줄리엣〉 등도 완성했으면 좋았을지 모른다. 하지만 그랬더라도 〈체레비츠키〉나 〈차로데이카〉는 물론이고, 〈오를레앙의 처녀〉나 〈마제파〉가 더 주목받지는 않았을 것이다. 대신 확고한 사실 하나가 눈에 띈다.

1893년 6월 3일 콘스탄틴 실롭스키 사망, 1893년 7월 7일 블라디미르 실롭스키 사망, 1893년 8월 29일 아푸흐틴 사망, 1893년 10월 8일 알렉세이 플레셰예프 사망, 1893년 11월 6일 차이콥스키 사망, 1894년 1월 13일 폰 메크 사망. 마치 초신성 폭발로 블랙홀이 생기며 그 앞뒤를 빨아들인 듯한 연속된 죽음이다. 차이콥스키는 전 재산과 그 분배권을 조카 다비도프에게 남겼다. 다비도프는 어머니처럼 모르핀 중독으로 심신이 쇠약해진 끝에 1906년 서른다섯 살의 나이로 권총 자살을 했다.

한편 1877년 약 20일간의 짧은 신혼생활을 끝으로 우리의 관심에서 사라진 안토니나 차이콥스카야는 법적으로 계속 차이콥스키의 아내였다. 그녀는 차이콥스키로부터 꾸준히 연금을 받으며 알렉산드르 시리코프라는 변호사와 세 아이를 낳았다. 아이들은 모두

차이콥스키의 묘지

1893년 11월 9일, 차르의 전폭적인 지원 아래 카잔성당에서 차이콥스키의 장례식이 거행된 뒤 그의 시신은 러시아의 많은 예술 거장들이 잠들어 있는 알렉산드르넵스키수도원의 티호빈 묘지에 묻혔다.

유년에 죽었다. 차이콥스키 사후 피해망상에 사로잡힌 그녀는 결국 정신병원에서 치료받았다. 모데스트의 쌍둥이 아나톨리의 도움으로 요양 생활을 하던 그녀는 1917년에 폐렴으로 세상을 떠났다.

우리가 아는 차이콥스키의 이야기는 대부분 모데스트가 정리한 형의 편지와 일기, 그리고 전기에 바탕을 둔다. 형에게 사랑받고 싶었던 동생은 그동안 형의 모든 작품을 출판했던 유르겐손을 견제했다. 그는 형 사후 타네예프가 완성한 작품의 판권을 유르겐손이 아닌 맞수 미트로판 벨라예프에게 주었다. 모데스트는 1916년 모스크바에서 사망했다.

얀손스 추모 공연이 열린 날, 나는 필하모닉홀을 나와 마린스키 극장 근처에 있는 호텔까지 걸어왔다. 30분 정도 걸리는 거리다. 우리나라의 을지문덕이나 강감찬 장군쯤 되는 알렉산드르 넵스키의 이름을 딴 대로로 나오면 유명한 돔크니기서점이 있다. 입구에서부터 "BTS!"라고 적힌 특별 진열대가 가장 눈에 띄는 자리를 차지하고 있었다. 차이콥스키 자료는 찾아보아도 딱히 눈에 들어오는 것이 없었다. 음반과 DVD 코너는 얼마 전부터 아예 사라졌다고 한다.

서점 바로 건너편에는 차이콥스키의 장례식이 열린 카잔성당이 있다. 그 앞에 나폴레옹을 쫓아낸 쿠투조프 장군의 동상이 서 있다. 우리로 치면 이순신 장군상이다. 앞서 봇킨스크 편에서 말한 그림 〈필리의 군사 회의〉 속 주인공이다. 쿠투조프 덕분에 〈1812년 서곡〉이 있다. 카잔성당 뒤로는 도스토옙스키의 『죄와 벌』 무대인 라스콜리니코프의 집, 전당포, 센노이시장 등이 펼쳐진다. 요승 라스푸틴을 죽인 유수포프 가문의 궁전도 있다.

분명한 것은 머지않아 방탄소년단의 인기와 한국 영향력자의 존재감이 사라진 뒤에도 차이콥스키의 음악은 남으리라는 점이다. 차이콥스키가 러시아 5인조에 들지 못한 이유는 간단하다. 그러기에는 그의 존재가 너무 컸다. 그는 나의 5인조 가운데 한 사람이다. 바흐, 모차르트, 베토벤, 바그너 다음이 그다. 페트야가 하늘에서 이야기할 것이다. "표도르 미하일로비치, 아직도 3악장 끝나고 박수 치네요."

　성급하거나 무신경한 청중의 반응에 투정하는 차이콥스키에게 무뚝뚝한 도스토옙스키는 뭐라고 말할까?

　"죄에는 벌을 달게 받아야지. 4악장이면 되겠지?"

지상의 마지막 집에서

2020년 1월 8일, 나는 봇킨스크행을 권했던 데니스 폰 메크와 모스크바 외곽 클린에 있는 차이콥스키박물관으로 갔다. 혼자였다면 모스크바에서 한 시간 남짓 기차를 타야 하는데, 차이콥스키의 후손인 그가 직접 차로 안내해 주었다. 데니스는 넓은 신작로가 아니라 좁은 국도를 택했다. 차이콥스키가 클린과 모스크바를 오가던 길이기 때문이다. 물론 그때는 비포장도로였을 것이다. 차이콥스키가 트로이카로 달리던 눈길을 자동차로 달려 한 시간 만에 클린박물관에 도착했다.

이곳은 차이콥스키가 세상을 떠나기 1년 6개월 전인 1892년 5월 9일에 마련한 집이다. 그의 사후에 동생과 하인이 박물관으로 꾸미기 위해 노력했고, 이후 조카 유리 다비도프가 애쓴 덕에 현재 모습이 되었다. 차이콥스키가 이 집에 산 기간은 짧지만 그는 1885년 2월에 이미 근방으로 왔다. 이 집에서 10킬로미터 안쪽인 마이다노보에 자리 잡았다가 1888년 5월에 바로 위에 있는 프롤롭스코예로 이사했다.

모스크바에서 클린으로 가는 길에는 봇킨스크를 떠오르게 하는 세네시라는 큰 호수가 있다. 그곳에서 발원한 세스트라강이 북쪽에서 긴 퇴적층을 이룬다. 강을 반으로 나누는 500미터도 넘는 퇴적층은 꼭 지렛대 모양을 하고 있다. 그래서인지 클린은 러시아어로 '쐐기'라는 뜻이다. 마이다노보나 프롤롭스코예 모두 클린의 작은 마을이다.

내 예습을 듣고 데니스가 놀랐다. 차이콥스키는 클린의 세 집에 사는 동안 오페라 〈체레비츠키〉, 〈차로데이카〉, 〈이올란타〉, 〈스페이드의 여왕〉, 발레 〈잠자는 숲속의 미녀〉, 〈호두까기 인형〉, 교향곡 〈만프레드〉, 〈교향곡 제5번〉, 〈교향곡 제6번〉, 〈피아노 협주곡 제3번〉을 비롯하여 그 밖의 크고 작은 음악을 구상하고 쓰고 손을 보았다. 러시아 전역에 여러 차이콥스키박물관이 있지만 그중에서도 클린에 있는 것이 가장 중요한 이유다.

차이콥스키의 후손과 함께 왔으니 당연히 입장료는 무료다. 일반 관람객은 시간별로 나누어 단체로 움직여야 하지만 영광스럽게도 데니스와 막역한 사이인 갈리나 시츠코 수석 학예사가 직접 안내해 주었다. 내 뒤의 단체 관람객은 작은 방에서 오디오로 잠시 차이콥스키의 음악을 듣고 이동했지만 갈리나 여사는 차이콥스키가 치던 피아노로 로망스를 연주해 주었다. 박물관을 안내하는 할머니가 피아노가 놓인 카펫을 밟았다고 여사에게 주의를 주었다. 물론 특별

대우를 받는 나더러 들으라는 농담이다.

박물관에서 가장 인상적인 것은 차이콥스키의 서가였다. 셰익스피어, 괴테, 푸시킨부터 톨스토이, 도스토옙스키 등의 책들이 빼곡했다. 당시 새로 출판된 모차르트 전집은 차이콥스키의 보물 1호였다. 어떤 책은 거의 손을 대지 않았는지 표지가 깨끗했다. "이 책들은 잘 안 봤나 보군요?"라고 물었더니 오히려 반대다. 너무 보아서 닳은 책은 표지갈이를 했기 때문이란다. 자세히 보니 셰익스피어의 희곡들이다. 당연히 그러했을 것이다.

〈교향곡 제5번〉을 쓸 무렵 차이콥스키가 〈햄릿〉 환상 서곡과 극부수음악을 썼다는 사실은 잘 알려지지 않았다. 2막과 3막의 간주곡은 각각 〈교향곡 제3번〉의 '알라 테데스카'와 〈눈 아가씨〉의 '멜로드라마'를 다시 사용했다. 환상 서곡 〈햄릿〉은 레너드 번스타인이 아꼈고, 보리스 에이프만이 발레 〈안나 카레니나〉를 안무할 때도 가져다 썼다.

박물관의 마지막 방은 침실이다. 침대 아래 나이팅게일을 곱게 수놓은 슬리퍼가 눈에 띄었다. 남자 신발이 저 정도이니 황후의 신발은 훨씬 예뻤을 것이다. 점심을 먹고 또 한참을 구경했는데 시간이 쏜살같았다.

데니스와 갈리나 여사는 박물관 옆에 지을 야외 음악당 이야기를 나누었다. 돌아오는 길에 데니스는 차이콥스키에 대한 자신의 생각을 털어놓았다. 그는 원래 사업가로 성공했다. 늦은 감이 있지만 집안의 정신적 유산을 지키는 데 작은 힘이나마 보태겠다는 생각으로 노력 중이다. 그의 계획 가운데 하나는 차이콥스키가 사망한 상트페테르부르크의 집을 박물관으로 꾸미는 일이다. 차이콥스키는 클린의 집이 아닌 그곳에서 객사했는데 현재는 일반적인 살림집이다. 데니스는 게르기예프도 만나 상의했고, 내친김에 푸틴 대통령 면담도 추진 중이란다.

데니스는 널리 알려진 것과 달리 차이콥스키가 동성애자가 아니라고 생각했다. 어디까지나 후손의 사견이다. 나는 그가 든 근거를 일일이 반박할 수 있었지만 굳이 그럴 필요를 느끼지 않았다. 그보다는 드러난 사실조차 애써 부인하려는 이유가 더 궁금했다. 역시 민감한 부분이라 나는 듣기만 했다. 소련 시절은 물론이고 현재 러시아에서도 동성애자에 대해서는 우호적이지 않다. 관련한 범죄 뉴스도 종종 들린다. 나는 친한 정신과 전문의에게 동성애에 관해 물었다. 돌아온 답은 병으로 배운 적이 없어 모른다는 것이다. 오늘날의 기준으로 보면 차이콥스키는 정상이었고, 치료받을 이유도 없었던 셈이다.

동성애를 부인한 데니스는 차이콥스키의 명예 재판이나 자살설도 부정할 수밖에 없었다. 서로 모국어가 아닌 영어로 전문 지식 없는 의학과 약학 이야기를 나눈지라 소통이 쉽지는 않다. 데니스는 차이콥스키가 실제로 전염병에 걸렸는데, 잘못된 처방을 쓰는 바람에 죽었다고 설명했다.

그가 든 근거는 더 재미있었다. 차이콥스키는 〈교향곡 내림마장조〉를 미완성으로 남겼다. 내림마장조는 내가 생각하는 가장 모차르트다운 조성이다. 차이콥스키는 일곱 번째 교향곡의 부제를 '삶'이라 지었다. 데니스는 죽기 직전까지 '생명'을 노래하던 명랑한 그가 왜 자살을 했겠느냐고 물었다.

일곱 번째 교향곡은 첫 악장 일부만 완성되었고, 뒷부분은 스케치로만 남았다. 그러다가 1950년대 소련 작곡가인 세묜 보가티레프가 전곡을 완성했다. 차이콥스키를 사랑했던 헝가리 태생의 지휘자 유진 오먼디의 녹음이 가장 믿을 만하다. 오먼디의 본명은 예뇌 블라우다. 유진이든 예뇌이든 모두 러시아어로는 '예브게니'다.

러시아에서 보낸 이틀째 늦은 밤에 데니스와 헤어졌다. 그 뒤로 그는 나를 모스크바 시내에 있는 차이콥스키박물관과 꿈도 꾸지 못한 봇킨스크의 생가 박물관으로 더 보냈다. 미리 전화해 준 덕에 VIP 대접을 받은 이야기는 앞서 했다. 나는 데니스에게 정말 '후원자 폰 메크'가 맞다고 했다. 그는 자신이 정말 폰 메크였다면 나는 전용 기차를 타고 돌아다녔을 것이란다. 전용 제트기여야 하지 않을까?

봇킨스크를 가는 바람에 나는 계획했던 모스크바 인근 아브람체보 창작촌 방문을 포기했다. 나중에 들은 데니스는 바로 전날 아브람체보 관장과 만나고 왔다며 다음번에 소개하겠단다. 책을 마치며 데니스에게 기쁘고 고맙다고 편지했다. "스파시바(고맙습니다), 데니스! 야 류블류 테뱌(사랑합니다), 페트야!"

01 푸시킨

푸시킨은 불과 서른일곱 살을 살다 갔지만 차이콥스키뿐만 아니라 러시아인들이 가장 존경하는 인물로 꼽는다. 차이콥스키는 푸시킨의 작품 가운데 『예브게니 오네긴』『폴타바』『스페이드의 여왕』을 오페라로 썼고, 몇 편의 시를 가곡으로 남겼다. 차이콥스키뿐만 아니라 글린카가 『루슬란과 류드밀라』를, 다르고미시스키가 『석상의 손님』을, 러시아 5인조 작곡가 중 한 명인 무스륵스키가 『보리스 고두노프』를, 림스키코르사코프가 『살탄 차르 이야기』와 『황금닭』을 오페라로 썼다. 푸시킨이 없었다면 러시아 오페라는 없었다고 해도 과언이 아니다. 이 가운데 셋을 꼽으라면 〈루슬란과 류드밀라〉, 〈보리스 고두노프〉, 〈예브게니 오네긴〉을 들 수 있고, 다시 하나를 택하라면 역시 〈예브게니 오네긴〉이다. 여기에는 자연, 민속, 허영, 시대의 우울과 같은 차이콥스키와 그의 시대 가치가 모두 녹아 있기 때문이다.

상트페테르부르크에 있는 푸시킨의 서재.

02 모차르트

차이콥스키는 1886년에 쓴 일기에서 모차르트를 "음악의 그리스도"라고 일컬었다. 음악으로 대속하기 위해 이 땅에 내려온 구세주라는 의미다. 차이콥스키가 1887년에 쓴 〈모음곡 제4번〉은 '복되신 성체'를 비롯한 모차르트의 선율을 관현악으로 편곡한 것이었다.

발라키레프의 후원자이던 외교관 알렉산드르 울리비셰프는 1843년에 세 권으로 된 모차르트 전기를 펴냈다. 이후 1888년에 출판업자 유르겐손이 프랑스어와 독일어로 된 모차르트 전기를 러시아어로 번역해 달라고 차이콥스키에게 청탁했다. 시간에 쫓긴 차이콥스키는 이 일을 동생 모데스트에게 넘겼지만 번역을 검수하고 서문을 쓸 정도로 애정을 보였다. 그해 크리스마스에 유르겐손은 출판사 브라이트코프운트헤르텔이 낸 모차르트 전집을 차이콥스키에게 선물했다. 차이콥스키를 어린이처럼 기쁘게 했던 이 전집은 현재 클린박물관에 꽂혀 있다. 만년에 차이콥스키는 모차르트의 〈환상곡〉 일부에 직접 가사를 붙여 사중창 〈밤〉으로 편곡하기도 했다.

03 폰 메크 부인

1876년부터 1890년까지 차이콥스키가 폰 메크 부인에게 쓴 편지 가운데는 768통이 남아 있다. 부인이 차이콥스키에게 쓴 편지는 451통이 전해진다. 그토록 많은 편지를 주고받았음에도 차이콥스키가 부인에게 헌정한 작품은 단 세 곡에 불과하다. 〈교향곡 제4번〉, 바이올린과 피아노를 위한 실내악인 〈소중한 곳을 추억하며〉, 〈모음곡 제1번〉이 그것이다. 두 사람의 우정이 끊긴 데는 많은 이유가 있겠지만 결과적으로 더는 이어 갈 수 없었기 때문에 중단된 것이다. 누구의 탓도 아니고, 운명의 여신이 이끈 것이었다. 부인과 인연을 맺은 뒤 세상을 떠날 때까지 차이콥스키가 쓴 작품들 중 부인을 생각하지 않고 쓴 곡은 거의 없을 것이다. 두 사람의 관계를 능가하는 음악적 우정을 나눈 사람은 브람스와 클라라 슈만밖에 없다.

04 동성애

차이콥스키가 편지나 일기를 통해 자신의 동성애를 털어놓지는 않았다. 그냥 사랑을 이야기했을 뿐이다. 차이콥스키도 아푸흐틴, 키레예프, 실롭스키, 아르토, 밀류코바, 폰 메크, 코테크, 알료샤, 블라디미르 등 친구와 가족을 사랑했다. 때로는 남자였고, 때로는 여자였고, 하인 또는 가족이거나, 짝사랑 또는 열애이거나, 아니면 플라토닉이었다. 그의 시대에는 사촌 사이 결혼이 금기가 아니었으며, 같은 연배의 삼촌이나 이모에게 연애 감정을 느끼는 일도 낯설지 않았을 것이다. 차이콥스키가 동성애에 더욱 가혹했던 시대를 살았더라면 지금 우리가 듣는 작품은 남기지 못했을지도 모른다. 그랬더라도 그는 가족과 친구를 매우 사랑하는 다정다감한 페트야였을 것이다.

05 셰익스피어

낭만주의 시대 들어 뒤늦게 알려진 뒤 셰익스피어는 많은 작곡가들의 친구였다. 차이콥스키가 모차르트만큼이나 좋아했던 작가가 셰익스피어다. 1869년, 스물아홉 살의 차이콥스키는 발라키레프의 권유를 받고 환상 서곡 〈로미오와 줄리엣〉을 작곡했다. 이듬해 수정본을 내놓았고, 1880년에 최종본이 나왔다. 차이콥스키도 베를리오즈나 구노처럼 『로미오와 줄리엣』을 오페라로 만들 계획을 세웠

파리 루브르박물관에 있는 테오도로 샤세리오가 그린 〈로미오와 줄리엣〉.

다. 완성하지는 못했지만 환상 서곡을 바탕으로 한 연인의 이중창은 사후 제자 타네예프가 완성했다. 슈톨체가 발레 〈오네긴〉의 마지막 곡으로 고안한 이 이중창을 크랑코는 안무하지 않았다. 1873년에 스타소프의 제안으로 쓴 환상곡 〈템페스트〉와, 1888년에 작곡해 1891년 극 부수음악의 서곡이 된 〈햄릿〉 또한 잊지 말아야 할 차이콥스키의 걸작이다.

06 발레

차이콥스키 당대에 발레는 진지한 예술이 아니었다. 프랑스에서 시작해 덴마크를 거쳐 러시아에 건네진 발레는 남성 위주의 귀족 사회에서 관음증을 해소하는 배출구였다. 대표적인 예가 차르 니콜라이 2세의 마음을 흔들었던 마틸다 크셰신스카였다. 그런 눈요깃거리를 예술의 경지로 높인 사람은 마린스키극장 감독인 프세볼로시스키와 프랑스 태생의 안무가인 프티파였다. 프세볼로시스키는 차이콥스키에게 〈잠자는 숲속의 미녀〉와 〈호두까기 인형〉을 위촉했고, 프티파는 이를 성공적으로 안무했다. 프티파는 더 나아가 사장되었던 〈백조의 호수〉를 재공연해 발레의 대명사로 만들었다. 이들 뒤로 러시아발레단을 창단한 댜길레프와 그가 발탁한 스트라빈스키를 통해 러시아 발레는 20세기를 장악하게 되었다. 스트라빈스키가 가장 존경한 선배는 말할 것도 없이 차이콥스키였다.

07 차이콥스키콩쿠르

1958년, 소련 예술의 긍지를 내걸고 시작된 차이콥스키콩쿠르의 첫 우승자는 미국 피아니스트인 밴 클라이번이었다. 우리에게는 멀고도 높기만 했던 냉전의 벽이 허물어져 가던 1990년에는 바리톤 최현수가 이 콩쿠르에서 1위를 했다. 성악부문 첫 외국인 수상자였고, 차이콥스키 특별상까지 받았다. 최현수의 제자 박종민이 2011년에 스승의 뒤를 이었고, 소프라노 서선영도 함께 성악 부문 1위를 했다. 베이스 박종민은 〈이올란타〉

차이콥스키콩쿠르 첫 우승자인
밴 클라이번.

가운데 르네왕의 아리오소를 불렀고, 서선영은 〈예브게니 오네긴〉의 '편지 장면'을 노래했다. 그해 피아노 부문 손열음이 2위를, 가장 나이 어린 참가자였던 조성진이 3위를 하는 기염을 토했다. 차이콥스키콩쿠르인만큼 차이콥스키의 곡을 주로 겨루는 것이 당연하다. 피아노 부문에서는 대개 차이콥스키의 〈피아노 협주곡 제1번〉을 연주하지만, 2019년 우승자인 알렉상드르 캉토로프는 〈피아노 협주곡 제2번〉을 택했다. 같은 해 바리톤 김기훈도 '그리움을 아는 이만이'와 〈스페이드의 여왕〉의 옐레츠키 아리아로 성악 부문 2위를 했다.

차이콥스키 생애의 결정적 장면

1840 봇킨스크에서 태어나다

5월 7일, 우랄산맥 서쪽 카마강 유역에 있는 광산촌인 봇킨스크에서 광산 책임자이던 아버지 일리야 페트로비치 차이콥스키와 어머니 알렉산드라 안드레예브나 차이콥스키야의 둘째 아들로 태어났다. 광산을 경영한 차이콥스키의 집안은 제정러시아에서 부유한 편에 속했다. 그것을 잘 보여 주는 소장품이 아버지가 사 준 오케스트리온이라는 기구다. 다양한 음악을 들을 수 있는 이 기구는 어린 차이콥스키에게 강렬한 인상을 주었다. 그의 어린 시절을 함께했던 프랑스인 가정교사 파니 뒤르바흐의 회상에 따르면 차이콥스키는 몸이 유리로 된 아이 같을 만큼 사소한 일에도 몹시 예민했다고 한다.

차이콥스키 생가에 보존되어 있는
오케스트리온.

1848 상트페테르부르크로 가족이 이사했다. 이후 차이콥스키는 봇킨스크를 다시 찾지
않았다.

1849 우랄산맥 지역인 알라파옙스크로 돌아왔다.

1850 법률학교에 들어가다

아들의 재능을 특별하게 여기지 않았던 아버지는 아들을 수도의 공직 사회 등용문인 법률학교에 보냈다. 가족과 홀로 떨어지게 된 차이콥스키는 어머니와 헤어지던 날을 "한 번도 겪어 본 적이 없는 가장 슬픈 일"이었다고 훗날까지 기억했다. 엄격한 군사 훈련과 스파르타식 훈육으로 이루어진 법률학교 생활은 예민한 감성을 가진 차이콥스키에게 소름 끼치는 일이었다. 그러나 처음 상트페테르부르크로 와서 어머니와 함께 관람했던 미하일 글린카의 오페라 〈차르에게 바친 목숨〉은 그에게 평생 깊은 인상으로 남았다.

상트페테르부르크의 법률학교.

1854 어머니를 콜레라로 잃었다. 말로 다할 수 없을 만큼 사랑한 어머니의 죽음은 차이콥스키의 평생에 걸쳐 큰 두려움으로 자리했다.

1857 벨칸토 오페라를 숭배하던 중 〈돈 조반니〉를 보고 모차르트에 빠져들었다.

1859 상트페테르부르크법률학교를 졸업하고 법무부 공무원이 되었다.

1860 여동생 알렉산드라가 레프 다비도프와 결혼해 우크라이나 카미안카로 내려갔다. 그 뒤로 카미안카는 차이콥스키에게 소중한 안식처가 되었다.

1861 동성애로 구설에 올랐다. 첫 해외여행으로 파리에 다녀왔다. 한 음악 애호가의 소
개로 음악 이론 연구회에 참석하면서 진지하게 음악 공부를 시작하기로 마음먹
었다.

1862 스승 니콜라이 자렘바의 권유로 안톤 루빈시테인이 문을 연 상트페테르부르크음
악원에 입학했다.

1864 선배 작곡가 알렉산드르 니콜라예비치 세로프와 교유하며 초기작을 발표했다.

1866 모스크바음악원에서 가르치기 시작하다

차이콥스키는 신설 모스크바음악원의 교장 니콜라이 루빈시테인의 교수직 제안을 수락하
고 상트페테르부르크음악원을 졸업한 뒤 모스크바로 옮겨 갔다. 니콜라이는 물심양면으로
차이콥스키를 보살펴 주었고, 그에 힘입어 차이콥스키는 성실하게 교수 생활을 수행하는
가운데 작곡을 하면서 자신의 시대를 여는 첫 기반을 다졌다. 차이콥스키의 모스크바 시절
은 크게 두 시기로 나눌 수 있다. 니콜라이의 집에서 얹혀 살던 1871년까지, 그리고 폰 메크
부인의 후원이 시작되면서 교수 생활을 그만둔 1877년까지가 그것이다. 약 10년에 걸친 모
스크바 생활을 두고 "이곳에 살지 않았다면 아무것도 이루지 못했을 것"이라고 했다.

니콜라이 루빈시테인이 사 준 옷과 피아노.

1868 〈교향곡 제1번〉을 초연했다. 첫 오페라 〈보예보다〉를 완성했다. 블라디미르 실롭
스키와 베를린과 파리를 여행했다. 데지레 아르토와 오가던 혼담이 깨졌다.

1869 밀리 알렉세예비치 발라키레프의 권유로 환상 서곡 〈로미오와 줄리엣〉을 썼다.

1871 동생 알렉산드라의 아들 블라디미르 다비도프가 태어났다.

1873 〈교향곡 제2번〉과, 블라디미르 바실리예비치 스타소프의 제안으로 쓴 〈템페스트〉
를 초연했다.

1874 우크라이나의 니지와 우소보에 머물며 오페라 〈대장장이 바쿨라〉를 썼다.

1875 니콜라이 루빈시테인이 혹평한 〈피아노 협주곡 제1번〉을 한스 폰 뷜로가 초연했
다. 〈교향곡 제3번〉을 초연했다.

1876 파리에서 조르주 비제의 〈카르멘〉을 보고 깊은 감명을 받았다. 〈백조의 호수〉를
완성했지만, 레오 들리브의 〈실비아〉가 더 나은 작품이라고 자평했다. 리하르트
바그너의 〈니벨룽겐의 반지〉 초연을 보고 감상을 기고했다. 〈대장장이 바쿨라〉를
초연했다. 레프 니콜라예비치 톨스토이와 만났다. 나데즈다 폰 메크 부인에게 첫
편지를 받았다. 이해 말에 모스크바음악원이 개최한 음악회에 톨스토이가 참석했
는데, 〈현악사중주 제1번〉의 '안단테 칸타빌레'를 듣고 눈물을 흘렸다는 이야기는
차이콥스키의 음악에 대한 최대의 찬사로 전해진다.

〈로미오와 줄리엣〉의 도시 베로나의 아레나에서 공연된 〈카르멘〉의 한 장면.

1877 폰 메크 부인의 후원이 시작되다

안토니나 밀류코바와 결혼하고 석 달도 채 되지 못해 파경을 맞이한 차이콥스키는 얼마 뒤 부유한 폰 메크 부인으로부터 재정적인 도움을 받기 시작했다. 6000루블이나 되는 상당한 금액을 연금을 받는 식이었다. 이로써 차이콥스키는 어리석었던 결혼의 후유증에서 빠져나오는 한편, 더 이상 상관을 모셔야 한다거나 내키지 않은 이들과 교제할 필요 없이 음악에만 몰두할 수 있게 되었다. 그의 후기 걸작들은 폰 메크 부인의 지원이 없었다면 불가능했을 것이다. 서신을 통한 두 사람의 교제는 14년간 이어졌다. 차이콥스키는 〈교향곡 제4번〉을 비롯하여 〈소중한 곳을 추억하며〉와 〈모음곡 제1번〉을 폰 메크 부인에게 헌정했다.

〈교향곡 제4번〉 자필 악보와 폰 메크 부인과 나눈 편지.

1878 〈교향곡 제4번〉과 〈예브게니 오네긴〉을 완성했다. 스위스를 여행하며 〈바이올린 협주곡〉을 구상했다.

1879 〈예브게니 오네긴〉을 초연하다

3월, 푸시킨 원작의 오페라 〈예브게니 오네긴〉을 니콜라이 루빈시테인의 지휘와 모스크바 음악원 학생들의 연주로 처음 선보였다. 차이콥스키의 전 작품 중 가장 핵심이라 할 수 있는 〈예브게니 오네긴〉으로 말미암아 그때까지 변방에 머물러 있던 러시아 음악은 단박에 서유럽을 턱밑까지 추격했다.

푸시킨이 그린 오네긴의 모습.

1879 키예프에서 〈성 요하네스 크리소스토무스 전례〉를 초연했다. 오페라 〈오를레앙의 처녀〉를 완성했다.

1880 아버지가 사망했다. 〈1812년 서곡〉을 완성했고, 〈이탈리아 기상곡〉을 초연했다.

1881 〈오를레앙의 처녀〉를 초연했다. 차르 알렉산드르 2세가 암살되었다. 니콜라이 루빈시테인이 파리에서 급서했다. 〈현을 위한 세레나데〉와 〈피아노 협주곡 제2번〉, 〈바이올린 협주곡〉을 초연했다.

1882 〈철야 기도〉와 〈1812년 서곡〉, 루빈시테인의 죽음을 추모한 〈피아노삼중주 '어느 위대한 예술가를 추모하며'〉를 초연했다.

1883 차르 알렉산드르 3세의 대관식을 위한 〈모스크바 칸타타〉를 초연했다. 차이콥스키의 조카 안나 다비도바와 폰 메크 부인의 아들 니콜라이가 결혼했다.

1884 오페라 〈마제파〉를 초연했다. 스위스 다보스에 요양 중이던 요시프 코테크를 문병했다.

1885 〈모음곡 제3번〉을 초연했다. 〈대장장이 바쿨라〉를 〈체레비츠키〉로 개작했다.

1886 발라키레프의 권유로 쓴 〈만프레드 교향곡〉을 초연했다. 동생 아나톨리의 임지인 트빌리시에서 〈로미오와 줄리엣〉의 수정판을 초연했다. 파리에서 가브리엘 포레, 들리브, 에두아르 랄로와 교제했다.

1887 1월에 〈체레비츠키〉를, 11월에 〈차로데이카〉를 초연했다. 〈모음곡 제4번 '모차르티아나'〉를 완성했다.

1888 지휘자로 유럽 순회 연주길에 오르다

라이프치히, 베를린, 프라하, 파리, 런던으로 이어지는 유럽 연주 여행을 다녔다. 이때 요하네스 브람스, 에드바르 그리그, 구스타프 말러, 안토닌 드보르자크, 샤를 구노 등을 만나 교유했다. 이 연주 여행에서 차이콥스키는 〈피아노 협주곡 제1번〉을 비롯하여 환상 서곡 〈로미오와 줄리엣〉, 〈바이올린 협주곡〉, 〈교향곡 제4번〉, 〈백조의 호수〉 2막 등을 연주했다.

만년의 차이콥스키.

1888   프롤롭스코예로 이사했다. 이 집에서 〈교향곡 제5번〉을 완성했다.
1890   〈잠자는 숲속의 미녀〉를 초연했다. 〈피렌체의 추억〉과 〈스페이드의 여왕〉을 초연했다.

1891 극 부수음악 〈햄릿〉을 초연했다. 여동생 알렉산드라를 잃었다. 미국 순회 연주를
했다.

1892 함부르크에서 말러의 지휘로 〈예브게니 오네긴〉을 들었다. 마이다노보에서 마지
막 거처가 될 클린의 집으로 이사했다. 〈이올란타〉와 〈호두까기 인형〉을 초연했
다. 어릴 적 가정교사였던 파니 뒤르바흐와 조우했다.

1893 니콜라이 쿠즈네초프가 차이콥스키 초상화를 그렸다. 케임브리지대학교에서 카
미유 생상스, 막스 브루흐, 에드바르 그리그와 함께 명예박사 학위를 받았다. 사
중창곡 〈밤〉을 초연했다. 10월 28일, 〈교향곡 제6번 '비창'〉을 지휘했다.

1893 상트페테르부르크에서 눈을 감다

전날 친구들과 식사한 뒤 11월 2일에 복통을 일으켜 콜레라 진단을 받은 차이콥스키는 11월
6일 새벽 3시에 세상을 떠났다. 황실 주재하에 상트페테르부르크의 카잔성당에서 그의 장
례식이 성대하게 열렸고, 이때 6만 명의 인파가 거리를 메웠다. 시신은 알렉산드르넵스키
수도원의 티흐빈 묘지에 안장되었다. 애초에 발표된 그의 사망 원인은 콜레라였지만 이후
사인을 둘러싼 논란이 뜨겁게 일어나면서 그의 죽음은 음악사의 수수께끼로 남았다.

차이콥스키가 마지막으로 숨을 거둔 모데스트의 아파트.

참고 문헌

Brown, David, *Tchaikovsky: The Man and his Music*, Faber & Faber, 2010.

Gogol, Nikolai, *The Night of Christmas Eve*, trans. by Tolostoy, George, Wikisource.

Nabokov, Vladimir, *Eugene Onegin. A Novel in Verse*, Pantheon Books, 1964.

Poznansky, Alexander, *Tchaikovsky through Others' Eyes*, Indiana University Press, 1999.

_____ , Tchaikovsky: The Quest for the Inner Man, Schirmer Trade Books, 1991.

Tchaikovsky, Modest Ilyich, *The Life & Letters of Peter Ilich Tchaikovsky*, trans. by Newmarch, Rosa, Kindle Edition, 2014.

Von Meck, Galina, *As I remember them*, Dobson Books, 1973.

랴자놉스키, 니콜라스 V., 스타인버그, 마크 D., 『러시아의 역사』 (상, 하), 조호연 옮김, 까치, 2011.

로트만, 유리, 『러시아 문화에 관한 담론』 (상, 하), 김성일, 방일권 옮김, 나남, 2011.

푸시킨, 알렉산드르, 『스페이드의 여왕』, 최선 옮김, 2002.

푸시킨, 알렉산드르, 『예브게니 오네긴』, 김진영 옮김, 을유문화사, 2009.

푸시킨, 알렉산드르, 『푸시킨 선집』, 최선 옮김, 2011.

* 차이콥스키의 일기, 기고문, 편지, 전보 등은 '차이콥스키 리서치'(http://en.tchaikovsky-research.net)에서 재인용했다.

참고 음원과 영상

전집

Karajan Conducts Tchaikovsky, Herbert von Karajan(지휘), Berliner Philharmoniker, Deutsche Grammophon, 2001.

The Complete Symphonies and Piano Concertos, Semyon Bychkov(지휘), Kirill Gerstein, Czech Philharmonic, Decca, 2019.

Complete Suites for Orchestra, Antal Dorati(지휘), New Philharmonia Orchestra, Philips, 1996.

Complete String Quartets / Souvenir de Florence, Borodin Quartet, Chandos, 2006.

The Complete Solo Piano Works, Valentina Lisitsa(피아노), Decca, 2019.

Tchaikovsky: Complete Operas, Fragments & Incidental Music, Soloists of Bolshoi Theatre, Profil, 2018.

The Complete Ballets, Neeme Järvi(지휘), James Ehnes(바이올린), Bergen Philharmonic Orchestra, Chandos, 2012~2014.

The Tchaikovsky Cycle, Vladimir Fedoseyev(지휘), The Moscow Radio Symphony Orchestra, ArtHaus Musik, 2016.

The Complete Symphonies, Philippe Jordan(지휘), Paris Opera Orchestra, ArtHaus Musik, 2019.

Tchaikovsky: The 3 Ballets at the Bolshoi, Svetlana Zakharova 외, BelAir, 2016.

〈예브게니 오네긴〉

James Levine, Deutsche Grammophon, 1990.

Semyon Bychkov, Philips, 2006.

The Bolshoi Theatre, Roman Tikhomirov(연출), Kultur Video, 2007.

The Royal Opera, Georg Solti(지휘), Petr Weigl(연출), Stuart Burrows(오네긴), Teresa Kubiak(타티아나), Decca, 2002.

The Metropolitan Opera, Valery Gergiev(지휘), Robert Carsen(연출), Dmitri Hvorostovsky(오네긴), Renee Fleming(타티아나), Decca, 2007.

The Royal Opera, Robin Ticciati(지휘), Kasper Holten(연출), Simon Keenlyside(오네긴), Krassimira Stoyanova(타티아나), Opus Arte, 2013.

The Metropolitan Opera, Valery Gergiev(지휘), Deborah Warner(연출), Mariusz Kwiecien(오네긴), Anna Netrebko(타티아나), Deutsche Grammophon, 2014.

The Bolshoi Theatre, Alexander Vedernikov(지휘), Dmitri Tcherniakov(연출), Mariusz Kwiecien(오네긴), Tatiana Monogarova(타티아나), BelAir, 2019.

⟨오를레앙의 처녀⟩

The Bolshoi Theatre, Alexander Lazarev(지휘), Nina Rautio(잔), Oleg Kulko(샤를왕), 1993.

⟨마제파⟩

Gothenburg Symphony Orchestra, Neeme Järvi(지휘) Sergey Leiferkus(마제파), Galina Gorchakova(마리야), Deutsche Grammophon, 1994.

Mariinsky Theatre, Valery Gergiev(지휘), Nikolay Putilin(마제파), Irina Loskutova(마리야), Philips, 2004.

⟨체레비츠키⟩

Cagliari Lyric Theater, Gennady Rozhdestvensky(지휘), Dynamic, 2000.

The Royal Opera House, Alexander Polianichko(지휘), Francesca Zambello(연출), Opus Arte, 2010.

⟨차로데이카⟩

The Minsk Philharmonic and National Opera & Ballet Theatre of Belarus, Gennady Provatorov(지휘), Melodiya, 2011.

Nizhny Novgorod State Academic Theatre, Pavel Reznikov(지휘), VAI, 2010.

⟨스페이드의 여왕⟩

The Bolshoi Theatre, Roman Tikhomirov(연출), Kultur Video, 2007.

National Orchestra of French Radio, Mstislav Rostropovich(지휘), Peter Gugalov(게르만), Galina Vishnevskaya(리자), Deutsche Grammophon, 2003.

Bavarian Radio Symphony Orchestra & Chorus, Mariss Jansons(지휘), Misha Didyk(게르만), Tatiana Serjan(리자), BR-Klassik, 2015.

Kirov Theatre, Valery Gergiev(지휘), Gegam Grigorian(게르만), Mariya Guleghina(리자), Philips, 2002.

Royal Concertgebouw Orchestra, Mariss Jansons(지휘), Misha Didyk(게르만), Svetlana Aksenova(리자), C Major, 2018

Vienna Philharmonic, Mariss Jansons(지휘), Hans Neuenfels(연출), Brandon Jovanovich(게르만), Yevgeniya Muravyeva(리자), Unitel, 2019.

〈이올란타〉

Slovenian Philharmonic, Emmanuel Villaume(지휘), Anna Netrebko(이올란타), Sergey
  Skorokhodov(보데몽), Deutsche Grammophon, 2015.

Teatro Real Orchestra & Chorus Madrid, Teodor Currentzis(지휘), Yekaterina Shcherbachenko(이
  올란타), Pavel Cernoch(보데몽), Teatro Real, 2012.

Paris Opera Orchestra & Chorus, Alain Altinoglu(지휘), Dmitri Tcherniakov(연출), Sonya
  Yoncheva(이올란타), Arnold Rutkowski(보데몽), BelAir, 2018.

〈백조의 호수〉

Vienna Staatsoper, Rudolf Nureyev(안무, 지크프리트), Deutsche Grammophon, 2005.

Mariinsky Theatre Orchestra, Valery Gergiev(지휘), Ulyana Lopatkina, Decca, 2007.

〈잠자는 숲 속의 미녀〉

Paris Opera Ballet, Rudolf Nureyev(안무), Aurelie Dupont(오로라), Manuel Legris(왕자), Kultur
  Video, 2006.

〈호두까기 인형〉

The Mariinsky Theatre, Vasily Vainonen(안무), Kultur Video, 2012.

New York City Ballet, George Balanchine(안무), C Major, 2016.

The Royal Ballet, Peter Wright(안무), Opus Arte, 2019.

〈만프레트 교향곡〉

Yuri Temirkanov(지휘), St. Petersburg Philharmonic Ochestra, ica, 2012.

Riccardo Chailly(지휘), Lucerne Festival Orchestra, Accentus, 2017.

발레 〈오네긴〉

Stuttgart Ballet, John Cranko(안무), Unitel Edition, 2018.

발레 〈줄리엣 & 로미오〉

Royal Swedish Ballet, Mats Ek(안무), C Major, 2014.

기타 음원

Violin Concerto, Patricia Kopatchinskaja(바이올린), Teodor Currentzis(지휘), Sony, 2015.

Hamlet: Incidental Music / Romeo & Juliet, Vladimir Jurowski, Russian National Orchestra, Pentatone, 2008.

Tchaikovsky Romances: None but the Lonely Heart, Olga Borodina(소프라노), Larissa Gergieva(피아노), Philips, 2006.

Opera Arias, Julia Varady(소프라노), Orfeo, 2001.

Tchaikovsky: Lieder, Julia Varady(소프라노), Orfeo, 2016.

극영화와 다큐멘터리

The Peter Tchaikovsky Story, Walt Disney, 1959.

Tchaikovsky, Igor Talankin(감독), Innokentiy Smoktunovskiy(차이콥스키), 1970.

The Music Lovers, Ken Russell(감독), Richard Chamberlain(차이콥스키), 1971.

Onegin, Martha Fiennes(감독), Ralph Fiennes(오네긴), 1999.

The White Crow, Ralph Fiennes(감독), Oleg Ivenko(누레예프), Studiocanal, 2018.

Tchaikovsky: The Tragic Life of a Musical Genius, Charles Hazlewood(해설), BBC, 2008.

Tchaikovsky's Women/Fate, Christopher Nupen(감독), Allegro Film, 2009.

사진 크레디트

1 ⓒ Getty Images Korea | 2~3 ⓒ A.Savin, Wikimedia Commons

4 ⓒ Westend61, Getty Images Korea | 8 ⓒ DEA/P. LIACI, Getty Images Korea

14 ⓒ Пресс-служба Президента России, Wikimedia Commons

23, 31, 188~189, 264, 278, 282, 284, 286, 289 ⓒ 정준호

43 ⓒ Florstein, Wikimedia Commons | 52 ⓒ Peter Kovalev, Getty Images Korea

59 ⓒ Denis Vitchenko, Wikimedia Commons | 62 ⓒ marcobrivio.photo, Shutterstock.com

66~67 Kirill Kukhmar, Getty Images Korea

71 ⓒ Florian Monheim, Getty Images Korea | 79 ⓒ AlfaPegas, Wikimedia Commons

87 ⓒ Sergey Fomin, Getty Images Korea

92 ⓒ INTERFOTO/Personalities, Getty Images Korea

100 ⓒ CBS Photo Archive, Getty Images Korea

122~123 ⓒ Prisma by Dukas/Stephan Engler, Getty Images Korea

145 ⓒ Robbie Jack, Getty Images Korea | 164 ⓒ Jack Sullivan, Getty Images Korea

179 ⓒ Bloomberg, Getty Images Korea | 198 ⓒ Ivan Vdovin, Getty Images Korea

212~213 ⓒ Robbie Jack, Getty Images Korea | 220 ⓒ Jack Vartoogian, Getty Images Korea

229 ⓒ Bettmann, Getty Images Korea | 235 ⓒ Alexander Demianchuk, Getty Images Korea

238~239 ⓒ Roberto Ricciuti, Getty Images Korea | 269 ⓒ marcobrivio.photo, Shutterstock.com

283 ⓒ Lite, Wikimedia Commons

클래식 클라우드 027

차이콥스키

1판 1쇄 발행 2021년 3월 10일
1판 2쇄 발행 2022년 3월 10일

지은이 정준호
펴낸이 김영곤
펴낸곳 아르테

책임편집 임정우 문학팀 장현주 김연수 원보람
출판마케팅영업본부 본부장 민안기
마케팅2팀 나은경 정유진 이다솔 김경은 박보미
출판영업팀 김수현 이광호 최명열
제작 이영민 권경민
디자인 박대성 일러스트 최광렬

출판등록 2000년 5월 6일 제406-2003-061호
주소 (10881) 경기도 파주시 회동길 201(문발동)
대표전화 031-955-2100 팩스 031-955-2151

ISBN 978-89-509-9463-1 04000
ISBN 978-89-509-7413-8 (세트)
아르테는 (주)북이십일의 문학·교양 브랜드입니다.

(주)북이십일 경계를 허무는 콘텐츠 리더

네이버오디오클립/팟캐스트 [클래식 클라우드 – 책보다 여행], 유튜브 [클래식클라우드]를 검색하세요.
네이버포스트 post.naver.com/classic_cloud
페이스북 www.facebook.com/21classiccloud
인스타그램 www.instagram.com/classic_cloud21
유튜브 youtube.com/c/classiccloud21